Thomas Schipflinger
Wunderwelt der Engel

Welt der Liebe und der Weisheit

Thomas Schipflinger

Wunderwelt der Engel

Welt der Liebe und der Weisheit

KOMPETENZ VERLAG · DORFEN

Die Deutsche Bibliothek – CIP Einheitsaufnahme
Schipflinger, Thomas:
Wunderwelt der Engel: Welt der Liebe und der Weisheit / Thomas Schipflinger.
Dorfen: Kompetenz-Verl., 2000
ISBN 3-931142-10-8

Titelbild: Verwendung eines Holzstichausschnittes
nach einer Zeichnung von Gustav Doré, 1861
Illustration zu Dante Alighieri: «Die Göttliche Komödie» (1265-1321)
© Bildarchiv Preußischer Kulturbesitz

1. Auflage
Lektorat: Isabella Müller
Copyright Kompetenz Verlag, Dorfen 2000
Alle Rechte, auch die des auszugsweisen Nachdrucks,
der Übersetzung und jeglicher Wiedergabe, vorbehalten.
Entwurf Titelbild: Otón Pabst, Dorfen
Satz und Repro: grafik&DRUCK, Hamburg
Druck: WB-Druck, Rieden am Forggensee
Printed in Germany

Diese Gedanken zu einer Sophianischen Engelkunde sind gewidmet

SOPHIA MARIA

der hohen und mächtigen Königin der Engel, der Angelarcha, mit der herzlichen Bitte, sie huldvoll anzunehmen und den Menschen, die sie lesen, neues Vertrauen und dankbare Verehrung zu ihr und zu den heiligen Engeln einzuflößen.

Der Königin der Engel mit besonderem Dank überreicht und empfohlen.

VORWORT

Das Interesse für die fast völlig vergessene, ein kümmerliches Dasein bei den Gläubigen fristende und auch von den Theologen gar nicht positiv behandelte, ja verdrängte Engellehre und Engelverehrung erfährt heute eine unerwartete Renaissance und Auferstehung.

Menschen verschiedenster Richtungen wenden sich neu diesem Thema zu. Die Publikationen, wenn auch von sehr unterschiedlicher Qualität, mehren sich von Jahr zu Jahr. Diese Neuerscheinungen über die Engel und ihre Welt gründen gewöhnlich auf speziellem Interesse, auf Privatoffenbarungen oder persönlichen religiösen Erfahrungen verschiedenster Herkunft und Güte. Sie werden von den Theologen zum Teil mit Recht kritisch betrachtet, ja oft ihres phantastischen und kontroversen Inhaltes wegen abgelehnt. Theologisch wissenschaftlich befassen sich mit diesem Thema nur wenige dieser neuen Veröffentlichungen. Theologen ignorieren vielfach das wachsende Interesse für die Engelwelt oder sie verharren auf einer minimalistischen Sicht dieses Themas innerhalb der gewohnten schultheologischen Tradition. Sie übersehen und übergehen bewußt oder unbewußt auch ernst zu nehmende Erfahrungen mit dieser Welt und Erkenntnisse der Religionswissenschaft und Psychologie über dieses Thema. Mehr Menschen, als wir annehmen, haben persönliche Erfahrungen auf diesem Gebiet, und bei fast allen Religionen gibt es den Glauben an Engel und ihre Verehrung. Beispielsweise besteht im Judentum, um Nächstliegendes zu nennen, eine außerordentlich reiche Engeltradition.

Diese Arbeit möchte sowohl die Schätze der bisherigen Tradition ernst nehmen als auch das Gute der modernen Engelliteratur aufgreifen, um so zu einer volleren, ganzheitlichen Sicht dieses außerordentlich wichtigen und interessanten Themas zu gelangen. Diese Ausführungen möchten die Engelwelt auch in den großen, universalen Rahmen der Sophialehre hineinstellen. Dorthin gehört sie auch seinsmäßig, und diese Sicht läßt sie auch erst in ihrer kosmischen Weite und faszinierenden Universalität und Ganzheit erscheinen.

Dieser Versuch wird vielleicht manchen traditionell Frommen, denen er zu viel Neues und Ungewohntes zumutet, gefährlich erscheinen. Dieses Neue und Ungewohnte wird dann leicht als Gefahr für den Glauben ausgelegt. Manche „aufgeklärte" Theologen wiederum mögen vermutlich diesen Entwurf als idealistisches, romantisches, sentimentales Denkprodukt zur Seite legen. Vielleicht sollten sie aber doch bedenken, daß dieser Entwurf im Hinblick auf nicht zu übersehende religiöse und spirituelle Zeitbedürfnisse verantwortungsbewußt und mit wissenschaftlichem Ernst erarbeitet wurde.

Ich bin mir der Unvollständigkeit dieses Entwurfes nur allzu bewußt, als daß ich jemandem einen Vorwurf machen möchte, der dies sieht und mich mit berechtigter Kritik, für die ich dankbar sein werde, bedenkt. Doch möge man nicht gleich das Kind mit dem Bade ausschütten und alles mit einer Handbewegung als nebensächliches Randgebiet abtun. Trotz dieser Unvollständigkeit – man wird dieses Thema nie ganz ausschöpfen können, es wird immer ein geheimnisvoller Rest bleiben – fühle ich mich gedrängt, diesen Versuch und Entwurf einer interessierten Leserschaft vorzulegen, da ich der Überzeugung bin, er entspreche einem spirituellen Bedürfnis vieler Menschen, die an diesem Thema, mehr als manche glauben, interessiert, von der schultheologischen Zurückhaltung aber enttäuscht und deshalb auf der Suche sind. Sie erwarten mit Recht, daß die Theologie dieses aktuelle Thema auch von religionsgeschichtlicher, ja auch legitim esoterischer Sicht aus erforscht, behandelt und darlegt, zumindest nicht vorenthält. Wenn das von kirchlicher Seite aus nicht geschieht, wenn die seriösen religiösen Erfahrungen auf diesem Gebiet nicht in die katholische Universalschau integriert werden, dann dürfen wir uns nicht wundern, wenn echt suchende, religiöse Menschen sich anderen Richtungen zuwenden. Deshalb glaubt der Autor, mit diesem Buch der Kirche einen aktuellen, notwendigen Dienst zu erweisen.

Das vorliegende Buch trägt den Titel „Die Wunderwelt der Engel – Welt der Liebe und der Weisheit". Damit werden kurz Inhalt und Ziel dieses Werkes angedeutet:

1. Es ist ein Entwurf einer sophianischen, d. h. ganzheitlichen, universalen, kosmischen, auf dem erstgeschaffenen Urgrund und Urbild der

Schöpfung, der Sophia, gründenden und aus ihr hervorgehenden Engelkunde oder Engellehre (Angelologie).

2. Es will aus der Heiligen Schrift und aus der Tradition wesentliche Informationen geben über die geheimnisvolle Welt der Engel, über ihre Erschaffung, ihr Reich und ihre hierarchische Ordnung, über ihre Sendung und Aufgabe Gott, der Sophia, der Schöpfung und dem Menschen gegenüber.

3. Es soll eine Sophianische Engelkunde (Angelologie) sein, d. h., die Engel werden hier im Lichte der Sophialehre (Sophiologie) gesehen und vorgestellt, mit anderen Worten in ihrer ganzheitlichen und kosmischen Beziehung und Verbindung zu Sophia, der personalen Arché der Schöpfung, d. h. der Seele und Mutter der Welt. Das Wort „sophianisch oder weisheitlich" drückt eine wesentliche Eigenart dieses Buches aus: Es verbindet Offenbarung und Tradition, Logos und Mythos, Wissenschaft und Glauben, Verstand und Herz und transzendiert dies in eine ganzheitliche, kosmische, universale Schau der Engel und charismatische Verehrung dieser hohen Geistwesen.

4. Es ist also ein Versuch, die große Tradition über die Engel im Lichte der christlichen Sophialehre zu sehen, mit dem Ziel, eine Synthese der verschiedenen angelologischen Traditionen und auch theologischen Forschungen zu bilden und damit die bisherige Engellehre aus ihrer schulmäßigen, minimalistischen Vernachlässigung und Armut herauszuheben und sie im reichen und prächtigen Kleid ihrer kosmischen, universalen Existenz und Aufgabe erscheinen zu lassen.

Daraus ergibt sich der praktische Aufbau des Buches:

1. Die Heilige Weisheit Hagia Sophia und die Sophianische Engellehre:

a) auf dem Grund der Offenbarung und der Bibel,

b) auf dem Grund der Überlieferung, wofür bedeutende historische Zeugnisse angeführt werden: Theologen und Heilige mit ihren angelologischen Schriften und Werken. Zu diesen Zeugnissen gehören auch die heiligen Stätten (Kirchen, Wallfahrtsorte), in denen die Engel in besonders eindrucksvoller und aussagekräftiger Weise dargestellt und verehrt werden, z. B. in Birkenstein in Bayern.

11

2. Auf diesem Grund der Bibel und der Tradition entstandene Gruppen und Gemeinschaften, die sich zur Verehrung der Engel besonders hingezogen und berufen fühlen.

3. Aus der ganzheitlichen Betrachtung der Sophia und ihrer universalen, kosmischen Beziehung zur Engel- und Menschenwelt entsteht eine Gemeinschaft, welche die Engel in besonderer Verbindung zur Sophia und zu den Menschen sieht. Diese Gemeinschaft trägt deshalb den Namen „Sophianische Engel-Menschen-Adelphia" oder kurz „Adelphia". Aus dieser sophianisch-adelphischen Sicht ergibt sich eine entsprechende praktische Form der Verehrung der Sophia und der Engel in Gebet und Andacht.

Es will auch die Aussagen neuerer Engelerfahrungen berücksichtigen und dadurch zu weiterem Nachdenken und Forschen, zu tieferer Erkenntnis und Verehrung der Engel anregen und befähigen.

Der berühmte englische Konvertit und Kardinal Newman schrieb in der Apologie seines Lebens:

„Ich meine, es war auch die alexandrinische Schule und die Urkirche, denen ich im besonderen verdanke, was meine endgültige Überzeugung von den Engeln wurde. Ich schaute sie nicht nur als die Diener an, deren sich der Schöpfer in der jüdischen und christlichen Offenbarung bedient, wie wir sie auf den ersten Blick in der Heiligen Schrift finden, sondern auch als die welche, wie es die Heilige Schrift auch einschließt, den Bau der sichtbaren Welt weiterführen. Ich hielt sie für die wirklichen Ursachen von Bewegung, Licht und Leben und jenen Grundgesetzen des irdischen Universums, die, wenn sie sich unseren Sinnen in ihren Funktionen darbieten, uns die Wahrnehmung von Ursache und Wirkung nahelegen und das, was man Naturgesetze nennt. Diese Lehre habe ich in meiner auf den Michaelstag 1831 geschriebenen Predigt weiter ausgeführt.

Ich sage da von den Engeln: ‚Jeder Luftzug, jeder Lichtstrahl, jede Ausstrahlung von Wärme, jeder herrliche Anblick sind in ihrem Sosein die Säume ihrer Gewänder, das Wehen der Kleider derer, die Gott von Angesicht zu Angesicht schauen.' Und wiederum frage ich, was wohl der Gedanke eines Menschen wäre, der ‚wenn er eine Blume, ein Kraut, einen Kieselstein oder einen Lichtstrahl untersuchte, die er auf der Stufenleiter des Existierens als etwas ihm ganz Untergeordnetes ansieht, wenn der plötzlich entdeckte, daß er sich einem mächtigen Wesen gegenüber befindet, welches hinter den sichtbaren Dingen, die er untersuchte, verborgen war? Das Wesen verberge zwar seine weise Hand, aber als Gottes Diener für diese Aufgabe habe es ihnen ihre Schönheit, Anmut und Vollendung gegeben, ja jene Dinge, die man so eifrig untersuchte, wären nichts anderes als ihr Gewand, ihr Schmuck?' Darum bemerke ich, daß «wir dankbaren und einfältigen Herzens mit den drei heiligen Jünglingen sagen dürfen: alle ihr Werke des Herrn (...) lobet den Herrn. Preiset Ihn und verherrlicht Ihn in Ewigkeit" (aus Alfons Rosenberg, Engel und Dämonen, Gestaltwandel eines Urbildes, München 1986, Seite 319 - 320).

Wesen, Sinn und Aufgaben der Engel

Welchen Sinn, welche Aufgabe, so dürfen wir fragen, hat die Engelwelt in Bezug auf die Sophia und in Bezug auf die übrige Schöpfung? Was sagt uns dazu die uns bekannte Tradition über die Engel?

Zunächst, was sind die Engel? Engel sind reine Geister, d. h. Geister ohne materiellen Körper. Das schließt nicht aus, daß sie eine nichtmaterielle „Hyle" (hyle gr. bedeutet Holz, Stoff), d. h. Hülle, besitzen. Wir sagen, sie sind „in Licht gewandet", sie leben in einer „Metawelt", in einem „Überraum" und in einer „Überzeit", wie das auch der Naturwissenschaftler Burkhard Heim, Diplom-Physiker, Naturwissenschaftler und Metaphysiker, Erfinder und Entdecker, zu beschreiben und zu erklären versucht (siehe dazu u. a. seine Veröffentlichungen „Der kosmische Erlebnisraum des Menschen" und „Die Struktur der physikalischen Welt und ihrer nichtmateriellen Seiten").

Dies ist auch die Welt der Engel. Anders ausgedrückt: Die Engel leben in einer „Metawelt", im „Jenseits", im „Himmel", wo es keine Begrenztheit und Beschränkung durch irdische und materielle Dinge und Strukturen der Raumzeitwelt gibt. Diese Metawelt – der Raum der metaphysischen Dimensionen – ist die Heimat der Engel, sowohl was ihren Ursprung angeht als auch was ihr Ziel betrifft. Diese Metawelt ist auch Urbild, Ursprung und Endziel der Wesen und Dinge und ihrer Entwicklung, die sie durchmachen dürfen oder müssen zu ihrer eigenen Erfüllung und Vollendung.

Die irdische Welt ist Abbild und Symbol der himmlischen und angelischen Welt. So sind z. B. die Vögel mit ihren Flügeln und ihrer Flugfähigkeit Symbole für die beschwingte, den Grenzen der Materie enthobene Art der Engel.

Die Engel sind die von Gott mit der Sophia ersterschaffenen Wesen. Sie spiegeln den Reichtum, die Fülle und die Schönheit, Macht und Liebe Gottes und Sophias wider und erfreuen sich daran in Wonne und Seligkeit. Sie sind aber auch die Mitarbeiter und Werkzeuge Gottes und Sophias bei der Erschaffung und Entwicklung von Entelechien (Seelen, Lebensprinzipien, Inbildkräfte), die sich in der Äther- und Erdenwelt inkarnieren und dadurch die Pläne des Schöpfers zur Heimholung bzw. Vergöttlichung dieser Wesen und Welten erfüllen sollen.

Als Mitarbeiter in einer wunderbaren stufenförmigen Aufgaben- und Arbeitsteilung sind die Engel die gottgesandten Helfer und Begleiter für die Erfüllung dessen, wozu der Kosmos erschaffen, wozu der Mensch gerufen ist, wozu der Logos und die Sophia Mensch geworden sind. Der Kosmos, die Materie soll Licht werden, der Mensch soll vergöttlicht werden, soll die Verbindung von Geist und Materie sein. Gott ist Mensch geworden, damit der Mensch Gott werde. Das Ziel, die Sehnsucht des Menschen, ja der ganzen Schöpfung geht in diese Richtung. Die Menschwerdung des Logos hat die Erfüllung dieser Sehnsucht möglich gemacht und initiiert. Gesät wird Vergängliches, auferweckt Unvergängliches, gesät wird Unansehnliches, auferweckt Herrliches, aus Schwachheit wird Kraft, aus einem irdischen Leib wird ein himmlischer Leib (1 Kor 15, 44 ff.). Christus wird unseren armseligen Leib seinem verherrlichten Leibe gleichgestalten (Phil 3,21). Im Auftrag Christi und in der Mitwirkung mit Sophia Maria helfen uns die Engel, diese wesentliche Lebensaufgabe zu erkennen und zu erfüllen. Das Ziel ist Erfüllung dieser Ursehnsucht und Uraufgabe des Menschen. Mächtige

14

Engel sind uns dazu geschenkt: die Engel der Gotteserkenntnis, die Engel der Mitarbeit am Werden und an der Vollendung des Kosmos, der auch die Sehnsucht nach der Befreiung aus der Sklaverei zur Freiheit und Herrlichkeit der Kinder Gottes spürt (Röm 8,18-30). Die ganze Schöpfung seufzt in Wehen nach dieser Befreiung, aber besonders sehnt sich der Mensch nach der Erlösung seines Leibes und nach der Freiheit und Freude der Kinder Gottes, nach der Gleichgestaltung mit der Herrlichkeit und Schönheit Christi, nach der Conglorificatio mit ihm.

Sehnsucht, Hoffnung, Erwartung ruft nach Erfüllung, Verwirklichung und Vollendung. In der Sophianischen Engelkunde wird aufgezeigt, wie Sophia Maria nach Jesus Christus die erste ist, an der diese Wunder Gottes sich erfüllen und wie sie diejenige ist, die Christus durch ihre Engel am meisten hilft bei seinem Werk der Erfüllung und Vollendung.

TEIL I

Die Sophianische Engellehre
auf dem
Grund des Alten Testamentes

Wichtige Vorbemerkung

Um Mißverständnissen vorzubeugen, sei vorab folgendes gesagt: In diesem Teil des Werkes, der SEL (Abkürzung für „Sophianische Engellehre"), wird ein Überblick über die Welt der Engel gegeben und ihre Aufgabe und Funktion den Menschen gegenüber dargestellt. Die unermeßlich große Zahl der Engel soll hierzu in Gruppen eingeteilt und sowohl den Gruppen als auch einzelnen Engeln Namen gegeben werden. Dabei gilt es zu beachten, daß wir die wahren Namen der Engel (außer die in der Bibel und in der rezipierten Tradition genannten) nicht kennen. Die Namen, welche die SEL entwirft, sind praktische Merk- und Vorstellungshilfen (die grundsätzlich auch anders formuliert und gebildet werden könnten), um ein gewisses, wenn auch sehr unvollständiges und schwaches Bild von der Würde und Macht der Engel zu zeichnen. Das erleichtert den geistigen Kontakt in einem lebendigen, praktischen religiösen und spirituellen Umgang mit ihnen, besonders in Gebet und Meditation.

Wir geben auch Menschen, besonders den Menschen, die uns lieb und teuer sind, mehrere Namen. Ein russisches Sprichwort lautet: „Das geliebte Kind hat hundert Namen". Es können dies Kosenamen, Namen der Erinnerung oder des Appelles an seine Fähigkeiten und Eigenschaften sein. Diese besonderen Namen stören oder verwirren uns nicht, sondern sind uns ein Bedürfnis, um unsere persönliche Beziehung und Verbundenheit besser zum Ausdruck zu bringen. Sie vertiefen unser persönliches Verhältnis zu den Namensträgern. So werden auch die verschiedenen Namen, die wir hier den Engeln geben, unser persönliches Verhältnis zu ihnen artikulieren und dadurch konkreter gestalten.

Nach dem Vorbild allgemein bekannter Engelnamen wie Michael oder Gabriel werden die Namen ebenso die Silben -el oder -iel (hebr. mit der Bedeutung „hohes geistiges Wesen", „Engel", ja in manchen Zusammenhängen auch „Gott") enthalten. Nach unserem allgemeinen Sprachgebrauch heute bezeichnen die Endsilben -el und -iel Namen von Engeln und Erzengeln.

Die Grundworte für die gebildeten Namen werden aus der hebräischen, griechischen und lateinischen, manchmal auch aus der altindischen Sprache Sanskrit genommen, weil Ausdrücke aus diesen Sprachen in den internationalen, besonders auch kulturellen und religiösen Wortschatz der Völker eingegangen sind.

Für die Bezeichnung ihrer Aufgabe werden allgemeine in der Theologie und Naturwissenschaft bekannte Worte verwendet, z. B. der Name für den Engel, der für die Arbeit am Kosmos aufgestellt und zuständig ist, wird das Wort Kosmos enthalten, also KOSMIEL, der Kosmos- oder Schöpfungsengel genannt werden.

Es ist wichtig zu betonen, daß die hier den Engeln verliehenen Namen keine Eigennamen sind, denn diese kennen wir ja nicht, sondern vielmehr Symbol-, Funktions- oder Wesensnamen, d. h., sie drücken durch den Namen real oder symbolisch ihr Wesen, ihre Funktion oder Eigenschaft aus. Und da ein Engel oft mehrere Aufgaben zu erfüllen hat, kann er auch mit mehreren Namen bezeichnet werden. Die in diesem Werk dargebotenen Namen sind keine Konkurrenz zu denjenigen aus der Offenbarung der Heiligen Schrift und aus der Tradition bekannter Engelnamen, sie schaffen auch keine neuen Engel; sie benennen lediglich die schon existierenden Engel, deren Zahl unerschöpflich groß ist, mit Namen, die ihr Wesen, ihre Beziehungen und Funktionen, ihre Tätigkeiten und Eigenschaften näher erklären möchten.

Falls sich Menschen durch diese Sicht und Benennung der Engel angesprochen fühlen, steht es ihnen frei, daraus Anregung und Hilfe für ihr persönliches Verhältnis zu den Engeln anzunehmen.

Es mag hilfreich sein, noch folgendes zu bemerken und zu bedenken: Wenn eine Formulierung einer anderen zu widersprechen scheint, so kann das an einer unvollständigen, einseitigen Ausdrucksweise oder an einer Betrachtung, die von verschiedenen Reflexionsstufen bzw. -ebenen ausgeht, liegen. Von einem Berggipfel aus erblickt man die Welt anders als in einer Niederung, mit einer rosaroten Brille sieht man sie rosarot, mit einer Zerr-Optik eben verzerrt. Eine möglichst allseitige Information, eine ganzheitliche Synthese und integrale Zusammenschau wird uns erst die Größe und Schönheit des Ganzen offenbaren.

Alle Bemühungen um Wort und Ausdruck, um Formulierung und Darstellung in dieser Engellehre sollen und können uns letztlich nur Anregung und Hilfe sein, um an das Geheimnis näher heranzukommen, das – je näher wir ihm kommen – umso einfacher, klarer, befreiender und beglückender wird. Die Engel sind in ihrer Art Mittler hin zu Sophia Maria und Jesus Christus und durch Jesus Christus zum Vater und zum Heiligen Geist, letztlich zum Absoluten, zum Unaussprechlichen und Unauslotbaren. All unser Reden darüber kann zwar hilfreich sein und in gewissem Sinne notwendig, aber es ist und bleibt im letzten nur Stückwerk, nur Werkzeug, nur Leiter, die wir hinter uns lassen können, wenn wir den Gipfel erreicht haben.

SOPHIA, DIE KÖNIGIN DER ENGEL

Die erste und für uns Christen die wichtigste Quelle, in der wir Auskunft über die Heilige Weisheit, über die Hagia Sophia, suchen und beglückend finden, ist die Heilige Schrift des Alten und des Neuen Bundes. Im Alten Testament sind es vor allem die sogenannten Weisheitsbücher, in denen die Offenbarung über die Heilige Weisheit enthalten ist, besonders im Buch der Sprüche (Spr), im Buch Sirach (Sir) und im Buch der Weisheit (Weish). Dort wird uns über das Wesen, den Ursprung und das Wirken der Heiligen Weisheit ausführlich berichtet.

„Be reschit bara elohim ät ha schamaiim wät ha arez". So beginnt der erste Vers der Bibel nach dem hebräischen Urtext. In der offiziellen griechischen Übersetzung, in der sogenannten Septuaginta, lautet er: „En arché epoiesen ho theos ton uranon kai ten gen". Die gewohnte Übertragung ins Deutsche lautet: „Im Anfang schuf Gott den Himmel und die Erde" (Gen 1,1). Dieses Wort „Anfang" (reschit, arché) erklärt die Weisheit (Sophia, Chokma) im Buch der Sprüche in einer Selbstoffenbarung: „Jahwe kana ni reschit darko qädäm mipalaiu meaz", d. h., „Gott schuf mich als Anfang seiner Pläne, als erstes seiner Werke in der Urzeit". Die Septuaginta gibt diesen Vers wie folgt wieder: „Kyrios ektisen me archén hodon autu eis ta erga autu", d. h., „Gott schuf mich als Anfang seiner Wege zu seinen Werken" (Spr 8,22). Die Sophia (Chokma) bezeichnet sich also selbst als diese reschit, Arché = als diesen Anfang. Und so interpretieren im Lichte dieser Selbstaussage der Sophia manche Exegeten die Worte „Be reschit" im ersten Vers der Bibel folgendermaßen: „Mit der Reschit, mit der Arché, d. h. mit der Chokma-Sophia, schuf Gott den Himmel und die Erde".

Sie erklären das wie folgt: Zuerst schuf Gott die Chokma, d. h. die Sophia als reschit, als Uranfang, als den Urplan der gesamten Schöpfung, als die personale Urentelechie, als Seele und Mutter des ganzen Kosmos. Und mit ihr – dem Urplan und der Mutter – erschuf Gott die übrige Schöpfung. Die Reschit in „Be reschit bara" wird in einer alten aramäischen Übersetzung ausdrücklich als Chokma, d. h. als Sophia, verstanden. Gen 1,1 wird dort übersetzt „Mit der Chokma schuf Gott Himmel und Erde" (Georg Langer, Die Erotik der Kabbala, München 1989, Seite 105). Hier wird die Sophia als die hohe, wenn auch geschaffene Mitarbeiterin Gottes bei der Schöpfung gesehen. Und genau als solche wird sie uns im Buch der Sprüche ein paar Verse weiter vorgestellt: „Als er [Gott] den Himmel weit ausspannte, da war ich [die Sophia] ihm zur Seite mit dabei (...). Als er die Fundamente der Erde legte, auch da war ich dabei und ihm zur Seite als Amon" (Spr 8,27+30).

Das hebräische Wort Amon, wie die Sophia sich selbst hier nennt, hat verschiedene Bedeutungen, die sich aber alle zu einer sehr schönen Sinnkrone zusammenfügen. Amon kann heißen: Geliebte, Vertraute, aber

Sophia, Mutter der Engel
Stundenbuch des Hl. Viscount, 14. Jh.
© National-Bibliothek Florenz, Italien

Interpretation:
Wie Kinder im Spiel ihre Mutter liebend umgeben,
so umschweben die Engel Sophia, ihre Mutter,
und verehren sie tanzend und spielend.

auch Werkmeisterin, Mitarbeiterin. Man kann also diesen Amon-Vers mit Recht übersetzen: „Da war ich ihm zur Seite als seine vertraute und geliebte Mitarbeiterin" (Spr 8,30).

Aus der ekklesio- und mariologischen Interpretation dieser Stellen durch Augustinus, durch Mystiker des Mittelalters und Philosophen und Theologen der Neuzeit (Hildegard von Bingen, Heinrich Seuse, Jakob Böhme, Katharina Emmerich, Teilhard de Chardin und die russischen Sophiologen Solowjew, Florenskij und Bulgakow) entwickelte sich eine sophianische Mariologie. Die betreffenden Autoren siehe in: Thomas Schipflinger, Sophia Maria, Eine ganzheitliche Vision der Schöpfung, Seite 168-193.

Die Präexistenz Sophias, ihre Inkarnation in Maria und ihre Mitwirkung mit dem aus ihr menschgewordenen Logos Jesus Christus, ihrer beider Würde, Güte und Menschenfreundlichkeit ist das große Geheimnis der Sophiologie (Sophialehre), die wir deshalb auch als marianische Sophiologie oder als sophianische Mariologie bezeichnen können.

Nochmals zurück zum ersten Vers der Bibel: „Im Anfang schuf Gott den Himmel und die Erde" (Gen 1,1). Was besagen hier die Ausdrücke „Himmel und Erde"? Himmel und Erde bedeuten hier sicher zuerst einmal die gesamte Schöpfung. Aber ganz gewiß haben die Worte „Himmel" und „Erde" hier auch einen besonderen Sinn. Manche Exegeten meinen, mit dem Wort „Himmel" sei hier die rein geistige Welt, die Urbildschöpfung, besonders die Welt der Engel, und mit dem Wort „Erde" die materielle Welt gemeint. Die Sophia ist demnach auch die geschaffene Mitschöpferin der Engel und ihrer Welt. Sie ist deshalb aufs innigste mit der Geschichte der Engel verbunden. Sie ist im Auftrag und im Namen Gottes deren Mitschöpferin und Meisterin, deren Mutter und Königin, mit einem Wort: die ANGELARCHA. Die Engel sind ihre Diener und Boten, ihre Helfer und Werkzeuge, die ihrer Königin zu Ehr' und Diensten zur Seite stehen in ihren hohen Würden, Aspekten und Aufgabengebieten (siehe dazu Seite 27 ff.).

Aufgrund dieser tiefen Zusammenhänge sind wir in der Lage, manch Zusätzliches, das die gewohnte Tradition über die Engel erweitert und ergänzt, zu erkennen und somit mehr über die Engel und ihre Verbindung

24

mit Gott und Sophia, über ihr Wesen, ihre Aufgaben und Tätigkeiten, über ihre Gemeinschaft untereinander, ihre hierarchische Struktur und ihre Verbindung mit den Menschen auszusagen.

Wenn man annimmt, daß Sophia die vertraute Mitwirkerin Gottes bei der Schöpfung ist (Spr 8,22-30), daß sie die Mutter, Seele (Genetis, Technitis, d. h. Gebärerin und Künstlerin, Weish 7,12 und 7, 22; 8,1) der ganzen Schöpfung, d. h. von Himmel und Erde ist, so hat sie auch eine tiefe kreative Verbindung zur Engelwelt, zudem die Engel ja nach ihr die Erstlinge der Schöpfung sind. Aus all dem kann man mit Recht folgern:

Sophia ist die Angelarcha, Sophia ist die Mitschöpferin, Mutter und Königin der Engel.

Aus den Ideen, die Gott in die Sophia hineinprojiziert und die dort hell aufleuchten, schafft der Logos mit der Sophia die Engel mit all ihrer Weisheit, Liebe, Dynamik, Schönheit und Macht. Und diesen hohen, intelligenten und mächtigen Wesen übertragen dann der Logos und die Sophia die Mitwirkung an der Erschaffung der Entelechien und Seelen der Schöpfung, von denen die meisten zur Inkarnation in der Äther- oder Erdenwelt bestimmt sind. Die Engel selbst sind ein verwirklichter Gedanke, ein gemeinsames Werk oder Produkt von Logos und Sophia.

Kurzer Vor- und Überblick
über die der Sophia zugeteilten 49 Engel
und Engelgruppen nach den wesentlichen
Aussagen in den Weisheitsbüchern des Alten Bundes

Nach den sieben Hauptstrukturaspekten:

a) nach den trinitarischen als Trinamata – mit den Trinieli:
   als Tochter des Vaters – Eugenia – Hauptengel (HE) Eugeniel mit den Eugenieli;
   als Ikone des Hl. Geistes – Ikona – HE Ikoniel mit den Ikonieli;
   als Braut des Sohnes – Sponsa – HE Sponsael mit den Sponsaeli;
b) nach den schöpfungsbezogenen, ktiseologischen als Ktisiarcha – die Ktisieli
   als Amon Jahwe = Amonia – HE Amoniel mit den Amonieli,
   als Kosmiarcha = Kosimia – HE Kosmiel mit den Kosmieli,
   als Eubiarcha = Eubimia – HE Eubiel mit den Eubieli,
   als Sigamarcha = Sigamia – HE Sigamiel mit den Sigamieli.

Nach ihren 21 biblischen Haupteigenschaftsaspekten:

Noeriel, Hagiel, Monogeniel, Polymeriel, Leptiel,
Eukinetiel, Traniel, Immaculatiel, Saphiel, Inviolatiel,
Philagathiel, Akutiel, Akolytiel, Euergetiel, Philanthropiel,
Stabiliel, Quietiel, Securiel, Pantodynamiel, Paneskopiel,
Panchorouniel.

Nach ihren sieben trinitarischen Symbolaspekten:

Als Mystis und Synerga des Vaters – HE Mystiel und Synargael,
als Atmis und Speculum des Hl. Geistes – HE Atmiel und Speluciel,
als Conjuga und Candor des Sohnes – HE Conjugiel und Candoriel,
als die Eine = die Una der Hlst. Dreifaltigkeit – HE Uniel.

Nach ihren 14 biblischen Haupttätigkeitsaspekten:

Eumeniel, Symbiel, Eubuliel, Synergiel, Phylakiel, Magistriel, Prophetiel, Hospitiel, Ligniel, Chariel, Technitiel, Innovatiel, Incarnatiel und Victoriel.

Im ganzen sind in diesen Aussagen 7+7+21+14 = 49 = 7x7 wesentliche sophiansiche Aspekte enthalten und bekundet, wovon wir die 49 Hauptengel der Sophia mit ihren Engelgruppen ableiten dürfen. Jedem dieser Engel untersteht ein Heer einer Engelgruppe, die als spezielle Vertreter der jeweiligen biblischen Eigenschaft Sophia Marias ihr zu Dienst und Ehr' und zum Heile der Menschen bereitstehen.

Wir können die Sophia deshalb die Hepta-Magna = die siebenfach Große und Erhabene nennen.

Die trinitarischen Hauptwürdenengel der Sophia

In den Weisheitsbüchern des AT, besonders in den Sprüchen, in Sirach und im Buch der Weisheit finden wir wunderbare Aussagen über die Weisheit Sophia. Sie wird uns geoffenbart als die Amon, die vertraute Mitwirkerin Jahwes bei der Schöpfung (Spr 8,22-30). Als solche ist sie auch die Mitschöpferin der Engel, die Angelarcha, die Herrin und Königin der Engel. Die SEL nimmt an, daß ihr in diesen Würden und Werken Engel zu Ehr' und Dienst zur Seite stehen. Deshalb soll an dieser Stelle die Weisheit Sophia im Spiegel der wesentlichen Aussagen der Weisheitsbücher betrachtet werden. Basierend auf diesen Aussagen sollen die Engel vorgestellt werden, die ihr in ihren Eigenschaften und Tätigkeiten zu Diensten sind.

Die zentrale Aussage über Sophia im Buch der Weisheit

Im Buch der Weisheit finden sich folgende geheimnisvolle Aussagen über die Sophia: „Sie ist ein Hauch der Kraft Gottes und reiner Ausfluß der Herrlichkeit des Allherrschers. Sie ist der Widerschein des ewigen

Lichtes, der klare Spiegel von Gottes Kraft, das Bild seiner Vollkommenheit. Sie ist nur eine und vermag doch alles" (Weish 7, 25-27). Und ein paar Verse weiter heißt es von ihr: „Im Zusammenleben mit Gott beweist sie ihren Adel, der Herr über das All gewann sie lieb. Eingeweiht in Gottes Wissen, bestimmt sie seine Werke" (Weish 8,3-4).

Was bedeuten diese geheimnisvollen Worte? Sie wollen uns wohl verkünden, daß die Sophia in tiefster, innigster Verbindung mit Gott steht und lebt. In christlicher Auslegung dürfen wir sagen, sie verkünden uns, was die Sophia in ihrer Beziehung zur Heiligsten Dreifaltigkeit ist, welche Würden ihr aus ihrer Verbindung mit den drei göttlichen Personen erstehen, in welchen trinitarischen Aspekten sie da aufscheint.

Dürfen wir auch annehmen, daß ihr in diesen trinitarischen Würden und Aspekten auch Engel zu Ehr' und Dienst zur Seite stehen, die ihr helfen, ihre Aufgaben in der Verehrung und im Dienste der Heiligsten Dreifaltigkeit zu erfüllen? Ja, im Sinne der Sophianischen Engelkunde dürfen wir auch das annehmen.

Als „Hauch der Kraft Gottes und Ausfluß der Herrlichkeit Gottes" ist sie die Tochter des Vaters, die EUGENIA, und den Hauptengel dieser ihrer Würde dürfen wir Eugeniel nennen.

Als „Widerschein des Ewigen Lichtes" ist sie die Braut des Sohnes, die Sponsa, und der Hauptengel dieser ihrer Würde heißt SPONSAEL.

Als „Abbild von Gottes Vollkommenheit" ist sie die Ikone des Heiligen Geistes, die Ikona, und der Hauptengel dieser ihrer Würde heißt IKONIEL.

Unter der Führung dieser drei Hauptengel stehen Sophia für die drei trinitarischen Hauptwürden als Tochter des Vaters, Braut des Sohnes und Ikone des Heiligen Geistes die Engelgruppen der TRINIELI zur Ehr' und Dienst von Gottes Macht und Güte zur Verfügung.

Die Engel der vier schöpfungsbezogenen Hauptwürden der Sophia

In den Weisheitsbüchern des AT finden wir neben den wenigen Aussagen, die wir in christlicher Sicht trinitarisch deuten können, sehr viele Texte über die Sophia, die uns ihre Beziehung zum Schöpfergott, zur Schöpfung und zur Erlösung offenbaren. In diesen sophianischen trinitäts- und schöpfungsbezogenen Aussagen liegt der Grund für eine tiefere Erkenntnis der Sophia – für eine biblische Sophiologie.

In den biblischen schöpfungsbezogenen Aussagen über die Sophia können wir vier Hauptwürden der Sophia erkennen und feststellen, die zur Kenntnis ihrer Würden und Aufgaben der Schöpfung gegenüber wesentlich sind. Diese vier Hauptwürden kristallisieren sich in ihren vier schöpfungsbezogenen Hauptaspekten und -aufgaben als Amon Jahwe AMONIA, als Kosmiarcha KOSIMIA, als Eubiarcha EUBIMIA und als Sigamarcha SIGAMIA heraus.

Etwas vom Schönsten und Trostvollsten in dieser Sophianischen Engelkunde ist, daß der Sophia in diesen ihren schöpfungsbezogenen Würden Engel bzw. Engelgruppen zur Ehr' und Dienst von Gottes Macht und Güte zugeteilt sind.

Die Amon Jahwe (Gottliebende, Gottgeliebte) – Amonia

Sophia in ihrer Beziehung zum Schöpfergott als Amon Jahwe:
Amon bedeutet hier die Gottliebende und die Gottgeliebte, die vor dem Schöpfergott Spielende und Tanzende und ihn dadurch Erfreuende, die in innigster bräutlicher und kindlicher Liebe Gott verbunden ist (Spr 8,30). Wir können sie deshalb Amon Jahwe, Amon-ja, Amonia nennen. Diese Beziehung zum Schöpfergott Jahwe kann als der AMONIALE Aspekt Sophia Marias bezeichnet werden.

Hören wir dazu zusammengefaßt die bedeutendsten Grundtexte: „Als Gott die Fundamente der Schöpfung legte, da war ich als Amon [Liebling,

Geliebte] ihm zur Seite und dabei. Da war ich seine Freude Tag für Tag und spielte vor ihm allezeit" (Spr 8,30). „Sie [die Sophia] weiß, was Gott wohlgefällt" (Weish 9,9). „In ihr ist ein Geist: gedankenvoll, heilig, einzigartig, mannigfaltig, zart, beweglich, durchdringend, unbefleckt, klar, unverletzlich, das Gute liebend, scharf, nicht zu hemmen, wohltätig, menschenfreundlich, fest, sicher, ohne Sorge, alles vermögend, alles überwachend und alle Geister durchdringend, die denkenden, reinen und zartesten. Denn die Weisheit ist beweglicher als alle Bewegung; in ihrer Reinheit durchdringt und erfüllt sie alles" (Weish 7,22-24).

Sophia selbst spricht: „Vor der Zeit, am Anfang, hat er mich erschaffen und in Ewigkeit vergehe ich nicht. Ich tat vor ihm Dienst im heiligen Zelt" (Sir 24,9-10). „Ich bin die Mutter der schönen Liebe und der Ehrfurcht, der Erkenntnis und der frommen Hoffnung. In mir ist alle Lieblichkeit des Weges und der Wahrheit, in mir ist alle Hoffnung des Lebens und der Freude" (Sir 24,18, Vulgata).

In ihrer Beziehung und Würde als Amon Jahwe, also als Amonia, stehen Sophia Maria Engel zur Seite, die wir AMONIELI nennen können. Die Amonieli haben die Aufgabe, der Sophia Maria als Amonia zu assistieren und zu helfen, ihre amoniale Beziehung zu erfüllen. Der Führerengel der Amonieli ist AMONIEL, er ist der Liebes-, Weisheits- und Freudenengel. Vielleicht ist er identisch mit dem Erzengel, der Uriel genannt wird.

DIE KOSMIARCHA (HERRIN DES KOSMOS) – KOSIMIA

Sophia in ihrer Beziehung zur Schöpfung, zum Kosmos:
Sophia wird uns hier als die von Gott erschaffene Reschit, als Anfang, Arché der Schöpfung verkündet, als die Uridee und Urentelechie der Schöpfung, die in Gottes Pläne eingeweihte und vertraute mütterliche Mitwirkerin bei der Schöpfung, als Königin des Himmels und der Erden, als Herrin und Urgrund des Kosmos. Somit ist sie auch die Königin der Engel, die Angelarcha. Wir können sie hier die Kosmiarcha oder Kosimia nennen und diesen Aspekt den KOSMIARCHISCHEN oder KOSMISCHEN.

Auch zu diesem Aspekt sollen die wichtigsten biblischen Grundtexte aufgeführt werden: „Der Herr hat mich geschaffen als Reschit [hebräisch] und Arché [griechisch], d. h. als Anfang seiner Wege, vor seinen Werken in der Urzeit. In frühester Zeit wurde ich gebildet, am Anfang, beim Ursprung der Erde. Als die Urmeere noch nicht waren, wurde ich geboren, als es die Quellen noch nicht gab, die wasserreichen. Ehe die Berge eingesenkt wurden, vor den Hügeln wurde ich geboren. Noch hatte er die Erde nicht gemacht und die Fluren und alle Schollen des Festlandes. Als er den Himmel baute, war ich dabei, als er den Erdkreis abmaß über den Wassern, als er droben die Wolken befestigte und Quellen strömen ließ aus dem Urmeer, als er dem Meer seine Satzung gab, als er die Fundamente der Erde legte, da war ich ihm zur Seite und dabei als seine Amon, als geliebte, vertraute Mitarbeiterin" (Spr 8,22-31).

„Ich ging aus dem Mund des Höchsten hervor, und wie Nebel umhüllte ich die Erde. Ich wohnte in den Höhen, auf einer Wolkensäule stand mein Thron. Den Kreis des Himmels umschritt ich allein, in der Tiefe des Abgrunds ging ich umher. Über die Fluten des Meeres und über alles Land, über alle Völker und Nationen hatte ich Macht. Vor der Zeit, am Anfang, hat er mich erschaffen, und bis in Ewigkeit vergehe ich nicht" (Sir 24,39).

In ihrer Würde und Funktion als Kosmiarcha oder Kosimia stehen Sophia Maria Engel zur Seite, die wir KOSMIELI nennen können. Die Kosmieli haben die Aufgabe, Sophia Maria zu helfen und zu assistieren in ihrer Beziehung zur Schöpfung, zum Kosmos, d. h. in ihrer Mitarbeit bei der Erschaffung, Erhaltung, Entwicklung und Vollendung der ganzen Schöpfung, des Kosmos. Sie werden deshalb auch Kosmieli genannt. Ihr Führerengel ist KOSMIEL. Kosmiel ist der hohe kosmische Erzengel, der Sophia Maria besonders hilft bei ihrer Aufgabe, Gottes Mitarbeiterin, „Werkmeisterin" (Spr 7,30) bei der Schöpfung, ihrer Entwicklung und Vollendung zu sein. Das geht aber nicht ohne Mühe und Kampf. Kosmiel ist deshalb der starke, gottentschiedene, dynamische Werk- und Aufbauengel der Schöpfung und der Natur, der hohe Schöpfungshelfer- und Weltenengel. Vielleicht ist er identisch oder nahe verwandt mit dem hohen Erzengel Throniel oder Metathroniel, dem Führer der Thronengel, der in der jüdischen Engeltradition, z. B. in der Kabbala, auch Metatron genannt wird.

31

Die Eubiarcha (die um die Menschheit sich Sorgende) – Eubimia

Sophia in ihrer Beziehung zum Menschen, d. h. in ihrer besonderen anthropophilen Sorge und in ihrem Bemühen um das Wohl und Heil der Menschheit und des Einzelmenschen:

Sie ist die Urheberin und die Quelle des Lebens, und zwar eines heilen und glücklichen Lebens.

Sophia sagt von sich selbst: „Selig der Mensch, der auf mich hört. Wer mich findet, hat das Leben gefunden. Wer mich aber verfehlt, schädigt sich selbst" (Spr 8,35-36). Salomo, der weise König und Liebhaber Sophias, bekannte: „Zugleich mit ihr [Sophia] kam alles Gute zu mir, unzählbare Reichtümer waren in ihren Händen. Ich freute mich über sie alle (...), wußte aber noch nicht, daß sie [Sophia] auch deren Ursprung und Mutter [genetis, d. h. Erzeugerin, Mutter] ist" (Weish 7,11-12).

Wir können hier deshalb Sophia die Eubiarcha oder Eubimia und diesen Aspekt von ihr den EUBIARCHISCHEN oder EUBIOTISCHEN nennen.

Hören wir wiederum die bedeutendsten diesbezüglichen Texte:

Salomo bekennt: „Ich liebte sie mehr als Gesundheit und Schönheit und zog ihren Besitz dem Lichte vor, denn niemals erlischt der Glanz, der von ihr ausstrahlt. Zugleich mit ihr kam alles Gute zu mir, unzählbare Reichtümer waren in ihren Händen. Ich freute mich über sie alle, weil die Weisheit lehrt, sie richtig zu gebrauchen. Ich wußte aber nicht, daß sie auch deren Urheberin ist. Uneigennützig lernte ich und neidlos gebe ich weiter, ihren Reichtum behalte ich nicht für mich. Ein unerschöpflicher Schatz ist sie für die Menschen. Alle, die ihn erwerben, erlangen die Freundschaft Gottes" (Weish 7, 10-14).

„Heil dem Menschen, der die Weisheit gefunden, denn sie zu erwerben ist besser als Silber, sie zu gewinnen ist besser als Gold. Sie übertrifft die Perlen an Wert, keine kostbaren Steine kommen ihr gleich. Langes Leben birgt sie in ihrer Rechten, in ihrer Linken Reichtum und Ehre. Ihre Wege sind Wege der Freude, all ihre Pfade führen zum Glück. Wer nach ihr greift, dem ist sie ein Lebensbaum, wer sie festhält ist glücklich zu preisen" (Spr 3,13-18). „Nun ihr Söhne, hört auf mich: Wohl dem, der auf meine Wege achtet. Wohl dem, der auf mich hört, der Tag für Tag an meinen Toren wacht und meine Türpfosten hütet. Wer mich findet, findet das Leben und erlangt das Gefallen des Herrn. Doch wer mich verfehlt, der schadet sich selbst" (Spr 8, 32-36).

Salomo bekennt weiter: „Als ich jung und noch unstet war, suchte ich eifrig die Weisheit. Sie kam zu mir in ihrer Schönheit und bis zuletzt will ich sie erstreben. Nur kurz hörte ich hin und fand schon Belehrung in Menge. Sie ist für mich zur Amme geworden, meiner Lehrerin will ich danken. Ich hatte im Sinn, Freude zu erleben, ich strebte, ohne Rast nach Glück. Ich verlangte brennend nach ihr und wandte von ihr meinen Blick nicht ab. Ich richtete mein Verlangen auf sie und auf ihren Höhen wankte ich nicht"(Sir 51,13-20). „Sie ist nur eine und vermag doch alles; ohne sich zu ändern, erneuert sie alles. Von Geschlecht zu Geschlecht tritt sie in heilige Seelen ein und schafft Freunde Gottes und Propheten; denn Gott liebt nur den, der mit der Weisheit zusammenwohnt" (Weish 7,27-28). „Die Weisheit hat ihr Haus gebaut, ihre sieben Säulen behauen. Sie hat ihr Vieh geschlachtet, ihren Wein gemischt und schon ihren Tisch gedeckt. Sie hat ihre Mägde ausgesandt und lädt ein auf der Höhe der Stadtburg. Wer unerfahren ist, kehre hier ein. Zum Unwissenden sagt sie: „Kommt, eßt von meinem Mahl und trinkt vom Wein, den ich mischte" (Spr 9,1-5). „Kommt zu mir, die ihr mich begehrt, sättigt euch an meinen Früchten! An mich zu denken ist süßer als Honig, mich zu besitzen ist besser als Wabenhonig" (Sir 24,19-20). „Bei mir ist Halt und Hilfe; ich bin die Einsicht, bei mir ist Macht. Durch mich regieren die Könige und entscheiden die Machthaber, wie es recht ist; durch mich verstehen die Herrscher ihr Amt, die Vornehmen und alle Verwalter des Rechts. Ich liebe alle, die mich lieben, und wer mich sucht, der wird mich finden. Reichtum und Ehre sind bei mir, angesehener Besitz und Glück; meine Frucht ist besser als Gold und Feingold, mein Nutzen übertrifft wertvolles Silber. Ich gehe auf dem Weg der Gerechtigkeit, mitten auf den Pfaden des Rechtes, um denen, die mich lieben, Gaben zu verleihen und ihre Scheunen zu füllen" (Spr 8,14-21).

In dem Buch der Sprüche und in Jesus Sirach wird die Sophia Weisheit als Baum des Lebens bezeichnet und gerühmt, die mit ihren Früchten den Menschen erfreut und ernährt. Im Buch der Sprüche lesen wir: „Glückselig der Mensch, der die Weisheit findet (...). Wer nach ihr greift, dem ist sie ein Baum des Lebens. Wer sie festhält, der ist glücklich zu preisen" (Spr 3,13 und 18). Im Buch Sirach wird das Bild vom Lebensbaum weiter ausgeführt: „Ihre Zweige bergen langes Leben" (Sir 1,20). „Du wirst in ihrem (der Sophia) Dienst wenig Mühe haben und bald ihre Früchte genießen" (Sir 6,19). „Glückselig der Mensch, der über die Weisheit nachsinnt, (...) der ein Nest in ihren Zweigen baut, der sich in ihrem Schatten vor der Hitze verbirgt und sich bei ihr ausruht, der die Nacht verbringt in ihrem Laubwerk" (Sir 14,20 und 26-27). Warum ist dieser Mensch glücklich zu preisen? Er ist glücklich zu preisen, weil dieser Baum des Lebens – die Sophia Weisheit – ihn in ihre Arme und an ihr Herz nimmt, ihn beschützt und vor allem Unheil bewahrt, wie es uns im Buch der Weisheit (Kap 10) geschildert wird. Weil dieser Baum des Lebens – die Sophia Weisheit selbst – ihm mit ihren köstlichen Früchten offen steht, weil sie ihm reichlich davon austeilt, seinen Hunger stillt, ihn ernährt, stärkt, heilt und glücklich macht.

Im Buch der Weisheit lesen wir weiter: „Die Weisheit rettete ihre Diener aus jeglicher Mühsal: Einen Gerechten [Jakob], der vor dem Zorn des Bruders floh, geleitete sie auf geraden Wegen, zeigte ihm das Reich Gottes und enthüllte ihm heilige Geheimnisse. Sie machte ihn reich bei seiner harten Arbeit und vermehrte den Ertrag seiner Mühen. Sie half ihm gegen die Habsucht seiner Unterdrücker und verschaffte ihm Wohlstand. Sie beschützte ihn vor seinen Feinden und gab ihm Sicherheit vor seinen Verfolgern. In einem harten Kampf verlieh sie ihm den Siegespreis" (Weish 10, 9-12).

„Einen Gerechten [Josef], der verkauft worden war, ließ sie nicht im Stich, sondern bewahrte ihn vor der Sünde. Sie stieg mit ihm in den Kerker hinab und verließ ihn während seiner Gefangenschaft nicht, bis sie ihm das königliche Zepter brachte und Gewalt über seine Bedrücker und verlieh ihm ewigen Ruhm" (Weish 10, 13-14).

„Sie hat ein heiliges Volk aus der Gewalt einer Nation gerettet, die es un-
terdrückte. Sie ging in die Seele eines Dieners des Herrn ein und
widerstand schrecklichen Königen durch Zeichen und Wunder (Moses).
Sie gab den Heiligen den Lohn ihrer Mühen und geleitete sie auf wunderbarem Weg. Sie wurde ihnen am Tag zum Schutz und in der Nacht
zum Sternenlicht" (Weish 10,15-17). Diese Texte zeigen uns, wie Sophia
sich um das Heil des Menschen sorgt.

In ihrer Würde und Aufgabe als Eubiarcha stehen Sophia Maria En-
gel zur Seite, die wir EUBIELI nennen können. Die Eubieli haben die
Aufgabe, der Sophia Maria Eubiarcha zu helfen in ihrer anthropophilen
Sorge und in ihrem menschenfreundlichen Bemühen um das Heil und
Wohl der ganzen Menschheit und der einzelnen Menschen. Ihr Führer-
engel ist EUBIEL, der hohe Heil- und Gesundheitsengel, der Führer der
Eubieli, durch welche Sophia Maria den Menschen ihre Eubia, die gute
Heil- und Lebenskraft, – die heilige Hildegard von Bingen würde sie die
„Grünkraft" nennen – zuleitet und zukommen läßt. Allem Anschein
nach ist Eubiel identisch mit dem Erzengel Raphael, wie er uns im Buch
Tobias geschildert wird (Tob. Kap. 6-12).

Die Sigamarcha – Mutter und Mitarbeiterin Christi – Sigamia

Sophia in ihrer Beziehung zu Christus und seinem Werk der Erlösung
und Vergöttlichung des Menschen:

Sophia Maria wird hier als die Braut des menschgewordenen Logos
gesehen, die ihm hilft bei seiner Inkarnation und bei seinem Lebenswerk
als seine Mutter und Mitarbeiterin. Sie ist diejenige, die die Menschen
zu Christus führt und ihnen mit ihrer Mutterliebe hilft, ihm nachzu-
folgen und an seinem Hochzeitsmahl teilzunehmen, wo sie die Hohe
Frau und Braut Christi und die Führerin der christusvermählten Seelen
zum göttlichen Hochzeitsmahl ist. In diesem Aspekt können wir sie Sigamarcha oder Sigamia und ihren diesbezüglichen Aspekt den SIGA-
MARCHISCHEN nennen.

Der wichtige prophetische Text dazu steht im Buch Baruch: „Wer stieg zum Himmel hinauf, wer holte die Weisheit und brachte sie aus den Wolken herab? Wer fuhr über das Meer und entdeckte sie? Keiner weiß ihren Weg, niemand kennt ihren Pfad. Doch der Allwissende kennt sie (...). Er hat den Weg der Weisheit ganz erkundet und hat sie Jakob, seinem Diener, verliehen, Israel, seinem Liebling. Dann erschien sie auf der Erde und hielt sich unter den Menschen auf" (Bar 3,29-32, 37-38).

Der Name Sigamia enthält geradezu ideal zusammengefaßt die Würden und Eigenschaften Sophia Marias in diesem Aspekt, wo sie besonders und ausdrücklich in ihrer bräutlichen Beziehung zu Christus, dem menschgewordenen Sohn Gottes und Logos steht, d. h. als seine hohe Braut, seine ihm bräutlich verbundene Mutter und Mitarbeiterin in seinem Erlösungs – und Vergöttlichungswerk gesehen und herausgestellt wird. Wir können diesen Aspekt Sophia Marias also den christusvermählten = christogamen oder christosynergischen nennen.

Sigamia ist ein Akrostichon bzw. ein Akroname und bedeutet „Sophia inkarniert (Si), dem inkarnierten Gott vermählte (igam) und innigst angetraute (ia) Mutter Maria (mia)". Gam kommt von gamos (gr.) und bedeutet Vermählung, Hochzeit, vgl. monogam. In dem Akronamen Sigamia ist wiederum das Wort Sieg enthalten, das auch auf den Sieg und die Krönung Sophia Marias in ihrem inkarnatorischen und christosigamen Aspekt hinweist.

In ihrer Würde und Sendung als Sigamia stehen Sophia Maria wiederum besondere Engel zur Seite, die wir SIGAMIELI nennen können. Die Sigamieli haben die Aufgabe, der Sophia in der Inkarnation – sowohl ihrer eigenen als auch in der Inkarnation des aus ihr Mensch werdenden Logos – zu helfen und ihr in ihrer bräutlichen und mütterlichen Christusverbundenheit und -mitarbeit beizustehen. Sie helfen deshalb Sophia Maria besonders in ihrer Eigenschaft und Funktion als bräutliche Mutter und Mitarbeiterin Jesu Christi in seinem Erlösungs- und Vergöttlichungswerk. Sie freuen sich über Sigamias Bereitschaft, Tapferkeit und Treue, über ihre Aufnahme in den Himmel und über ihre Krönung, über ihre christusvermählte Herrlichkeit und Erfüllung. Sie führen die Christen, d. h. die Menschen, die an Christus glauben

Matthias Grünewald: Isenheimer Altar – Engelkonzert
© Gemeinnützige Stiftung Bouchs, Schweiz

Dieser Ausschnitt zeigt das Konzert, das die Engel zu Ehren Marias und des Christkindes aufführen. Eine tiefere Betrachtung kann in der Frau im oberen Teil des Bildes die präexistente Ursophia erkennen und im unteren, hellen Teil in den vier großen Engeln inmitten der übrigen Engel die vier Aspekterzengel Sophia Marias sehen: Im Vordergrund in dem hellgekleideten, ekstatisch auf der Viola da Gamba spielenden Engel den Aspekterzengel Amoniel, in dem gefiederten Engelwesen den Aspekterzengel Kosmiel, in dem großen den Aspekterzengel Eubiel und in dem händefaltenden Engel mit dem Sternenkranz um sein Haupt den Aspekterzengel Sigamiel.

und ihm nachfolgen, zum Sieg und zur Teilnahme an der Hochzeit Jesu Christi mit Sophia Maria. Der Führerengel der Sigamieli ist SIGAMIEL, der hohe Sieges- und Hochzeitsengel. Vielleicht ist er identisch oder nahe verwandt mit dem Erzengel Gabriel, der Maria die Menschwerdung des Logos aus ihr verkündete und ihr Jawort dazu und zu ihrer bräutlichen Mitarbeit mit ihm einholte.

DIE EIGENENGEL DES MENSCHEN

Aus den schöpfungsbezogenen Engeln bzw. Engelgruppen teilt Sophia Maria als Königin der Engel und als beste Mutter der Menschen den Menschen, die sich ihr und ihren Engeln besonders anvertraut und geweiht haben, spezielle Engel zu ihrer Hilfe zu. Bei den vier schöpfungsbezogenen Würden bzw. Aspekten Sophia Marias wurde schon deutlich, daß sich die Engel auf ihr innerstes Verhältnis zu Gott, auf ihre Mitarbeit bei der Schöpfung, auf ihre menschenfreundliche Sorge um Wohl und Heil des Menschen und speziell auf die übernatürliche, göttliche Vollendung des Menschen in und durch Christus beziehen. Diese allgemeine Sorge Sophia Marias um die Schöpfung und um das Heil des Menschen aktualisiert und spezialisiert sich in den vier aspektuellen Lebensengeln und in den drei Familienengeln, also in den sieben Eigenengeln des Menschen. Das geschieht durch die beiden Elternengel, durch den Schutzengel und durch die vier Lebensengel (siehe dazu das Bild Seite 79).

1. DIE DREI FAMILIENENGEL

Wir wissen ganz sicher, daß jedem Menschen ein Schutzengel zugeteilt ist. Aber die SEL nimmt noch weitere Engel an, die dem Menschen zu Trost und Hilfe gewährt sind: Dies sind vor allem die zwei Engel, die speziell mitwirken durften bei der Bildung der Seele des Menschen. Es sind dies die beiden Elternengel der Menschenseele, ihr Vater- und ihr Mutterengel. Mit dem Schutzengel zusammen sind sie die drei Familienengel des Menschen.

a) Die Elternengel

Die Sophianische Engellehre nimmt an, daß bei der Erschaffung der menschlichen Seelen – ebenso wie bei der übrigen Schöpfung – Engel mitwirken, und zwar Eltern wie im irdischen Bereich als Vater und Mutter, die im Anblick der Ideenwelt Gottes die menschliche Seele schauen und sie im Auftrag Gottes und Sophia Marias betrachten, imaginieren, bejahen und dadurch zeugen. Die menschliche Seele hat einen Engel als Vater und einen Engel als Mutter, also einen Engelvater und eine Engelmutter. Dies schließt auch naturgemäß ein, daß diese Engel als Eltern sich um das Wohl der von ihnen gezeugten Seele, die ja ihr Kind ist, sorgen und alles tun, damit es zur Vollendung kommt (zur schöpferischen Mitarbeit der Engel s. P.R. Regamey Seite 109).

Die in der christlichen Engeltradition ungewohnte Annahme, daß auch die Engelwelt polar geschaffen und strukturiert ist, kann man damit am besten verstehen und rechtfertigen, daß das gesamte Sein polar aufeinander bezogen ist, angefangen beim göttlichen trinitarischen Bereich (Gottvater – Gott Heiliger Geist = Heilige Ruach, seine geschaffene Braut die Sophia, – Gottsohn der Logos) hinunter zur Menschen- und Tierwelt bis hin zu den atomaren und subatomaren Bereichen. Das Leben ist überall und durchgehend polar. Warum soll gerade die Engelwelt davon eine Ausnahme machen? Wie diese Polarität de facto und im einzelnen beschaffen ist, das entzieht sich unserer genaueren Kenntnis.

Man kann aber aufgrund der Analogia entis, d. h. der Ähnlichkeit des Seins, in dieser Hinsicht gewisse Vermutungen artikulieren. Dies ist ein neuer Gedanke, eine neue, wenn auch ungewohnte Sicht in der bisherigen traditionellen Angelologie, die aber durchaus nicht gegen die Schöpfermacht und Einzigartigkeit Gottes und an den Glauben an ihn

Botticini / Verrochio: Tobias und drei Engel
© AKG, Berlin

Sophianische Deutung: Der Mensch mit seinem Schutzengel und den
zwei Elternengeln, das sind die drei Familienengel des Menschen.

verstößt, sondern uns eine neue faszinierende Dimension Gottes und seiner Sophia durch die Engel eröffnet (weiteres dazu im Kapitel über die Polarität, Seite 199 ff., 85).

Darstellung in der Kunst

Begnadete Künstler haben diese gerade ausgesprochenen polaren Vorstellungen über die Engelwelt intuitiv geahnt und gespürt und sie in Bildern dargestellt, die durch eine Interpretation im Sinne der Sophianischen Engellehre noch besser verstanden werden können. Eine der SEL nachempfundene, d. h. entsprechende oder gemäße Deutung erfaßt vielleicht am tiefsten das in den folgenden Bildern Erahnte und intuitiv Erspürte. Es wird zuerst der vom Künstler bzw. Künstlerin gegebene Titel der Bilder und dann kurz die der Sophianischen Engellehre entsprechende Deutung gebracht.

Anmerkung zu den Engeleltern

Von dem Menschenkind sollen der Engelvater und die Engelmutter in ihrer hohen Stellung als Engeleltern mit einem würdigen Namen angerufen werden. Es bieten sich hierfür die Namen Vater-El und Mutter-El an.

b) Der Schutzengel

Es ist allgemeine Ansicht, daß jeder Mensch einen Schutzengel hat, d. h., daß ihm vom Schöpfer ein Engel als Berater, Beschützer und Helfer zugeteilt ist. Die SEL setzt das voraus und baut darauf auf. Sie fragt nun weiter: Woher stammt dieser Engel? Ist er vielleicht ein Kind jener Engel, die auch die Eltern der Seele des Menschenkindes sind? Wenn ja, dann sind der Schutzengel und die Seele des Menschen Geschwister, ja ein Geschwisterpaar, das eine ganz bestimmte Aufgabe und Sendung in engster Verbindung miteinander zu erfüllen hat.

Die SEL nimmt an, daß es nicht nur männliche, sondern auch weibliche Engel gibt, und daß der Schutzengel des Menschen

„Die Eiskönigin" von Sulamith Wülfing
© Aquamarin Verlag, Grafing

Deutung: Zwei polar verbundene Engel erblicken am Himmel der Ideen Gottes und Sophias einen Edelstein, einen Stern, der ihnen besonders gut gefällt. Dieser Stern ist die Vision eines Menschen. Auf einer gemeinsamen Fahrt betrachten und bewundern sie ihn. Es entsteht in ihnen der Wunsch, diesen Stern ihr eigen nennen zu dürfen. Sie betrachten, visualisieren und imaginieren ihn gemeinsam in großer Liebe. Dadurch wird dieser Stern aus der Tiefe der Möglichkeit auf die Ebene der Wirklichkeit erhoben. Sie haben ein Kind gezeugt, sie sind nun Eltern geworden.

„Der Kristall" von Sulamith Wülfing
© Aquamarin Verlag, Grafing

Deutung: Die Engeleltern stellen voll Stolz und Freude in einem
Kristall ihr in Liebe und Begeisterung gezeugtes Kind dem himmlischen
Hofstaat vor.

polargeschlechtlich ist, d. h., daß gewöhnlich (nicht notwendig und nicht in jedem Falle) ein Mann einen weiblichen und eine Frau einen männlichen Schutzengel hat (das Geschlecht des Engels wird gekennzeichnet durch den Endvokal 'a' oder 'o' seines Namens, z. B. Amonela oder Kosmielo).

Die SEL sieht die beiden Elternengel und den Schutzengel als eine genetische Einheit. Sie sind die nächsten angelischen Familienangehörigen des Menschen. Wir können sie deshalb als die drei Familienengel bezeichnen. Das eröffnet ein großes Spektrum von Einwirkungsmöglichkeiten des Schutzengels und der Elternengel auf ihren Schützling.

Nach der SEL können wir im Schutzengel in seinem Verhältnis zu seinem menschlichen Schützling sieben Aspekte oder eine siebenfache Fähigkeit und Bereitschaft erkennen, seinem Schützling beizustehen und zu helfen (Beziehungs- und Betreuungsfunktionen des Schutzengels gegenüber dem Menschen).

DIE SIEBEN WIRKWEISEN DES SCHUTZENGELS:

1. Der Schutzengel ist dem Menschen Muster, Vorbild, Archetyp seines Wesens, zu dem er aufschauen kann und soll. Wir können den Schutzengel in diesem Aspekt als Archetyp des individuellen Wesens seines Schützlings sehen und ihn deshalb ARCHETYPIEL nennen.
2. Er ist dem Menschen Bruder/Schwester, ja sein Zwilling. Wir können ihn deshalb in diesem Aspekt ADELPHOS oder ADELPHIEL nennen.
3. Er ist dem Menschen sogar hierogam verbunden, er ist ihm Bräutigam/ Braut. Wir können ihn in diesem Aspekt als JUGAL oder JUGAMEL erkennen. Das sind die drei familiären Aspekte des Schutzengels.

Die vier lebenspraktischen Aspekte des Schutzengels dem Menschen gegenüber:
4. Der Schutzengel erweckt, inspiriert und regt den Menschen an, so wie es der Engel dem Elias gegenüber tat. Er kann in diesem Aspekt ARCHEGOS oder ARCHEGELA genannt werden. Siehe auch das folgende Bild.

44

Der Engel weckt den Propheten Elias und stärkt ihn.
Gemälde von Dirk Bouts (Um 1415)
© Giraudon, Paris

5. Der Schutzengel hilft dem Menschen bei seiner Arbeit, ist Mitarbeiter des Menschen. Siehe dazu das Bild Seite 56, wo der Engel dem Evangelisten Lukas beim Schreiben des Evangeliums hilft. In diesem Aspekt kann der Schutzengel als SYNERGOS oder SYNERGELA bezeichnet werden.

6. Der Schutzengel kann den Menschen aus Not und Gefahr erretten, er kann auch heilen, so wie der Erzengel Raphael den Tobias vor dem Haifisch und vor dem Dämon rettete und ihm Heilmittel für den kranken Vater bereitete. Er kann in diesem Aspekt IATER (Iater gr. heißt Arzt, Heiler, vgl. Psychiater) genannt und als solcher angerufen werden.

7. Der Schutzengel ist der von Gott dem Menschen geschenkte immer und allseits bereite Beschützer und Wächter, der Tag und Nacht bei ihm ist und bleibt und ihn beschützt und bewacht. In diesem Aspekt wird er KUSTODIEL oder KUSTODIELA genannt.

Die drei familiären und die vier lebenspraktischen Aspekte ergeben die sieben Hauptwürden oder Haupthilfsweisen des Schutzengels. Wir können ihn deshalb den wunderbaren Siebenhelfer EUMIEL oder HEPTAEUMIEL und seinen Mantel den Siebenmantel oder Heptamantel nennen.

Symbolisch könnte man dies in folgender Form darstellen: Der Schutzengel trägt einen Mantel, unter dem der Mensch geborgen ist und beschützt wird. Dieser Mantel besteht aus sieben verschiedenen Stoffeinlagen, die – jede in ihrer Weise – dem Schützling entsprechenden Schutz und Hilfe bietet.

EIN PERSÖNLICHER NAME FÜR DEN SCHUTZENGEL

Die enge Verbindung mit seinem Schutzengel erweckt im Menschen den Wunsch, seinem Schutzengel einen kurzen, ganz persönlichen Namen zu geben, so wie er seinen Schutzengel sieht und was dieser für ihn bedeutet. Wer seinem Schutzengel einen solchen eigenen Namen geben möchte, soll, um den passenden zu finden, den Schutzengel bitten, er möge ihm einen Wink oder guten Rat dazu geben, denn das ist eine persönliche Sache zwischen dem Schutzengel und seinem Schutzbefohlenem.

c) Die vier persönlichen Lebensengel aus den vier Aspektengelgruppen

Die SEL nimmt an, daß dem Menschen neben den Elternengeln und neben dem Schutzengel, dem allgemeinen und universalen Helferengel, durch Gottes und Sophias Güte auch noch spezielle „fachkundige" Helfer für besondere Anliegen, Aufgaben und Nöte zur Verfügung stehen (wie es z. B. im ärztlichen Dienst Allgemein- und Fachärzte gibt), d. h., daß es also neben den drei Familienengeln noch besondere Lebenshelferengel gibt, die hier Lebensengel genannt werden.

Da die Aufgaben und Funktionen dieser vier Lebensengel des Menschen den Aufgaben der Aspektengelgruppen, das ist der Amonieli, Kosmieli, Eubieli und Sigamieli, ähnlich sind, werden diese Lebensengel auch aus diesen Engelgruppen genommen und analog nach ihnen benannt: Amonela, der Engel der Liebe, Weisheit und Freude; Kosmielo, der Engel des Berufes und der Arbeit; Eubielo, der Heil- und Gesundheitsengel und Sigamela, der Sieges-, Hochzeits- und Krönungsengel.

Die vier persönlichen Lebensengel in ihren speziellen Aufgaben:

Die Aufgaben und Funktionen der einzelnen Lebensengel ihren Hilfs- und Schutzbefohlenen gegenüber ergeben sich generell aus der Aufgabe und Funktion der Aspektengelgruppen, aus denen sie stammen, speziell und im einzelnen besonders aus der persönlichen Aufgabe und Sendung des Menschen, dem sie zugeteilt sind. Die Aufgaben der Lebensengel sind folgende:

1. Der amoniale Lebensengel, Amonela aus den Amonieli.
Der persönliche Lebensengel, der aus der Aspektengelgruppe der Amonieli stammt, hilft im Auftrag und als Werkzeug der Sophia Maria Amonia dem Menschen in der Gotteserkenntnis und Weisheit,

in der Erfahrung der Liebe und Freude Gottes, wodurch dieser Mensch dann auch fähig wird, diese Weisheit und Liebe Gottes und der Sophia Amonia in sich selbst zu erfahren und an die Mitmenschen weiterzuschenken. Dieser amoniale Engel Amonela verbreitet deshalb Frieden, Freude, Liebe und Weisheit. Er ist speziell der Engel der Liebe und Weisheit, der Freude und des Friedens, eines Lebens in Weisheit und liebender Hingabe an Gott. Wie seine Herrin und Königin Sophia Amonia spielt und tanzt er vor Gott, d. h., er feiert die himmlische Liturgie und leitet auch die Menschen, die ihm anvertraut sind, dazu an. Der persönliche amoniale Lebensengel wird mit dem Namen Amonela angerufen und verehrt.

2. Der kosmiarchische Lebensengel, KOSMIELO aus den KOSMIELI.
Der Lebensengel, der der Aspektengelgruppe der Kosmieli angehört, hilft im Auftrag und als Werkzeug der Sophia Maria Kosmiarcha dem Menschen in seiner Beziehung zur Schöpfung, d. h. in seinen Verpflichtungen dem Kosmos und der Natur gegenüber, in seinem Beruf und in seiner Arbeit, an seiner Arbeitsstätte, in seiner Wohnung, in Haus und Garten und in seiner ganzen Umgebung. Die Kosmieli helfen ihren Schutzbefohlenen, ihre Arbeit, ihre Aufgaben, ihre Lebenssendung richtig und gut zu erfüllen zur Ehre Gottes und der Sophia Kosmiarcha. Sie sind die Werk- und Arbeitsengel. Wenn der Mensch seinem kosmischen Lebensengel folgt und mit ihm gut mitarbeitet, dann hat auch sein Schutzengel die größte Freude daran. Der persönliche kosmische Lebensengel wird mit dem Namen Kosmielo angerufen und verehrt.

3. Der eubiarchische Lebensengel, EUBIELO aus den EUBIELI.
Der Lebensengel, der der Aspektengelgruppe der Eubieli angehört, hilft dem Menschen im Auftrag und als Werkzeug der Sophia Eubiarcha, daß er gesund und heil an Leib und Seele bleibt. Die Eubieli sind die Heil- und Gesundheitsengel. Sie leiten die Heilkraft (gr. eubia) Eubiarchas ihren Schutzbefohlenen zu, lösen deren Blockaden auf und helfen ihnen, von Krankheiten geheilt zu werden, die Gesundheit wiederherzustellen und zu bewahren. Der persönliche eubiarchische bzw. eubiotische Lebensengel wird mit dem Namen Eubielo angerufen und verehrt.

St. Franziskus mit sieben Engeln
© *Kompetenz Verlag, nach einer Vorlage von Nelson Porto.*

Sophianische Deutung: Die sieben Eigenengel des Menschen

4. Der sigamarchische Lebensengel, SIGAMELA aus den SIGAMIELI.

Der Lebensengel, der der Aspektengelgruppe der Sigamieli angehört, hilft dem Menschen im Auftrag und als Werkzeug der Sophia Maria Sigamia, daß er sein in der Taufe empfangenes christusverbundenes Leben erkenne, dankbar und vertrauensvoll lebe und darin zur christlichen göttlichen Vollendung komme. Die Sigamieli führen den Menschen zu Sophia Maria und durch sie zu Christus, dem göttlichen Bräutigam, sie geleiten den Menschen zur Mitfeier an der Hochzeit Christi mit Sophia Maria Sigamia, der Hohen Braut Christi, und zur Teilhabe an ihrem Sieg und ihrer Krönung durch ihn im Himmel. Sie sind die Sieges-, Hochzeits- und Krönungsengel. Der persönliche Lebensengel dieser Aspektengelgruppe wird mit dem Namen Sigamela angerufen und verehrt.

FREUNDE UND MITARBEITER DER LEBENSENGEL

Nach Annahme der SEL sind den Lebensengeln Freunde und Mitarbeiter aus der jenseitigen Welt gewährt und zugewiesen, die ihnen helfen bei ihren Aufgaben den Menschen gegenüber:

Den Liebes- und Weisheitsengel AMONELA umgibt eine Schar von Weisheitslehrern der Menschheit, die sich beim Schutzbefohlenen besonderer Hochschätzung erfreuen, z. B. Sokrates, Plato, Laozi (Laotse), Aurobindo u. a. Sie helfen Amonela, dem Menschen Weisheit zu schenken.

Dem Schöpfungshelfer-, Werk- und Arbeitsengel KOSMIELO steht eine Schar von hilfsbereiten Naturgeistern zur Verfügung. Diese Naturgeister – wir können sie Genien oder wegen ihrer hilfsbereiten und freundlichen Art Eugenien nennen – sind beteiligt am Werk der Schöpfung in der Natur. Sie schließen sich Kosmielo an und unterstellen sich diesem kosmischen, mit der Natur so eng verbundenen Lebensengel des Menschen. Es ist diesen kosmischen Eugenien eine Ehre und Freude, dem Werk- und Arbeitsengel Kosmielo in seinem Dienst am Menschen und an der Natur zu helfen. Wir können sie deshalb auch KOSMOGENIEN nennen.

Dem Heil- und Gesundheitsengel EUBIELO steht ebenso eine Schar von hilfswilligen, in der Heilkunde erfahrenen Naturgeistern zur Verfügung, die sich freuen, dem Heil- und Gesundheitsengel in seinem Dienst am Menschen helfen zu können. Diese weisen und freundlichen Naturheilgeister erkennen und verwalten die Kräfte der Heilpflanzen und Heilmittel der Natur und können sie dem Menschen zuleiten und für ihn wirksam machen. Wir können sie deshalb NATURHEILGENIEN oder EUBIGENIEN nennen, d. h. für das Eubio, für „health and wealth" zuständige Genien.

Den Sieg- und Hochzeitsengel SIGAMELA umgibt eine Schar von Heiligen, die dessen Schutzbefohlene/r besonders verehrt und liebt, z. B. die heilige Mutter Anna, der heilige Vater Josef, die heilige Theresia vom Kinde Jesu, der heilige Namenspatron und andere. Sie helfen, ermuntern und inspirieren Sigamela im Dienst an ihrem Schutzbefohlenen.

Wir dürfen und sollen diese uns von Gottes Weisheit und Güte gewährten Engel um ihre Hilfe und um ihren Schutz anrufen. Wir beten damit die Engel nicht an, wie wir auch Maria und die Heiligen nicht anbeten, sondern wir beten zu ihnen, wir rufen sie um ihre Hilfe und Fürbitte an. Wir müssen nur um ihre Existenz wissen, sie vertrauensvoll anrufen und ihnen – das ist auch sehr wichtig – immer wieder danken. Dann werden wir auch ihre wunderbare Hilfe erfahren, wie viele Menschen es schon erlebt und bezeugt haben.

Wer sich aber anfangs noch durch die Vielfalt der Engel überfordert fühlen sollte und sich lieber auf den Schutzengel allein konzentriert, der möge das tun und den Schutzengel, der ja auch der Vermittler zu den anderen Engeln ist, besonders verehren und anrufen. Dieser wird seinen Schützling zu jenen Engeln führen, die für ihn von besonderer Bedeutung sind. Die Verehrung des Schutzengels ist für jeden Engelgläubigen aber wesentlich und notwendig.

EINE SICHER AUFTAUCHENDE FRAGE

Wenn der Schutzengel mit seinen vier lebenspraktischen Aspekten und Einwirkungsweisen auf den Menschen fast die gleichen Tätigkeiten ausübt und ganz ähnliche Eigenschaften hat wie die vier Lebensengel, dann kommt sicher die Frage: Wozu dann noch die vier Lebensengel?

Zur Beantwortung dieser Frage hilft ein Vergleich aus der Ärztewelt. Es gibt Ärzte der Allgemeinmedizin (Dr. Universae Medicinae), die für alle Gebiete der Heilkunde zuständig sind, und es gibt Fachärzte, die für bestimmte Gebiete Spezialisten und Experten sind. So ähnlich kann man sich das Verhältnis von Schutzengel und Lebensengel denken.

Der Schutzengel ist praktisch für alle Lebensgebiete, für den allgemeinen Schutz und jede Erste Hilfe bestimmt. Der Lebensengel steht als Fachmann, Spezialist und Experte für bestimmte Gebiete zur Verfügung. Der Schutzengel als „Allround-Engel" ist aber nicht eifersüchtig auf den „Fachengel", auch nicht umgekehrt. Er verweist und „überweist" uns an den Fachengel. Der Schutzengel ist ganz persönlich, sozusagen „privat", der individuelle Leibengel (Leibwächter, Leibarzt); der Lebensengel ist mehr sachlich objektiv der Fachengel (Facharzt, Fachexperte).

Gott schenkt uns eine bunte reichhaltige Palette, ein sehr differenziertes, vielseitiges Angebot von Möglichkeiten und Einrichtungen, wo wir Hilfe suchen und finden können und womit uns geholfen werden kann. Aber dieses reiche Angebot anzunehmen und auszuwerten, das ist Sache des Menschen, das geschieht nach den individuellen, persönlichen Gegebenheiten, Bedürfnissen und Notwendigkeiten, das richtet sich nach Temperament, Geschmack, Einstellung, Anlage und Eigenart des Menschen. Dies hängt aber auch von der Gnade und Führung dieses Menschen durch Gott und seine himmlischen Mitarbeiter ab.

Ob jemand allein mit dem Schutzengel „zufrieden" ist und „auskommt", sich nur an ihn wendet und alles über ihn macht, oder ob er auch die mögliche Hilfe durch die Lebensengel sucht und annimmt, das ist der individuellen Anlage und freien Entscheidung des Menschen und der Gnade und Führung Gottes überlassen.

Wir sehen die Möglichkeit verschiedener Wege auch in verschiedenen Formen der Frömmigkeit und Spiritualität. Der/die eine wendet sich direkt an Christus ohne die Vermittlung durch Maria oder die Engel und Heiligen, der/die andere wendet sich gerne und dankbar an Maria und die Engel und Heiligen als Mittler hin zu Christus. Diese beiden Formen schließen sich nicht aus und zeitweise kann die eine oder die andere angewandt werden. Subjektiv sind beide Wege und Formen zu ihrer

Zeit richtig. Es fragt sich nur, was objektiv mehr dem Heilsplan und der Heilsökonomie Gottes bzw. der allgemeinen psychischen Situation und Veranlagung des Menschen entspricht. Da kann und soll der Mensch seiner persönlichen Neigung, Anlage und Inspiration folgen.

Symbole für die Lebensgemeinschaft zwischen Engel und Mensch

Das Haus und das Zelt der Engel des Menschen

In dem Bild eines Hauses bzw. eines Zeltes wird die wunderbare Tatsache dargestellt, daß der Mensch von Engeln umgeben, betreut und beschützt wird, inmitten von Engeln lebt und ein Glied dieser Familie ist, in der er bestimmten Engeln in besonderer Weise verbunden ist.

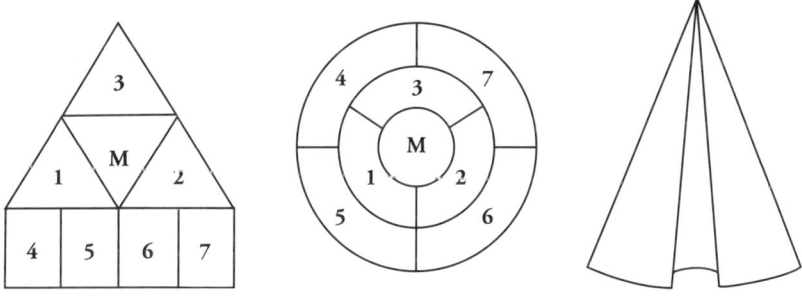

In der Mitte der Symbole befindet sich ein Dreieck bzw. ein Kreis mit einem M eingeschrieben. Dies steht für den Menschen, der in der Mitte dieses Hauses bzw. dieses Zeltes lebt und wohnt. Um dieses Dreieck M bzw. diesen Kreis M herum sind drei Dreiecke bzw. Kreissektoren. Sie bedeuten die zwei Elternengel (1 = Vaterengel, 2 = Mutterengel) und 3 = den Schutzengel des Menschen, die wir auch die drei Familienengel nennen können. Mit dem Dreieck des Menschen bildet das Dreieck des Schutzengels eine Raute. Diese Raute symbolisiert die besondere polare = jugale Einheit des Menschen mit dem Schutzengel.

Der Mensch ist aber nicht bloß von seinen drei Familienengeln, sondern auch von vier weiteren Engeln umgeben und betreut, dies sind seine vier Lebensengel. Diese vier Lebensengel werden in beiden Zeichnungen mit den Zahlen 4 - 7 gekennzeichnet: 4 = der Lebensengel Amonela, 5 = der Lebensengel Kosmielo, 6 = der Lebensengel Eubielo und 7 = der Lebensengel Sigamela. Diese sieben Engel werden in der SEL die sieben Eigenengel des Menschen genannt.

Dies sind vielsagende und sehr symbolträchtige Bilder für die wunderbare Lebensgemeinschaft von Engel und Mensch, die wir auch die Adelphia von Engel und Mensch nennen können.

Das Herz als Symbol der familiären, herzlichen Geborgenheit

In diesem Herzemblem ist symbolisch auch Wesentliches der Sophianischen Engelkunde enthalten. Es ist ein Symbologramm der wichtigsten Punkte der weisheitlichen Engelkunde. Das große umfassende Herz versinnbildlicht die herzliche Liebe Gottvaters und des Heiligen Geistes (= der Gottmutter) zu uns Menschen. Aus diesem Herzen hervorgehend und von ihm eingeschlossen ist das kleinere Herz unten, das im Grunde ein Symbol der herzlichen Liebe des Sohnes Gottes und der Sophia

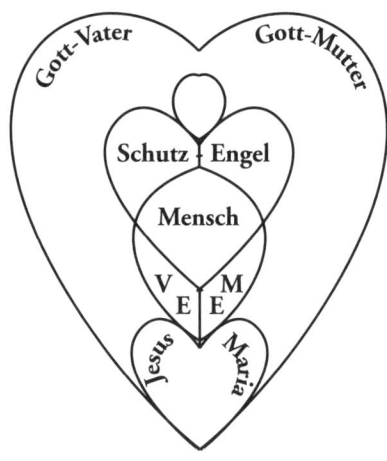

Maria ist. Aus diesem unteren Herzen im Grunde blüht die Schöpfung auf und als deren höchste Blüte die Engel- und Menschenwelt. Die beiden Knospenblätter, die aus dem unteren Herzen kommen, bedeuten hier konkret die beiden Engeleltern, woraus wie eine Blüte in Herzform der Mensch und sein Schutzengel hervorgehen. Der Engel hält seinen Schützling, den Menschen, unter seinen Flügeln und beschirmt ihn. Dieser Mensch ist auch getragen von seinen Elternengeln und eingehüllt von seinem Schutzengel.

Beide, Engel und Mensch, ja die ganze Schöpfung, liegen umschlossen und behütet von der Vater- und Mutterliebe Gottes und beide erblühen aus dem Herzen des Sohnes Gottes, des menschgewordenen Logos Jesus Christus und der menschgewordenen Sophia Maria, die ein gemeinsames Herz bilden.

Die aus dem Herzen unten hervorbrechenden Knospenblätter versinnbildlichen auch die schöpferische Mitarbeit der Engel bei der Schöpfung und besonders bei der Erschaffung und Betreuung der Menschen durch Engel. Konkret sind diese beiden Blätter Symbol für die beiden Elternengel, aus welchen die Seele des Menschen und sein Schutzengel stammen. Diese Menschenseele wird symbolisiert durch die Raute (den rautenförmigen Raum) unter den Flügeln des Engels. Es ist der Mensch, der von den Flügeln des Engels eingehüllt und getragen wird.

So ist der Mensch umgeben von seinem Schutzengel und von seinen Elternengeln, er ist von ihrer Liebe und Sorge ganz eingehüllt. Hier wird auch die innigste Verbindung zwischen dem Menschen und seinem Schutzengel angedeutet, die eine dual-jugale ist; die Verbindung mit den Elternengeln ist eine kindliche. Alle bilden eine wunderbare Familie: der Mensch und seine drei ihm am nächsten stehenden Familienengel. Der Schutzengel ist in der Form eines Herzens dargestellt, in dem der Mensch enthalten und geborgen ist.

Gott hat uns diese seine herzliche Liebe wunderbar bewiesen, indem er seinen Sohn, den Logos, Mensch werden ließ aus der menschgewordenen Sophia und indem er uns die Engel zu unserem Schutz und Dienst gesandt hat.

Bild auf der Rückseite des Altares von Michael Pacher, St. Wolfgang
© Pfarramt St. Wolfgang /Wolfgangsee

Deutung: Der Engel hilft dem Evangelisten beim Schreiben des
Evangeliums.

Die Engel der hohen Mitaspekte Sophias

1. Die 21 Engel der hohen Eigenschaften Sophias nach Weisheit 7,22-24

Im Buch der Weisheit stehen über die Sophia die fundamentalen Worte: „In ihr [der Sophia, Weisheit] ist ein Geist: gedankenvoll, heilig, einzigartig, mannigfaltig, zart, beweglich, durchdringend, unbefleckt, klar, unverletzlich, das Gute liebend, scharf, nicht zu hemmen, wohltätig, menschenfreundlich, fest, sicher, ohne Sorge, alles vermögend, alles überwachend und alle Geister durchdringend, die denkenden, die reinen und die zartesten. Denn die Weisheit ist beweglicher als alle Bewegung, in ihrer Reinheit enthält und erfüllt sie alles" (Weish 7,22-24).

Es sind hier 21 wesentliche, fundamentale Eigenschaften der Sophia aufgezählt. Wenn wir annehmen, daß den 21 im Buch der Weisheit aufgezählten Eigenschaften der Sophia Engel zugeteilt sind, die in ihrer Kraft und nach ihrem Vorbild wirken, d. h. der Schöpfung und den Menschen helfen, dann kann man diese Engel nach den Namen der Eigenschaften benennen. Um ihren tieferen Sinn erkennen zu können, soll zuerst die griechische Version der Septuaginta, dann die lateinische Übersetzung der Vulgata und schließlich die deutsche Bedeutung betrachtet werden.

1. Noeron = intelligens = intelligent.

Die Deutsche Einheitsübersetzung überträgt noeron mit „gedankenvoll". Andere (Hamp, Rießler und die Echter Bibel) übersetzen es mit „denkend" oder „verständig". Noeron kommt von noeo, d. h. wahrnehmen, denken, im Sinne haben, beabsichtigen. Diese Gedanken, welche die Sophia denkt und von welchen sie „voll" ist, sind also nicht bloß abstrakt und nur mental, sondern schon konkret, final in der Bedeutung von „etwas im Sinne habend, ein Ziel, einen Plan beinhaltend". Diese Konkretheit wird auch nahegelegt durch das gleichstämmige Wort „noeton, noetikon", das „wahrnehmbar, erkennbar" bedeutet; Sophia ist eben wahrnehmbar aufgrund der schon konkreten Gestalt dieser

Gedanken, die sie plastisch und konkret denkt und sich vorstellt. Ein anderes Wort für solche dynamische, plastische, konkrete Gedanken ist „Idee" oder „Entelechie".

Diese gleich zu Beginn der Aufzählung genannte Eigenschaft „noeron" legt uns also nahe, daß die Sophia selbst – wie Plato es schon formuliert hat – so eine konkrete, plastische, dynamische Idee der Ideen und Entelechie der Entelechien ist. Mit der Nennung dieser Eigenschaft an erster Stelle wird wohl auf die zentrale Bedeutung der Aussage hingewiesen, die schon im Buch der Sprüche verkündet wird, nämlich, daß Sophia die „Reschit - Arché - Anfang" (Spr 8,22) der Schöpfungstaten Gottes ist.

Dieser Eigenschaft wird der Engel NOERIEL zugeordnet. Noeriel ist der hohe „gedankenvolle" Engel der gottschauenden Kontemplation und Imagination, der Sophia bei der Erkenntnis Gottes und der Schau seiner Gedanken und Pläne dient und beisteht. Noeriel ist vielleicht ein Cherub.

2. HAGION = SANCTUM = HEILIG.

Hagion bedeutet heilig, ehrfurchtgebietend, geweiht. In diesem „hagion" (Hagia Sophia) wird ausgedrückt, daß Sophia die „Gottgeweihte" ist, die ganz und gar Gott gehört und dadurch heilig ist. Deshalb lebt sie auch in engster Gemeinschaft (Synousia, Weish 8,3) mit ihm, ist sie seine einzigartige Vertraute und Geliebte (Mystis und Amon, Weish 8,4 und Spr 8,30).

Dieser Eigenschaft ist HAGIEL zugeordnet. Hagiel ist der hohe Engel der Heiligkeit und Gottgeweihtheit, der Engel des Gottesdienstes und der Gottesverehrung, der Führer der „heilig, heilig, heilig" rufenden Engel (Trishagion-Engel). Hagiel ist vielleicht ein Thronengel.

3. MONOGENES = UNICUM = EINZIG, EINZIGARTIG.

Monogenes hat ursprünglich den Sinn von „einzig geboren". Siehe dazu die Stelle, in der von Sophia gesagt wird, daß sie vor allen Dingen „geboren" wurde, d. h. mit besonderer Liebe und Zärtlichkeit von Gott erdacht und gebildet, also auf einzigartige Weise erschaffen wurde (Spr 8,25). Monogenes heißt auch das einzige, einzigartige Kind. Sophia ist mit keinem anderen Geschöpf vergleichbar, sie ist einzigartig über alle Geschöpfe erhaben, sie alle an Wert und Würde übertreffend. Manche Exegeten haben in einseitiger Auslegung des Begriffs „monogenes" zu Unrecht die Schlußfolgerung gezogen, daß die geschaffene Sophia mit dem Logos Sohn Gottes zu identifizieren sei.

Dieser Eigenschaft ist Monogeniel zugeordnet. Monogeniel ist der hohe Engel der einzigartigen Liebe und Zärtlichkeit Gottes zur Sophia, der Engel Sophias als Tochter des Vaters, als Braut und Schwester des Sohnes: der Engel der Sophia als Ikone des Heiligen Geistes. Monogeniel ist vielleicht ein Seraph.

4. POLYMERES = MULTIPLEX = MANNIGFALTIG, VIELFÄLTIG.

Sophia ist neben ihrer inneren Einzigartigkeit auch vielfältig und mannigfaltig in ihrer äußeren Ausdrucksform. Sie ist die „polypoikilos", d. h. die Vielgestaltige, die Vielfarbene (Eph 2,10), die in vielen Formen – die Vulgata nennt sie die „multiformis" – sich ausdrücken kann, die vielseitig in ihrer Wirkweise und Wirksamkeit ist. Die Weisheitsbücher, ja auch die anderen Bücher der Heiligen Schrift, bringen immer wieder Beispiele davon. „Obwohl sie nur eine ist, vermag sie doch alles, und, obwohl in sich selbst bleibend, erneuert sie doch alles; von Volk zu Volk übergehend in heilige Seelen, schafft sie Freunde Gottes und Propheten" (Weish 7,27).

Dieser Eigenschaft ist POLYMERIEL zugeordnet. Polymeriel ist der Engel der vielgestaltigen Erscheinungsmöglichkeiten und tatsächlichen Erscheinungsformen Sophia Marias, z. B. als „Mutter Sion" (Sir 24,10-12) oder als „Unsere Liebe Frau von NN" in Gestalt der verschiedenen Madonnen der vielen Wallfahrtsorte, wie z. B. Lourdes und Fatima.

5. LEPTON = SUBTILE = FEIN, ZART, LEICHT, SUBTIL, IMMATERIELL.

Sophia ist feiner und graziöser als die feenhafteste Gestalt, die wir uns vorstellen können (vgl. „leptosom", schlankwüchsig).

Dieser Eigenschaft ist LEPTIEL zugeordnet. Leptiel ist der feenhafte Engel der Huld und Lieblichkeit, der graziösen Anmut und Schönheit.

6. EUKINETON = MOBILE = BEWEGLICH, MOBIL, BEHEND, GEWANDT, FLINK.

In Vers 24 (Weish 7) heißt es: „Die Sophia ist beweglicher als alle Bewegung" Durch die Worte „beweglich, beweglicher, Bewegung" wird ausgesagt, daß Sophia die Kraft zu bewegen besitzt, sowohl für sich als auch in Bezug auf Dinge außerhalb von ihr. Sie besitzt die kinetische Kraft etwas zu bewegen, in Bewegung zu bringen, zu ändern, zu entwickeln und zu vollenden. Man kann dabei an die im „noeron" enthaltenen Urideen und Urentelechien denken, welche sie durch diese ihre Kraft von der reinen Möglichkeit in den Zustand der virtuellen und realen Wirklichkeit erhebt. Hier ergibt sich eine Parallele zur indischen Shakti, die in der Geisteswelt Indiens eine herausragende Rolle spielt; sie ist die kinetische Potenz.

Dieser Eigenschaft ist EUKINETIEL zugeordnet. Eukinetiel ist der Engel der behenden Beweglichkeit und Flinkheit, der Flexibilität und Gewandtheit.

7. TRANON = DISERTUM = DURCHDRINGEND, AUSDRÜCKLICH, BEREDT.

Dieser Ausdruck „durchdringend" kommt auch am Ende des vorherigen Verses (Weish 7,23), allerdings in der erweiterten Bedeutung von „choroun" vor, wo es heißt: „Sophia enthält und durchdringt alle Geister" Diese geistige Durchdringungs- und Ausdruckskraft ist auch eine Folge ihrer kinetischen Beweglichkeit, womit sie alles erfassen und durchdringen kann.

Dieser Eigenschaft ist TRANIEL zugeordnet. Traniel ist der Engel der Durchdringungskraft und Geistesgegenwart, der Beredtheit und Schlagfertigkeit.

8. AMOLYNTON = IMMACULATUM = UNBEFLECKT, UNBESCHMUTZT.

Bei all dieser schöpferischen und entfaltenden und durchwaltenden Aktivität, bei all ihrem immanenten Wirken in den Dingen, bleibt sie frei von Befleckung und Beschmutzung. Sie läßt sich ein in das kosmiarchische

Willmann, Michael Lucas Leopold: Landschaft mit dem Traum Jakobs.
Um 1691
© Staatl. Museen zu Berlin, Preußischer Kulturbesitz, Gemäldegalerie
Foto: Jörg P. Anders

Deutung: Engel steigen auf der Himmelsleiter vom Himmel hernieder
und empor. Sie sind von Gott gesandt, um dem Menschen zu helfen: um
ihre Botschaft, Hilfe und Segen vom Himmel zu bringen und seine
Anliegen und Bitten zum Himmel emporzutragen.

Wirken und bleibt dabei doch die Immaculata: ihre Ganzheit und Schönheit leidet nicht darunter.

Dieser Eigenschaft ist IMMACULATIEL zugeordnet. Immaculatiel ist der Engel der unbefleckten Schönheit und makellosen Vollkommenheit Sophias; er ist der Beschützer der unversehrten Schönheit und Würde.

9. APEMANTON = INVIOLATUM = UNVERLETZT, UNVERSEHRT, UNBESCHÄDIGT.

Obwohl „sie alles durchdringt und durchwaltet" (Weish 8,1), bleibt sie unversehrt und unverletzt, im Gegensatz zur gnostischen Sophia, die durch ihr Eingehen in die Materie Schaden leidet. Die Sophia des Weisheitsbuches ist unverletzbar.

Dieser Eigenschaft ist INVIOLATIEL zugeordnet. Inviolatiel ist der Engel der Unverletzbarkeit; der Engel, der unverletzbar macht, der vor tückischem Angriff, vor Schaden und Unfall bewahrt.

10. SAPHES = CERTUM = KLAR, DEUTLICH, OFFENBAR, AUGENSCHEINLICH, SICHTBAR.

Durch die eben angeführten Qualitäten wird Sophias Kraft, Würde und Hoheit offenbar, leichter sichtbar und erkennbar. Der Begriff „saphes" schließt prophetisch einen weiteren Umstand ein, wodurch Sophia letztlich ganz augenscheinlich sichtbar und offenbar wurde: ihre inkarnatorische Erscheinung auf Erden, ihre Menschwerdung in Maria wird hier vielleicht schon prophetisch angedeutet.

Dieser Eigenschaft ist SAPHIEL zugeordnet. Saphiel ist der Engel der sichtbaren Erscheinung Sophias, in besonderer Weise ihrer Sichtbarwerdung auf Erden, d. h. der Menschwerdung Sophias in Maria. Saphiel ist auch der Engel, der Sophia Maria im Herzen und im Leben ihrer Verehrer aufscheinen und sichtbar werden läßt. Diesen Engel können wir auch als Engel der Inkarnation bezeichnen, da er die Inkarnation Sophias in Maria prophetisch verkündet und ihr dabei wesentliche Hilfe leistet. Siehe dazu den Engel Incarnatiel auf Seite 74.

11. PHILAGATHON = AMANS BONUM = DAS GUTE LIEBEND.

Sophia hat immer das Gute im Sinn, sie freut sich am Guten, und was sie wirkt, ist gut.

Dieser Eigenschaft ist PHILAGATHIEL zugeordnet. Philagathiel ist der Engel alles Lieben, Guten und Schönen, der zu allem Guten und Schönen verhilft. „Alles Liebe und Gute!" Philagathiel ist dieser Wunsch in Wesenhaftigkeit.

12. OXÜ = ACUTUM = SCHARF, SCHARFSINNIG, SCHARFEN UND UN-TRÜGLICHEN VERSTANDES.

Bei ihrer Liebe zu allem Guten, Schönen und Edlen besitzt Sophia eine scharfe, untrügliche Unterscheidungsgabe zwischen Gut und Böse, zwischen Wahrem und Falschem. Bei dieser notwendigen Unterscheidung läßt sie sich nicht täuschen. Sie läßt sich dabei von nichts und niemandem stören und aufhalten.

Dieser Eigenschaft ist AKUTIEL zugeordnet. Akutiel ist der Engel der untrüglichen Unterscheidungsgabe; der Engel, der die wichtige Unterscheidung der Geister lehrt und dabei hilft.

13. AKOLYTON = QUEM NIHIL VETAT = UNHEMMBAR, UNAUFHALTBAR GENANNT.

Das unaufhaltbare Wirken Sophias ist nie schädlich, sondern immer wohltätig.

Dieser Eigenschaft ist AKOLYTIEL zugeordnet. Akolytiel ist der Engel, der sich nicht aufhalten läßt, der „Unaufhaltsame"; der Engel des Durchhaltens und der Ausdauer, des Erfolges trotz Schwierigkeiten, ja gerade wegen dieser. Akolytiel ist ein ganz starker und mächtiger Engel.

14. EUERGETIKON = BENE FACIENS = WOHLTÄTIG, WOHLTUEND.

Bei all ihrem unaufhaltsamen, wohltätigen Wirken für das Gute schaut Sophia besonders auf das Wohl der Menschen, also nicht nur auf die Erhaltung und Vollendung des Kosmos, sondern in vorzüglicher Weise auf den Menschen, den sie besonders liebt.

Dieser Eigenschaft ist Euergetiel zugeordnet. Euergetiel ist der wohltuende Engel, der Wohltaten- und Geschenkengel, der uns gerne angenehme Überraschungen und Geschenke bringt.

15. Philanthropon= Humanum = Menschenfreundlich.

Sophia hat an dem Menschen besondere Freude (Spr 8,31). Deshalb ist eine ihrer hervorragenden Eigenschaften die Menschenfreundlichkeit, von der sie sich auch nicht durch Undankbarkeit vonseiten der Menschen abbringen läßt. In dieser Eigenschaft ist sie beständig und beharrlich.

Dieser Eigenschaft ist Philanthropiel zugeordnet. Philanthropiel ist der menschenfreundliche, der „humane" Engel, der den Menschen versteht und ihm von Herzen gut ist; der Engel der Humanität und Menschlichkeit.

16. Bebaion = Stabile = beständig, fest, beharrlich genannt.

Ihre Liebe zu den Menschen kann durch keine Enttäuschung beeinträchtigt werden.

Dieser Eigenschaft ist Stabiliel zugeordnet. Stabiliel ist der Feststehende, der Standhafte, der Engel der Standhaftigkeit; der Engel, der dem Menschen hilft, selbständig zu werden und konsequent zu bleiben.

17. Asphales = Certum = Quietum = ruhig, sicher, gewiss, zuverlässig.

Sophia besitzt die Gewißheit und Sicherheit, daß sie den Sieg über alles Versagen der Menschen erringen wird.

Dieser Eigenschaft ist Quietiel zugeordnet. Quietiel ist der Engel der Ruhe und Gelassenheit, der Ruhe verschafft und bewahrt. „Du wirst bei ihr [der Sophia] Ruhe finden" (Sir 6,28).

18. Amerimnon = Securum = ohne Sorge, sorgenfrei, ruhig, sorgenlos.

Sophia braucht keine Sorge zu tragen, daß ihre Pläne letztlich scheitern würden.

Dieser Eigenschaft ist SECURIEL zugeordnet. Securiel ist der Engel der Sicherheit und Geborgenheit, der Sorgenfreiheit und Unbeschwertheit; der Engel, der das Urvertrauen des Menschen bewahrt und stärkt.

19. PANTODYNAMON = OMNEM HABENS VIRTUTEM = ALLVERMÖGEND.

Sophia vermag alles, was in Vers 25 und 27 (Weish 7) wiederholt und begründet wird: „Sie kann alles", denn „sie ist die Atmis, der Atem, der Hauch der Dynamis Kraft Gottes, sie ist der Spiegel seiner Energia, d. h. der Ausdruck und die Aktualisierung seiner Energie und Macht" (Weish 8,4; 7,25).

Dieser Eigenschaft ist DYNAMIEL zugeordnet. Dynamiel ist der hohe, gewaltige Engel, der Sophia in den schwierigsten Aufgaben und Werken beizustehen und zu helfen berufen ist. Er ist der Engel, der Sophia hilft, auch das „Unmögliche" zu schaffen oder mit anderen Worten die fürbittende Allmacht zu sein.

20. PANEPISKOPON = OMNIA PROSPICIENS = ALLES ÜBERSCHAUEND UND ÜBERWACHEND.

Sie überblickt und überschaut alles, sie hat die Kraft (dynamis, pantodynamos), alles zu durchschauen und zu überblicken, die Anfänge und die fortschreitende Entwicklung zu überwachen und zu lenken. Diese Überwachung und Lenkung bezieht sich auf alle Dinge und alle Wesen, auch auf die Engel und Geister, auf die innersten Kräfte (Entelechien) und Gründe alles Seienden, d. h. der zu schaffenden und zu inkarnierenden Entelechien, der reinen Ideen, sogar der höchsten und feinsten. Wie ist das möglich? Das wird uns in der nächsten Funktion und Eigenschaft gesagt. „Sophia enthält und durchdringt alles, sogar die Geister, die denkenden, reinen und zartesten" (Weish 7,24).

Dieser Eigenschaft ist PANEPISKOPIEL zugeordnet. Panepiskopiel ist der Engel, der Sophia hilft, alles zu überschauen und zu überwachen

„von einem Ende der Erde bis zum anderen" (Weish 8,1); er ist ein hoher Führungsengel (Bischofsengel, denn „episkopus" bedeutet Aufseher, Bischof).

21. PANTA CHOROUN PNEUMATA = CAPIENS OMNES SPIRITUS = DIE ALLE GEISTER FASSENDE UND DURCHDRINGENDE.

Choroun kommt von choreo und bedeutet nicht nur durchdringen, sondern auch fassen und beinhalten, Raum geben. Die Vulgata übersetzt diesen Ausdruck mit „capiens omnes spiritus". Capio, capere bedeutet fassen, aufnehmen, besitzen, beinhalten. Diese 21. Eigenschaft – zusammen mit der ersten gesehen – zeigt, daß die Sophia wahrhaft diejenige ist, „die sich von einem Ende der Erde bis zum anderen erstreckt und alles aufs beste versorgt und betreut" (Weish 8,1). Sophia ist die Reschit und die Amon (Spr 8,22 und 30), sie ist die Genetis (Weish 7,12) und Technitis (Weish 8,6) von allem, sie ist der Mutterschoß aller Wesen und Dinge, die Uridee und Urentelechie der ganzen Schöpfung. All das wird in diesen ihren 21 Eigenschaften eindringlich und plastisch aufgezeigt und bestätigt.

Dieser letzten Eigenschaft ist PANCHORUNIEL zugeordnet. Panchoruniel ist der Engel, der Sophia Maria dient und hilft in ihrer mütterlichen Allumfassung, in ihrer allwaltenden und allsorgenden und urgrundhaften Allmutterschaft, in der alles enthalten ist, lebt und gedeiht. Panchoruniel ist der Engel der Allmutter, der „Mutter Natur oder Mutter Erde", der Engel, der uns die enge Verbindung mit der Natur aufzeigt, der den Menschen echte Naturverbundenheit lehrt, er ist der Engel des Natur- und Umweltschutzes, der Engel der „sophianischen" Naturmystik.

Es wird uns in diesen 21 Eigenschaften eine umfassende, großartige Beschreibung des Wesens, der Würde, Kraft und Macht, der staunenswerten Potenzen und Möglichkeiten der Sophia zur Kenntnis gebracht: eine faszinierende, frohbotschaftliche Kunde von Sophia, eine Sophiologia in nuce, eine Sophiologie im Kerne.

2. Die Engel der sieben symbolischen Mitaspekte Sophias

Wie in den Ausführungen zu den trinitarischen Hauptwürden der Sophia und ihrer Engelgruppen veranschaulicht, dürfen wir Sophia als die Tochter des Vaters (Eugenia), die Braut des Sohnes (Sponsa) und die Ikone des Heiligen Geistes (Ikona) erkennen und nennen (siehe dazu SEL Seite 27). Basierend auf diesen Erkenntnissen, sollen im folgenden die symbolischen Mitaspekte beleuchtet werden, die das Bild der Sophia in ihren Würden vervollständigen:

Auf Sophia als Tochter des Vaters (Eugenia gr. = Schöngeborene) weisen folgende Aussagen hin: „Der Herr über das All gewann sie [die Weisheit] lieb. Eingeweiht [Mystis] in Gottes Wissen, bestimmt sie seine Werke" (Weish 8,3 und 4), und „Als er die Fundamente der Erde legte, da war ich [die Weisheit] bei ihm als seine Amon" (Spr 8,30; Amon heißt hier geliebte und vertraute Mitarbeiterin). Durch die Aussage „Eingeweiht [Mystis] in Gottes Wissen, bestimmt sie seine Werke" (Weish 8,4) wird die Sophia weiter als die MYSTIS, die in Gottes Pläne Eingeweihte, und als die SYNERGA des Vaters, die Mitwirkerin bei der Verwirklichung seiner Pläne gedeutet. Wir können hier Sophia als die schöne Tochter Eugenia und als die Synerga und die Mystis des Vaters bekundet sehen.

Aufgrund dieser weiterführenden Aspekte Sophias werden die beiden Mitengel MYSTIEL und SYNERGIEL genannt. Sie helfen Sophia bei der Verwirklichung der Pläne des Vaters. Sie helfen auch uns, Gottes und Sophias Geheimnisse besser zu erkennen und mit ihnen mitzuwirken.

Auf Sophia als Braut (Sponsa) des Sohnes weisen folgende Aussagen hin: „Im Zusammenleben mit Gott beweist sie ihren Adel" (Weish 8,3). Als die in Symbiose mit Gott Zusammenlebende kann sie die SYZYGA oder CONJUGA, die mit dem Sohn hierogam Verbundene, genannt werden. „Sie ist der Widerschein des Ewigen Lichtes" (Weish 7,26). Sophia wird hier CANDOR, Widerschein und Abglanz des Ewigen Lichtes, genannt. Wir können die Sophia somit als die Braut des Sohnes, als die Conjuga (Syzyga) und als die Candor (Lichtstrahlende, Abglanz) bekundet sehen.

Ihre beiden Mitengel in diesem Aspekt können wir deshalb CONJUGIEL oder SYZYGIEL und CANDORIEL nennen. Sie helfen der Sophia als der Braut des Sohnes, ihren Bräutigam innigst hierogam zu lieben. Sie helfen auch uns, den Sohn Gottes in seiner auch uns geschenkten bräutlichen Liebe zu erkennen und zu lieben und wie Sophia auch ein Abglanz dieses Lichtes zu sein.

Die Aussagen „Sie ist das Bild [Eikon, Ikona] von Gottes Vollkommenheit" (Weish 7,26) und „Sie ist der klare Spiegel [Speculum] von Gottes Kraft" und „Sie ist der Hauch [Atmis] der Kraft Gottes" (Weish 7,25) weisen auf Sophia als die Ikone des Heiligen Geistes hin, die hier näher als Speculum und als Atmis, als Odem und Hauch der Kraft Gottes beschrieben wird.

Ihre beiden Engel in diesem Aspekt können deshalb SPECULIEL und ATMIEL genannt werden. Sie helfen der Sophia Abbild, Spiegel und Odem des Heiligen Geistes zu sein. Sie helfen auch uns, daß wir lebendige Abbilder des Gottes werden, der uns nach seinem Bild erschaffen hat. Atmiel hilft uns besonders, daß wir immer offen seien für den Hauch und die Inspiration des Heiligen Geistes.

Bei all den speziellen Beziehungen zu den drei göttlichen Personen ist und bleibt die Sophia doch „die Una" und „Unica", d. h. die Eine und Einzigartige (Weish 8,27). Wir können sie hier als die UNA, die Eine und Einzigartige des einen dreifaltigen Gottes bekundet sehen und den Engel dieses Aspektes UNIEL nennen.

Durch die trinitarische Deutung dieser symbolischen Schriftstellen (Weish 7,25-27) haben wir hier weitere sieben biblische Würden (Mitaspekte) der Sophia, die sich auf die Heiligste Dreifaltigkeit beziehen. Diese Engel helfen der Sophia, die Heiligste Dreifaltigkeit zu verehren und ihr zu dienen, sie helfen auch uns, die Heiligste Dreifaltigkeit und die hohe trinitarische Würde der Sophia Weisheit so weit als möglich richtig zu erkennen und daraus Kraft zu schöpfen für eine christliche, trinitarisch geprägte Frömmigkeit.

3. Die Engel der 14 Aspekte der Tätigkeiten Sophias

Wir dürfen annehmen, daß der Weisheit Sophia auch in den angeführten weiteren 14 hauptsächlichen sophianischen Aussagen Engel zugeteilt sind. Wir können sie den folgenden Texten entsprechend benennen und beschreiben.

1. Sophia sucht, d. h., sie ist auf der Suche nach Menschen, die Sehnsucht nach ihr haben. Sie geht ihnen freundlich und wohlwollend (gr. eumenos, lat. hilariter) entgegen, ja sie kommt ihnen zuvor und nimmt sie freudig auf. „Sie geht selbst umher, um die zu suchen, die ihrer würdig sind. Freundlich erscheint sie ihnen auf allen Wegen und kommt ihnen wohlwollend entgegen. Denen, die nach ihr Verlangen haben, gibt sie sich sogleich zu erkennen" (Weish 6,16).

Ihr Engel EUMENIEL (eumenos gr., d. h. wohlwollend, Gutes wünschend) ist der Engel, der im Auftrag Sophias wie seine Herrin (Weish 6,13-16) dem Menschen freundlich und wohlwollend entgegenkommt und uns hilft, freundlich und entgegenkommend zu sein.

2. Salomo spricht. „Sie [die Weisheit] habe ich gesucht von Jugend auf, ich suchte sie als Braut zu gewinnen" (Weish 8,1-2). „So beschloß ich, sie als Lebensgefährtin heimzuführen" (Weish 8,9). Salomo bekennt weiter von der Weisheit: „Komme ich nach Hause, dann werde ich mich ausruhen bei ihr, denn das Zusammenleben, die Symbiosis, mit ihr hat nichts Bitteres, das Leben mit ihr bringt Freude und Frohsinn" (Weish 8,16).

Diese Worte besagen, daß die Weisheit dem Menschen nicht nur nahe ist, sondern mit ihm zusammenlebt, ja seine Lebensgefährtin ist. Das Zusammenleben (Symbiosis) mit ihr bringt Freude und Frohsinn.

Ihr Engel SYMBIEL (symbios gr. mit- und zusammenlebend, Lebensgefährte, Weish 8,3+9) ist der Engel des Zusammenlebens, der Gemeinschaft, der Familie. Er beschützt und fördert das Zusammenleben und die Gemeinschaft unter den Menschen, er schenkt Liebe und Treue, damit die Gemeinschaft erhalten bleibt und immer schöner wird. Er bringt Frohsinn und Freude und gibt auch uns die Möglichkeit und die Kraft, Gemeinschaft zu finden und zu pflegen.

3. Sophia ist eine wunderbare Ratgeberin und Trösterin, eine Sorgenvertreiberin und Freudenbringerin. „Sie ist Ratgeberin zum Glück, sie spendet Trost in Sorgen und Kümmernissen (...). Sie schenkt Frohsinn und Freude" (Weish 8,9-16).

Ihr Engel EUBULIEL (euboulos gr., d. h. wohlberaten und guten Rat bringend; boule bedeutet Rat, Plan, Beratung) ist der Engel des „Guten Rates" und der Freude, der wie Sophia (Weish 8,9) guten Rat gibt, der tröstet und Freude und guten Humor bringt. Wie notwendig brauchen wir all das!

4. Sophia hilft ihren Verehrern, ja sie arbeitet mit ihnen mit (cooperat) und müht sich für sie. „Sende sie [die Weisheit] vom Himmel herab, daß sie bei mir sei und alle Mühe mit mir teile" (Weish 9,10).

Ihren Engel in dieser wunderbaren Mitarbeit können wir also KOOPERATIEL nennen, denn er ist der Engel der Mithilfe und der Mitarbeit, der sich nach dem Vorbild Sophias für den Menschen einsetzt und abmüht, wie es seine Herrin für Jakob und Josef getan hat und für alle ihre Verehrer tut. Kooperatiel ist der Arbeits- und Berufsengel des Menschen.

5. Sophia begleitet und führt, behütet, befreit und errettet die, die sie verehren und anrufen. „Die Weisheit hat den Gerechten [Noah] aus dem Wasser gerettet" (Weish 10,4). „Sie schützte ihn [Jakob] vor Feinden und vor Verfolgern sicherte sie ihn" (Weish 10,12). „Sie stieg mit ihm [Josef] in den Kerker und verließ ihn während seiner Gefangenschaft nicht" (Weish 10,14). „Sie führte sie [die Ihren] wunderbar" (Weish 10,17). „Sie war ihnen [den Israeliten] Schutzdach am Tage und Sternenlicht in der Nacht" (Weish 10,17 und 18,3).

Ihr Engel PHYLAKIEL (phylakis gr., d. h. Beschützerin, Wächterin, Betreuerin, Weish 10,11-13) ist der bewachende und vorbeugende Engel, der wie Sophia den Menschen beschützt und betreut, ihm hilft und beisteht zu jeder Zeit und an jedem Ort in allen Angelegenheiten, besonders in Not und Gefahr. Er ist der Archetyp der Schutzengel. Vielleicht ist er nahe verwandt mit Raphael, dem Führer der Schutzengel.

6. Immer wieder wird von Sophia berichtet, daß sie die Ihren belehrt und unterweist, ihnen Lehrerin und Meisterin ist. „Sie ist mir zur Amme und Lehrerin geworden" (Sir 51,16). „Ich hörte ihr zu und fand Belehrung und Erkenntnis in Fülle" (Sir 51,16). „Sie zeigte ihm [Jakob] das Reich Gottes und enthüllte ihm heilige Geheimnisse" (Weish 10,10).

Ihr Engel MAGISTRIEL (magistra lat., d. h. Lehrerin, Meisterin, Weish 8,7) ist der Engel, der wie Sophia dem Menschen Wissen und Können vermittelt und der beim Lernen hilft. Er lehrt uns vor allem, auf die Sophia, unsere hohe Magistra, zu hören und daraus zu lernen.

7. „Sie kennt alles und erschließt das Zukünftige, sie weiß um die Dinge im voraus" (Weish 8,8).

„Von Volk zu Volk tritt sie in fromme Seelen ein und schafft Freunde Gottes und Propheten" (Weish 7,27). Menschen heranzubilden zu hohen Gottesfreunden, zu Propheten und Priestern Gottes und seiner Schöpfung, das ist das persönliche und liebste Ziel Sophias.

Ihr Engel PROPHETIEL (propheta lat., d. h. Prophetin, Mystagogin, Weish 8,8) ist der Engel, der dem Menschen hilft, ein Freund Gottes, ja ein Prophet und Priester Gottes zu werden. Er ist der Engel der Gottesfreundschaft und des prophetischen und mystagogischen Priestertums.

8. Die Sophia ladet zu ihrem Mahl, speist und tränkt die Ihren, spendet ihnen in der Wüste Wasser aus dem Felsen, damit sie nicht verdursten. „Die Weisheit hat ihr Haus gebaut, ihre sieben Säulen aufgestellt. Sie hat ihr Vieh geschlachtet und ihren Tisch gedeckt (...). Sie ladet ein: Kommt, eßt von meinem Mahl und trinkt von meinem Wein" (Spr 9,1-6 und Weish 11,4)! „Kommet alle zu mir, die ihr mich begehrt und sättigt euch an meinen Früchten" (Sir 24,19).

Ihr Engel HOSPITIEL (hospita lat., d. h. Gastgeberin, Spr 9,1-5 und Sir 24,17) ist der Engel, der im Auftrag Sophias den Menschen zu ihrem Festmahl ruft und hinführt. Er ist der Festmahlengel, der Engel, der uns hilft und uns dazu anleitet, die Feste zu feiern, wann und wie sie „fallen".

9. „Wer nach ihr greift, dem ist sie [die Weisheit] ein Lebenbaum. Wer sich an ihr festhält, der ist glücklich zu preisen" (Spr 3,18). „Wie ein Weinstock trieb ich fruchtbare Ranken. Meine Blüten wurden zu

prächtiger und reicher Frucht. Kommet alle zu mir, die ihr mich begehrt und sättigt euch an meinen Früchten" (Sir 24,17-18).

Wahrlich, die Sophia ist dieser wunderbare Lebensbaum, der voll wunderbarer Früchte für uns ist. Sie ladet uns ein, davon zu pflücken und uns daran zu erfreuen.

Ihr Engel LIGNIEL (lignum vitae lat.) bedeutet Baum des Lebens, Lebensbaum, (Spr 3,18) ist der Engel, der uns Sophia als den Baum des Lebens finden läßt und uns davon die Früchte, die wir brauchen, pflückt und reicht. Er hilft uns vor allem, daß auch wir in unserem Leben viele und gute Früchte hervorbringen.

„Lebensbaum"
Ausschnitt aus einer
Buchmalerei aus dem 13. Jh.
Original: British Library,
London
© Kompetenz Verlag

10. „Ihre Wege sind Wege der Freude, alle ihre Pfade führen zum Glück" (Spr 3,17). „Das Nachdenken über sie [die Weisheit] ist der Klugheit Vollendung und wer ihretwegen wacht, wird bald ohne Sorge sein" (Weish 6,15). Die Sophia bekennt von sich selbst: „Ich bin die Mutter der schönen Liebe, der Gottesfrucht, der Erkenntnis und der frommen Hoffnung. In mir ist alle Lieblichkeit des Weges und der Wahrheit, in mir ist alle Hoffnung des Lebens und der Tugend" (Sir 24,18). Die Sophia ist also wahrhaftig die Charis in Person (charis gr. Lieblichkeit, Huld, Gnade, Anmut, Gefälligkeit, Gunstbezeugung) und hilft dem Menschen, Gnade, Liebe, Freude, Glück und Segen zu finden und sie weiterzuschenken.

Ihr Engel in dieser Charis-Würde ist CHARIEL, ist also der hohe Engel der Sophia als der Mutter der schönen Liebe und aller Gnaden. Er hilft dem Menschen, in Liebe und Ehrfurcht vor Gott zu stehen, Liebe, Gnade und Huld von ihm und der Sophia zu empfangen. Er hilft dem Menschen, die empfangene Liebe weiterzuschenken und dadurch die Mitmenschen glücklich zu machen.

11. Salomo nennt die Weisheit die Künstlerin (Artifex, Technitis) aller Dinge und bekennt: „Alles Verborgene und alles Offenbare habe ich erkannt, denn es lehrte mich die Weisheit, die Künstlerin aller Dinge" (Weish 7,21). Sophia ist die Künstlerin des Kosmos, der voller Wunder ist. Sie wird uns helfen, diese Wunder ihrer Macht und Schönheit zu erkennen und Gott und sie dafür zu preisen.

Ihr Engel ARTIEL (ars, Artifex, Kunst, d. h. Künstlerin, Weish 7,21) ist der Engel, der dem Menschen in seinen ästhetischen und künstlerischen Anlagen und Anliegen hilft und beisteht. Er ist der Engel der schöpferischen Kreativität. Er hilft uns, die künstlerische, schöpferische, demiurgische Weisheit der Sophia in der Natur und in den Kunstwerken zu erkennen, sie richtig zu erleben und zu genießen.

12. Die Sophia „erneuert alles" (Weish 7,27). Dabei verändert sie sich selbst nicht, sondern bleibt ein und dieselbe. Dies bezieht sich auf ihr kosmiarchisches und demiurgisches Wirken in Bezug auf den Kosmos und das ganze Universum. Sie als sein (des Kosmos) Lebensprinzip läßt ihn nicht endgültig vergehen, sondern erneuert ihn immer wieder in neuer Entwicklung und Höherführung. Das Ziel der Schöpfung ist der vergöttlichte Kosmos, der neue Himmel und die neue Erde (Apok 1,1).

Ihr Engel INNOVATIEL (innovans lat., d. h. erneuernd) ist der Engel, der Sophia bei ihrem Werk der steten Erneuerung der Welt dient. Er ist der Engel, der in der Kraft Sophias dem Menschen immer wieder Mut und Kraft zur Erneuerung, zu einem Neubeginn und Neuanfang gibt.

13. Von der Weisheit wird berichtet, daß sie „sichtbar und erkennbar" (Weish 7,22) sei. Der Prophet Baruch sagt prophetisch von ihr: „Gott hat den Weg der Weisheit ganz erkundet und sie Israel, seinem Liebling,

verliehen. Dann erschien sie auf Erden und hielt sich bei den Menschen auf" (Bar 3,37-38).

Die volle Erfüllung dieser Worte dürfen wir darin sehen, daß die Weisheit, die Sophia sichtbar auf Erden erschienen ist, d. h., daß sie in Maria sich inkarnierte und Mensch wurde.

Ihr Engel INCARNATIEL (incarnata lat., d. h. inkarniert) ist der Engel, der Sophia in ihrer Menschwerdung geholfen hat. Er hilft auch uns, voll und ganz Mensch zu werden, unsere Sendung zu erfüllen, unsere geistigen Gaben und Anlagen Ausdruck zu verleihen und sie zu verwirklichen (vergl. dazu den Engel Saphiel auf Seite 62).

14. Sophia läßt schwere Kämpfe siegreich bestehen und schenkt den Sieg, reicht den Siegeskranz, übergibt Zepter und Herrschaft. „Sie verließ ihn [Josef] nicht während seiner Gefangenschaft, bis sie ihm das königliche Zepter brachte (...). Im harten Kampf verlieh sie ihm den Siegespreis" (Weish 10,13-14). Sie selbst hat in ihrer Inkarnation als Sophia Maria die Mühsale und Kämpfe ihrer Sendung siegreich bestanden und ist dafür im Himmel von Gott glorreich gekrönt worden.

Ihr Engel VICTORIEL (victoria lat., das bedeutet Sieg, Siegerin) ist der Engel, der Sophia beim Werk der steten Erneuerung hilft und es zum guten, siegreichen Ende führt. Er ist der Engel des Sieges, der Erfolg verleiht, der Siegesengel, der im Namen Sophia Marias, der glorreichen Siegerin, dem Sieger die Siegeskrone aufsetzt.

Wenn man die hauptsächlichen und wesentlichen Eigenschaften und Werke der Sophia Maria betrachtet und annimmt, daß ihr dazu Engel ehrfürchtig und dienstbereit zur Seite stehen, so kann man in den Büchern der Weisheit 49 dieser hohen Sophienengel erkennen. Sie verdienen all unsere Verehrung und unser vollstes Vertrauen in ihre wunderbaren Kräfte und Fähigkeiten. Da wir sie nicht alle gleichzeitig und gemeinsam uns präsent vorstellen können, dürfen und sollen wir uns jeweils jene zur Verehrung und Anrufung aussuchen, die wir speziell brauchen und deren Hilfe wir im Augenblick besonders bedürfen.

Die Engel nach dem Zeugnis des Neuen Testamentes

Im Neuen Testament ist in den Evangelien, in der Apostelgeschichte und in den Apostelbriefen immer wieder von den Engeln die Rede (siehe dazu Schick Erich, Die Botschaft der Engel im Neuen Testament, Stuttgart 1940). Doch am ausführlichsten und in apokalyptischer Dramatik wird in der Geheimen Offenbarung des Johannes davon berichtet. Deshalb wird hier dieser Teil des Neuen Testamentes besonders behandelt.

Zwei Gruppen von Engeln sind zu unterscheiden: Die Engel des Lammes, das sind die Engel Jesu Christi in seiner eschatologischen Parusie, Macht und Herrlichkeit, und die Engel der Braut des Lammes in ihrer Erscheinung als Sophia Maria Kirche.

Die Engel Jesu Christi der Geheimen Offenbarung

Um einen Einblick und Überblick über die apokalyptischen Engel, die besonders Jesus Christus zugeordnet sind, zu erhalten, sollen die einzelnen biblischen Quellen der Reihe nach beleuchtet werden. Die Texte sind aus dem Regensburger Neuen Testament „Die Offenbarung des Johannes", übersetzt und erklärt von Alfred Wikenhauser, Pustet, Regensburg 1959.

Die Hinweise auf den Kommentar von A. Wikenhauser werden mit W gekennzeichnet.

1. Der Offenbarungsengel, der Johannes die Geheime Offenbarung mitteilte: „Offenbarung Jesu Christi, die ihm Gott gegeben hat.

(...) Er hat sie durch Sendung seines Engels seinem Knecht Johannes kundgemacht" (Offb 1,1). Das ist der Offenbarungsengel, der Johannes „zeigt, was in Bälde geschehen wird" (Offb 1,1).

2. DIE SIEBEN STERNENENGEL

„Und er (der Menschensohn) hielt in seiner rechten Hand sieben Sterne (...). Die sieben Sterne sind die Engel der sieben Kirchen" (Offb 1,16 und 20).

„Wer mit den Engeln der Kirchen gemeint ist, ist umstritten. (...) Namhafte Exegeten sehen in ihnen wirkliche Engel, und zwar die himmlischen Schutzengel der einzelnen Gemeinden, die das Tun und Lassen der ihrer Obhut unterstellten Gemeinden überwachen und leiten" (W 34).

3. DIE VIER LEBEWESEN UND DIE 24 ÄLTESTEN

„Und siehe, ein Thron stand im Himmel, und auf dem Thron saß einer, und der (auf ihm) saß, glich in seinem Aussehen dem Jaspis- und Sardionstein, und ein Bogen war rings um den Thron, vom Aussehen einem Smaragd ähnlich. Und rings um den Thron (sah ich) vierundzwanzig Throne und auf den Thronen vierundzwanzig Älteste sitzend, die in weiße Gewänder gekleidet waren und auf ihren Häuptern goldene Kränze trugen (...). Und vor dem Thron (breitete sich etwas) wie ein Meer (aus), durchsichtig wie ein Kristall. Und in der Mitte des Thrones und rings um den Thron (waren) vier Lebewesen voll Augen vorne und hinten. Und das erste Lebewesen glich einem Löwen, und das zweite Lebewesen glich einem jungen Stier, und das dritte Lebewesen hatte das Antlitz wie von einem Menschen, und das vierte Lebewesen glich einem fliegenden Adler. Und die vier Lebewesen, ein jedes von ihnen hatte je sechs Flügel, ringsum und innen sind sie voll Augen. Und sie ruhen nicht bei Tag und Nacht und rufen: Heilig, heilig, heilig ist der Herr, Gott, der Allherrscher, der war und der ist und der kommt. Und wenn die Lebewesen Preis und Ehre und Dank dem darbringen, der auf dem Throne sitzt, der lebt in alle Ewigkeit, fallen die vierundzwanzig Ältesten vor dem, der auf dem Throne sitzt, nieder und beten den an, der lebt in alle Ewigkeit, und legen ihre Kränze vor dem Throne nieder und sprechen: Würdig bist du, unser Herr und Gott, Preis und Ehre und Macht zu empfangen, denn du hast alles geschaffen und durch deinen Willen war es und wurde es geschaffen" (Offb 4,4-11).

Die vier Lebewesen sind weder Tiere noch Menschen, sondern erhabene Engelwesen, die der unmittelbaren Gottesnähe würdig und teilhaftig sind (W 53). Sie haben Ähnlichkeit mit den vier Lebewesen bei Ezechiel (Ez 1,26 und 10,1), welche dort den Thronwagen Jahwes bilden. Hier sind sie ein Teil des Thronwagens des Messias.

Die vier Lebewesen sind auch Symbole für die vier Grundbeziehungen des Messias: nämlich zu Gott, zur Schöpfung, zu seinem Erlösungswerk und zu jedem einzelnen Menschen, wie es auch bei den vier Hauptwürden Sophia Marias der Fall ist. Die 24 Ältesten differenzieren und konkretisieren in personaler Gestalt diese Beziehungen. Sie loben und preisen Gott, erweisen den liturgischen Dienst. Sie haben Harfen in ihren Händen und goldene Schalen voll Räucherwerk (Offb 5,8), sie tragen die Gebete der Heiligen vor Gottes Angesicht, sind also auch Fürbitter und Mittler. Sie sind auch Tröster. „Und einer sagte zu mir: Weine nicht (...)" (Offb 5,5).

4. Der heilige Erzengel Michael

Der heilige Erzengel Michael wird eigens mit Namen genannt. Es wird sein Kampf für Gottes Ehre gegen den abtrünnigen Luzifer geschildert: „Und es entbrannte ein Kampf im Himmel. Michael und seine Engel erhoben sich, um mit dem Drachen zu kämpfen, und der Drache kämpfte und seine Engel, aber sie vermochten nicht zu obsiegen, und es fand sich für sie kein Platz mehr im Himmel. Und hinabgeworfen wurde der große Drache, die alte Schlange, der der Teufel und der Satan heißt, der den ganzen Erdkreis verführt, hinabgeworfen auf die Erde, und seine Engel wurden mit ihm hinabgeworfen" (Offb 12,7-9).

5. Die vier Windengel und der Besiegelungsengel

„Danach sah ich vier Engel an den vier Ecken der Erde stehen, die die vier Winde der Erde festhielten, daß kein Wind wehe über dem Land noch über dem Meer noch gegen irgendeinen Baum. Und ich sah einen andern Engel vom Aufgang der Sonne heraufsteigen, der das Siegel des lebendigen Gottes hatte, und er rief mit mächtiger Stimme den vier

Engeln, denen gegeben war, das Land und das Meer zu schädigen, also zu: Schädigt nicht das Land noch das Meer noch die Bäume, bis wir die Knechte unseres Gottes auf ihren Stirnen mit dem Siegel gezeichnet haben!" (Offb 7,1-3).

6. DIE SIEBEN THRONENGEL MIT DEN POSAUNEN UND DER ENGEL MIT DER RÄUCHERPFANNE

„Gnade euch und Friede von dem, der ist und war und kommt, und von den sieben Geistern, die vor dem Throne stehen" (Offb 1,4).

„Und ich sah die sieben Engel, die vor Gott stehen, und es wurden ihnen sieben Posaunen gegeben. Und ein anderer Engel kam und trat an den Altar heran mit einer goldenen Räucherpfanne, und es wurde ihm viel Räucherwerk gegeben, daß er es mit den Gebeten aller Heiligen auf dem goldenen Altar vor dem Throne darbringe. Und der Rauch des Räucherwerks stieg mit den Gebeten der Heiligen aus der Hand des Engels vor Gott empor" (Offb 8,2-4).

Mit diesen sieben Posaunenengeln sind die sieben Thronengel bzw. die sieben Geister vor dem Throne Gottes gemeint (W 72). Hier wird noch ein eigener Engel mit einer goldenen Räucherpfanne erwähnt.

7. DER REGENBOGENENGEL

„Und ich sah einen anderen gewaltigen Engel vom Himmel herabsteigen, der in eine Wolke gehüllt war. Und der Regenbogen stand über seinem Haupte, und sein Antlitz war wie die Sonne und seine Füße wie Feuersäulen, und er hatte in seiner Hand ein geöffnetes Büchlein. Und er setzte seinen rechten Fuß auf das Meer, seinen linken aber auf das Land und rief mit lauter Stimme, wie ein Löwe brüllt" (Offb 10,1-3).

8. DIE VIER EUPHRATENGEL

„Und der sechste Engel stieß in die Posaune, und ich hörte eine Stimme von den vier Hörnern des goldenen Altars her, der vor Gott (steht), zum sechsten Engel sagen, der die Posaune hatte: Laß die vier Engel los, die am großen Strom Euphrat gebunden sind. Und die vier Engel wurden losgelassen, die auf Stunde und Tag und Monat und Jahr bereitstanden, um den dritten Teil der Menschen zu töten" (Offb 9,13-15).

Engel-Ikone: Die sieben Eigenengel des Menschen
© Isabella Glonner-Rehle, München
Konzipiert und gemalt nach der SEL

Die drei Familienengel: Der Schutzengel Eumiel in der Mitte mit der Li-
lie, dem Symbol seines Schützlings; die beiden Elternengel in den beiden
Eheringen mit Strahlen und Flügeln; die vier Lebensengel links und rechts
vom Schutzengel: links Eubielo mit dem Äskulapstab, dem Symbol für Gesundheit, Kosmielo mit Stab und Hacke, den Symbolen der menschlichen
Arbeit für die Schöpfung, Sigamela und Amonela rechts vom Schutzengel:
Sigamela mit der Palme, dem Symbol des Sieges, und Amonela mit dem
Herzen, dem Symbol der Liebe und Freude. Die Madonna mit dem Jesuskind blickt liebevoll auf die sieben Engel herab.

79

9. Der Engel des Ewigen Evangeliums

„Und ich sah einen andern Engel hoch oben am Himmel fliegen, der ein ewiges Evangelium hatte, um es den Bewohnern der Erde und (zwar) allen Nationen und Stämmen und Sprachen und Völkern zu verkünden, und er rief mit mächtiger Stimme: Fürchtet Gott und gebt ihm die Ehre, denn die Stunde seines Gerichtes ist gekommen; und betet den an, der den Himmel und die Erde und das Meer und die Wasserquellen geschaffen hat!" (Offb 14,6-7).

Dieses Ewige Evangelium gilt für alle Völker der ganzen Erde. Der Inhalt: Fürchtet und ehret Gott und betet ihn an.

10. Zwei Gerichts- und Drohengel

„Und ein anderer, ein zweiter Engel folgte und rief: Gefallen, gefallen ist das große Babylon, das mit dem Zornwein seiner Unzucht alle Völker getränkt hat. Und ein anderer, ein dritter Engel folgte ihnen und rief mit mächtiger Stimme: Wenn einer das Tier und sein Bild anbetet und das Malzeichen auf seine Stirne oder auf seine Hand nimmt, dann wird auch er vom Zornwein Gottes trinken müssen, der ungemischt zubereitet ist im Becher seines Zornes, und gepeinigt werden mit Feuer und Schwefel vor den heiligen Engeln und vor dem Lamm" (Offb 14,8-10).

11. Die drei Sichelengel – Sie rufen zu Gericht und Strafe auf: „Und ein anderer Engel kam aus dem Tempel heraus und rief mit gewaltiger Stimme dem, der auf der Wolke saß, zu: Sende deine Sichel aus und ernte, denn die Stunde zum Ernten ist gekommen, da die Ernte der Erde überreif geworden ist. Und der, der auf der Wolke saß, warf seine Sichel auf die Erde, und die Erde wurde abgeerntet" (Offb 14,14-16). Der auf der Wolke Sitzende ist der Messias (W 116).

„Und ein anderer Engel trat aus dem Tempel im Himmel heraus, auch er hatte eine scharfe Sichel. Und (wieder) ein anderer Engel kam vom Altare her, der Macht über das Feuer hat, und rief mit mächtiger Stimme dem, der die scharfe Sichel hatte, die Worte zu: Schick deine scharfe Sichel aus und ernte die Trauben vom Weinstock der Erde. Seine Beeren sind reif geworden" (Offb 14,17-18).

Es sind also drei Sichelengel.

12. DIE SIEBEN PLAGEN- ODER ZORNSCHALENENGEL

„Und ich sah ein anderes Zeichen am Himmel, ein großes und wunderbares: sieben Engel, welche sieben Plagen hatten, die letzten, weil in ihnen der Zorn Gottes zum Ende kam" (Offb 15,1).

„Und es kamen die sieben Engel, die die sieben Plagen hatten, aus dem Tempel heraus, bekleidet mit reinem, glänzendem Linnen und um die Brust gegürtet mit goldenen Gürteln. Und eines von den vier Lebewesen gab den sieben Engeln sieben goldene Schalen, angefüllt mit dem Zorne Gottes, der da lebt in alle Ewigkeit. Und der Tempel füllte sich mit Rauch von der Herrlichkeit Gottes und von seiner Macht, und niemand konnte in den Tempel hineingehen, bis die sieben Plagen der sieben Engel zu Ende waren" (Offb 15,6-8). Diese Engel sind eng mit den Elementen der Schöpfung verbunden: Engel der Erde, des Meeres, der Flüsse und Wasserquellen, Engel der Sonne, Engel der Luft. Nach altjüdischem Glauben sind über alle Naturdinge Engel gesetzt (W 121). Es gibt Wasser-, Feuer- und Luftengel, Engel der Gestirne am Himmel, Engel der Berge und der Täler, Engel der Wälder und Felder.

13. DER LICHTGLANZENGEL (Offb 18,1-3). Er verkündet den Vollzug des Gerichtes:

„Hierauf sah ich einen anderen Engel aus dem Himmel herabsteigen, der große Gewalt besaß, und die Erde wurde von seinem Lichtglanz hell erleuchtet. Und er schrie mit starker Stimme: Gefallen, gefallen ist das große Babylon und geworden zur Behausung von Dämonen und zum Aufenthaltsort von allerlei unreinen Geistern und zum Aufenthaltsort von allerlei unreinen und verabscheuten Tieren; denn vom Zornwein seiner Unzucht haben alle Völker getrunken, und die Könige der Erde haben mit ihr Unzucht getrieben, und die Kaufherren der Erde sind von ihrer ungeheuren Üppigkeit reich geworden" (Offb18,1-3).

14. DER MÜHLSTEINENGEL (Offb 18,21) prophezeit der Stadt Babylon den Untergang:

„Und ein starker Engel hob einen Stein, so groß wie ein Mühlstein. Er warf ihn in das Meer und rief: So wird Babylon, die große Stadt, niedergeworfen werden und nicht mehr aufzufinden sein" (Offb 18,21).

15. DER ENGEL IN DER SONNE ruft die Vögel zum Vollzug der Strafe auf:
„Und ich sah einen Engel in der Sonne stehen, und er schrie mit mächtiger Stimme und rief allen Vögeln zu, die hoch oben am Himmel fliegen: Kommt herbei, versammelt euch zum großen Mahle Gottes, um zu verzehren das Fleisch von Königen und das Fleisch von Kriegsobersten und das Fleisch von Helden und das Fleisch von Rossen und denen, die auf ihnen sitzen" (Offb 18,17-18).

16. DER ENGEL MIT DEM SCHLÜSSEL ZUM ABGRUND und mit der großen Kette ergreift den Satan und wirft ihn in den Abgrund:
„Und ich sah einen Engel vom Himmel herabsteigen, der den Schlüssel zum Abgrund und eine große Kette in seiner Hand hatte. Und er ergriff den Drachen, die alte Schlange – das ist der Teufel, der Satan – und fesselte ihn für tausend Jahre und warf ihn in den Abgrund und schloß zu und brachte ein Siegel auf ihm an, damit er die Völker nicht mehr verführe, bis die tausend Jahre zu Ende sind. Danach muß er für kurze Zeit freigelassen werden" (Offb 20,1-3).

ÜBERSICHTLICHE DARSTELLUNG DER ENGEL JESU CHRISTI IN DER GEHEIMEN OFFENBARUNG

1. DIE VIER LEBEWESEN UND DIE 24 ÄLTESTEN
   (Offb 4,2-11; Nr. 3 im Text)

2. DIE SIEBENERGRUPPEN
   1) Die sieben Geister vor dem Thron Gottes sind identisch mit den Posaunenengeln (Offb 1,4 und 8,2, Text Nr. 6).
   2) Die sieben Sternenengel der sieben Gemeinden (Offb 1,16 und 20, Text Nr. 2).
   3) Die sieben Engel der sieben Plagen oder Zornschalen (Offb 15,1 und 15,7, Text Nr. 12).

4) Die Gruppe der sieben bedeutenden Einzelengel:
a) Der Offenbarungs- und Deuteengel des Johannes (Offb 1,1, Text Nr. 1).
b) Der heilige Erzengel Michael (Offb 12,7-9, Text Nr. 4).
c) Der Versiegelungsengel (Offb 7,2, Text Nr. 5).
d) Der Engel mit der goldenen Räucherpfanne (Offb 8,3, Text 6).
e) Der Regenbogenengel (Offb 10,1-4, Text Nr. 7).
f) Der Engel des Ewigen Evangeliums (Offb 14,6-7, Text Nr. 9).
g) Der Engel mit dem Schlüssel und der Kette (Offb 20,1-3, Text Nr. 16).

3. DIE VIERERGRUPPEN SIND GRUPPEN VON JE VIER MARKANTEN ENGELN:
1) Die vier Engel der Ecken der Erde oder die vier Windengel (Offb 7,1-3, Text Nr. 5).
2) Die vier Euphrat- oder Todesengel (Offb 9,13-15, Text Nr. 8).
3) Die vier Engel, die Gericht und Strafe androhen und herbeirufen:
a) Die zwei Drohgerichtsengel (Offb 14,8-9, Text Nr. 10).
b) Der Mühlsteinengel (Offb 18,21, Text Nr. 14).
c) Der Engel in der Sonne (Offb 19,17, Text Nr. 15).
4) Die vier Engel, die Gericht und Strafe vollziehen helfen:
a) Die drei Sichelengel (Offb 14,15-18, Text Nr. 11).
b) Der Lichtglanzengel (Offb 18,1-3, Text Nr. 13).

Es sind also die vier Lebewesen und die 24 Ältesten = 28, die vier Siebenergruppen = 28, die vier Vierergruppen = 16. Das sind im ganzen 72 Engel.

Die Zahl 72 hat allgemein und besonders in der jüdischen und christlichen Tradition einen hohen Symbolwert. Bekannt sind die 72 Jünger Jesu, die er aussandte. Man zählte damals 72 Sprachen, 72 Namen Jahwes. Im Kleid des Hohen Priesters waren 72 Glöckchen angebracht. Die Grallegende kennt 72 Kapellen im Gralstempel. In China soll der Weise Kong-zi (Konfuzius) wie Jesus 72 Jünger gehabt haben und 72 Jahre alt geworden sein. 72 ist also eine Zahl der Vollkommenheit und Fülle.

Die Engel des Lammes sind hohe, gewaltige, ja furchterregende Wesen. Sie stehen im Dienst des Gerichtes über die gottfeindliche Welt. Sie verkünden und vollziehen das Gericht Gottes über die Welt, die sich von ihm abgewandt und dem Bösen zugewandt hat.

Aber dieses Gericht ist Reinigung und Durchgang zu einer neuen, heilen Schöpfung, deren Erfüllung und Krönung die Hochzeit des Lammes mit seiner Braut ist.

DIE NEUE SCHÖPFUNG UND DIE HOCHZEIT DES LAMMES

„Dann sah ich einen neuen Himmel und eine neue Erde; (...). Ich sah die heilige Stadt, das neue Jerusalem von Gott her aus dem Himmel herabkommen. Sie war bereit wie eine Braut, die sich für ihren Mann geschmückt hat. Da hörte ich eine laute Stimme vom Throne her rufen: Seht die Wohnung Gottes unter den Menschen! Er wird in ihrer Mitte wohnen (...). Er wird alle Tränen von ihnen abwischen. Und der Tod wird nicht mehr sein; weder Trauer, noch Jammer, noch Mühsal wird mehr sein; denn die erste Schöpfung ist vergangen. Und es sprach der, welcher auf dem Throne sitzt: Siehe, ich mache alles neu. Und er sagt: Schreibe: Diese Worte sind zuverlässig und wahr. Und er sagte zu mir: Es ist geschehen! Ich bin das Alpha und das Omega, der Anfang und das Ende. Ich werde dem Dürstenden vom Quell des Lebenswassers umsonst geben. Der Sieger wird dies zum Erbe erhalten, und ich werde ihm Gott sein, und er wird mir Sohn sein (...). Und es kam einer von den sieben Engeln, welche die sieben Schalen hatten, die mit den sieben letzten Plagen gefüllt waren, und redete mit mir und sprach: Komm, ich will dir die Braut, die Gemahlin des Lammes zeigen. Und er entrückte mich im Geiste auf einen großen und hohen Berg und zeigte mir die heilige Stadt Jerusalem, die aus dem Himmel von Gott her herabstieg, im Besitz der Herrlichkeit Gottes. Ihr Glanz glich dem eines überaus kostbaren Edelsteins, eines kristallhellen Jaspissteins. Sie hat eine große und hohe Mauer mit zwölf Toren und an den Toren zwölf Engel. Und Namen sind eingeschrieben, welche die der zwölf Stämme der Söhne Israels sind: Im Osten drei Tore und im Norden drei Tore, im Süden drei Tore und im Westen drei Tore. Die Mauer der Stadt hat zwölf Grundsteine; auf ihnen stehen die zwölf Namen der zwölf Apostel des Lammes" (Offb 21,1-7; 9-14).

In dieser Vision der Hochzeit des Lammes mit seiner Braut wird uns die seinshafte, heilige Polarität, d. h. die Hierogamie von Logos und Sophia, vom Lamm und seiner Braut, von Jesus Christus und Sophia Maria Kirche symbolisch und doch wieder sehr konkret dargestellt.

An dieser Hochzeit nehmen Menschen und Engel teil. Die Zahl der Besiegelten aus den Menschen wird mit 144.000 angegeben. Die symbolische Bedeutung von 144.000 ist das tausendfache unzählige Vielfache von 144. 144 = 2 x 72, ist nicht nur eine symbolische Grundzahl der an dieser Hochzeit teilnehmenden Menschen, sondern auch der daran teilnehmenden Engel. Die Zahl der Hauptengel des Lammes, Jesu Christi, beträgt – wie aufgezeigt wurde – 72 und ebenso viele Hauptengel stehen Sophia Maria, seiner bräutlichen Mutter und Mitarbeiterin, zur Seite (siehe Seite 95). Die ganze himmlische Engelheerschar wird von diesen 144 Hauptengeln, denen wieder unzählige Helfer und Helfershelfer zur Verfügung stehen, geführt.

Die Zahl der 144.000 Besiegelten hängt also auch mit der Zahl der Engel des Lammes = 72 und der Engel der Braut = 72, also 2 x 72 = 144 zusammen. Vielleicht soll uns damit auch besonders nahegelegt werden, daß sowohl in der Engel- als auch in der Heiligenwelt die hierogame Polarität von Logos und Sophia, d. h. von Jesus Messias und Sophia Maria, sich darstellt und erfüllt. Beiden Welten liegt nämlich die gleiche Grundzahl 2 x 72 = 144 mit ihrer symbolischen Bedeutung zugrunde.

Die Welt der Engel und der Heiligen, der Himmel: ein wogendes Fest des Hieros Gamos von Jesus Messias und Sophia Maria und ihrer Engel und Heiligen. Die Zahl 144 ist auch die Summe von 12 x 12 oder $12^2 = 144$. Zwölf ist die Symbolzahl der Vollkommenheit und

Fülle. 12 x 12 oder 12 zum Quadrat erhoben bedeutet unüberbietbare Fülle der Vollkommenheit, höchste Vollkommenheit und Fülle des Lebens, der Liebe und der Freude in der himmlischen Welt der Engel und Heiligen.

DIE ENGEL DER BRAUT DES LAMMES IN DER GEHEIMEN OFFENBARUNG

Die Geheime Offenbarung spricht nicht nur von den Engeln des Lammes, das ist Jesu Christi, sondern auch von den Engeln der Braut des Lammes, der Sophia Maria Kirche. Die Engel, die da erscheinen, geschaut und beschrieben werden, können wir in vier große Gruppen einteilen:

1. Die Engel der Hochzeit des Lammes und seiner Braut.
2. Die Engel der Heiligen Stadt Jerusalem.
3. Die Engel der Symbole, d. h. des Lebensbaumes, des Lebensstromes und des Buches mit den sieben Siegeln.
4. Die Engel der Hohen Frau mit der Sonne bekleidet.

DIE DREI HOCHZEITSENGEL DER BRAUT

„Eine Stimme kam vom Throne her: Preiset unseren Gott (...) Halleluja! (...). Wir wollen uns freuen und jubeln und ihm die Ehre erweisen. Denn gekommen ist die Hochzeit des Lammes, und seine Frau hat sich bereit gemacht. Sie durfte sich kleiden in strahlend reines Leinen.

Eine weitere Stimme sagte zu mir: Schreibe: Selig, die zum Hochzeitsmahl des Lammes geladen sind" (Offb 19,4-9).

„Dann sah ich einen neuen Himmel und eine neue Erde (...). Ich sah die heilige Stadt, das neue Jerusalem, von Gott her aus dem Himmel herabkommen, bereitet wie eine Braut, die sich für ihren Mann geschmückt hat (...)" (Offb 21,2).

Da hörte ich eine Stimme vom Throne her rufen: Seht sie, die Wohnung Gottes unter den Menschen! Er lebt jetzt in ihrer Mitte, er wirkt jetzt bei ihnen. Er wird alle Tränen von ihren Augen wischen. Der Tod wird nicht mehr sein, keine Trauer, keine Klage, keine Mühsal (...). Der auf dem Throne saß, sprach: Seht, ich mache alles neu" (Offb 21,1-5).

In diesen drei Texten können wir drei Engel erkennen:

In der 1. Stimme (Offb 19,4) den Engel, der das Kommen, ja die Feier der Hochzeit verkündet: „Gekommen ist die Hochzeit, die Braut hat sich bereit gemacht" (Offb 19,4). „Sie war bereitet wie eine Braut, die sich für ihren Mann geschmückt hat" (Offb 21,2).

In der 2. Stimme den Engel, der zur Hochzeit ladet und die Geladenen selig preist: „Selig, die zu dieser Hochzeit geladen sind" (Offb 19,9).

In der 3. Stimme den Engel, der der Braut hilft, mit ihrem Bräutigam mitzuwirken, daß das Volk Gottes und die Welt würdig und voll Freude an dieser Hochzeit teilnehmen kann: „Seht, ich mach alles neu! (...) Er wird alle Tränen von ihren Augen abwischen. Der Tod wird nicht mehr sein, keine Trauer, keine Klage, keine Mühsal" (Offb 21,4-5).

Diese drei Stimmen können wir als die drei Hochzeitsengel deuten.

Die Engel der Heiligen Stadt Jerusalem

„Und es kam einer von den sieben Engeln, die die sieben Schalen getragen hatten. Er sagte zu mir: Komm, ich will dir die Braut zeigen, die Frau des Lammes. Und er entrückte mich im Geiste auf einen großen und hohen Berg und zeigte mir die heilige Stadt Jerusalem, die aus dem Himmel von Gott her herabstieg, erfüllt von der Herrlichkeit Gottes (...). Sie (die Stadt) hat eine große und hohe Mauer mit zwölf Toren und zwölf Engeln darauf. Auf die Tore sind die Namen der zwölf Stämme Israels geschrieben (...). Die Mauer der Stadt hat zwölf Grundsteine, auf denen die Namen der zwölf Apostel des Lammes stehen (...). Die Stadt war viereckig angelegt (...). Der

Hauptplatz (platea) der Stadt ist reines Gold wie durchsichtiges Glas (...). Und die Völker werden ihre Schätze und Kostbarkeiten in diese Stadt hineinbringen (...). Unreine dürfen in sie nicht hinein, sondern nur die, die im Lebensbuch des Lammes eingeschrieben sind" (Offb 21,9-27). Ist dieses Lebensbuch vielleicht das Buch mit den sieben Siegeln – die Sophia?

Vom Engel wurde dem Johannes gesagt, daß die zwölf Tore dieser Stadt ihre Engel haben. Darf man daraus schließen und annehmen, daß auch den übrigen Teilen der Stadt Engel zugeschrieben werden können? Wenn wir das annehmen, dann können wir neben den zwölf Torengeln auch die zwölf Engel der zwölf Grundsteine, weiters die vier Engel der vier Seiten bzw. Türme, die die hohen Mauern behüten, endlich zwei Engel (einen für den Bräutigam und einen für die Braut) für den goldenen Hauptplatz annehmen. Diese zwei Engel behüten diesen heiligsten Ort, wo die heiligsten Mysterien der Kirche, die Hierogamie des Lammes mit seiner Braut, der Sophia-Maria-Kirche gefeiert werden. Es ergeben sich hieraus die zwei Engel des goldenen Platzes (Offb 21,21), die vier Engel der vier Türme (Offb 21,16), die zwölf Engel der zwölf Tore und die zwölf Engel der zwölf Grundsteine (Offb 21,12-14), im ganzen also 28 + 2 = 30 Engel der Heiligen Stadt.

Auch in Offb 4,4ff. wird von 24 + 4 = 28 Engeln gesprochen.

Die Engel der Symbole

1) Der Lebensstrom

„Und er (einer der sieben Schalenengel) zeigte mir den Strom des Lebenswassers, klar wie Kristall, der aus dem Throne Gottes hervorfließt" (Offb 22,1). „An diesem Strom steht der Baum des Lebens, der zwölfmal Früchte trägt, jeden Monat bringt er seine Frucht. Und die Blätter dieses Baumes dienen zur Heilung der Völker" (Offb 22,2).

Im ersten Vers wird der „Strom des Lebenswassers" geschaut und geschildert. Er fließt vom Throne Gottes aus und sein Wasser besitzt heilende Kraft. In Fortsetzung der schon begründeten und begonnenen

Hieronymus Bosch: Johannes auf Patmos
© Staatliche Museen zu Berlin, Preußischer Kulturbesitz
Foto: J. P. Anders

Engelzuweisung können wir auch hier annehmen, daß dieser wunderbare Lebensstrom ebenso seine Engel hat, d. h. den Engel, der den Strom bewacht und sein ständiges, ruhiges Fließen bewirkt und beschützt. Diesem Lebensstromengel ist noch ein Engel beigegeben, der die Aufgabe hat, das heilende Wasser zu schöpfen und es den Dürstenden und Bedürftigen, die hieher kommen, zu reichen. Es ist dies der Heiltrankengel. „Ich werde dem Dürstenden vom Quell des lebendigen Wassers umsonst geben" (Offb 21,6). Deshalb steht im Symbologramm (siehe Seite 96) beim Lebensbaum und Lebensstrom auch eine Schale, in welche der Heiltrank hineinfließt und in welche die Heilblätter vom Baum des Lebens fallen.

In diesem ersten Symbol können wir also zwei Engel am Werke sehen: den Engel des Lebensstromes und den Engel, der mit der Schale das heilende Wasser daraus schöpft und es den Durstigen reicht. So stehen bei diesem Symbol zwei Engel: der Engel des Lebensstromes, der den Strom bewacht, und der Engel, der daraus den Heiltrank schöpft und ihn den Bedürftigen reicht.

2) Der Baum des Lebens

Im zweiten Vers wird der „Baum des Lebens" vorgestellt, der jeden Monat, also zwölfmal im Jahr, Früchte trägt und dessen Blätter Substanzen und Düfte enthalten, die heilende Wirkung haben. Auch diesen wunderbaren Lebens- und Heilbaum können wir als von Engeln betreut sehen, d. h. vom großen Engel des Baumes selbst, dem zwölf Engel für die monatlichen Früchte und ein weiterer Engel für die Heilblätter zur Seite stehen. So können wir zu diesem Symbol 1 + 12 + 1 = 14 Engel annehmen.

3) Das Buch mit den sieben Siegeln

„Und ich sah in der rechten Hand dessen, der auf dem Throne saß, eine Buchrolle, die mit sieben Siegeln versiegelt war. Und weiter sah ich: Ein gewaltiger Engel rief mit lauter Stimme: Wer ist würdig, die Buchrolle zu öffnen und ihre Siegel zu lösen? Aber niemand im Himmel, auf der Erde und unter der Erde konnte das Buch öffnen. Da weinte ich sehr,

90

weil niemand für würdig befunden wurde, das Buch zu öffnen und zu lesen. Da sagte einer der Ältesten zu mir: Weine nicht! Gesiegt hat der Löwe aus dem Stamm Juda, der Sproß aus der Wurzel Davids: Er kann das Buch und seine sieben Siegel öffnen (...). Das Lamm trat heran und empfing das Buch aus der rechten Hand dessen, der auf dem Throne saß. Als es das Buch empfangen hatte, fielen die vier Lebewesen und die 24 Ältesten vor dem Lamm nieder und sangen ein neues Lied: Würdig bist du, das Buch in Empfang zu nehmen und zu öffnen" (Offb 5,1-8).

Diese Stelle der Geheimen Offenbarung mit dem siebenfach versiegelten Buch ist besonders geheimnis- und höchst bedeutungsvoll. In diesem Symbol des versiegelten Buches ist ein ganz großes und wichtiges Mysterium Gottes verborgen. Niemand kann es öffnen, nur das Lamm. Und bei der Öffnung fallen die vier Lebewesen und die 24 Ältesten in Bewunderung nieder und beginnen ein Loblied zu singen. Das läßt die große Bedeutung dieses Buches ahnen.

Was bedeutet also dieses Buch, was bedeuten seine sieben Siegel? Der heilige Paulus lüftet uns ein wenig das Geheimnis im Brief an die Epheser, in dem er schreibt: „Ich soll den Heiden die frohe Botschaft verkünden, wie jenes Geheimnis verwirklicht wurde, das von Ewigkeit her in Gott verborgen war. So sollen jetzt die Fürsten und Mächte des Himmels Kenntnis erhalten von der vielgestaltigen Weisheit Gottes durch die Kirche nach seinem Plan" (Eph 3,8-11).

Paulus sieht das große Christus-Geheimnis engstens verbunden mit der Weisheit, das ist Sophia. Er sieht dieses Geheimnis in seiner sophianischen Dimension. Da das Buch an sich schon ein Symbol der Sophia ist, so ist dieses Buch mit den sieben Siegeln umso mehr ein Symbol für das Geheimnis der „vielgestaltigen Sophia", die durch die Kirche und in der Kirche den Engeln und Menschen offenbar werden soll.

Wenn in dem Buch die Sophia symbolisiert ist, so ergibt sich ein wunderbarer mystischer Gesamtsinn: Gott Vater überreicht dem Sohn das Buch, das ist die Sophia. Der Sohn empfängt es und beginnt es zu öffnen, d. h., der Sohn empfängt ehrfurchtsvoll und dankbar die Sophia und beginnt ihre Schönheit und Herrlichkeit zu schauen und zu bewundern. Dies ist ein so hoher, ehrfurchtgebietender und wirkungsträchtiger Akt, daß die vier Lebewesen und die 24 Ältesten in die Knie sinken und voll Begeisterung zu singen und zu jubeln beginnen.

Was bedeuten nun die einzelnen sieben Siegel dieses Buches? Nach den vorhergehenden Überlegungen können wir mit Recht annehmen, daß diese Siegel sich auf einzelne Teile dieses Geheimnisses beziehen, d. h., daß das Geheimnis der Sophia sich in sieben Stufen oder Phasen verwirklicht, die in den sieben Siegeln symbolisiert sind. Vielleicht ist folgende Interpretation hilfreich:

Das erste Siegel bedeutet die erste Stufe der Verwirklichung dieses Geheimnisses, nämlich die Erschaffung der Sophia als Amon Jahwe, als Amonja, als Geliebte und Braut Gottes, wie es im Buch der Sprüche verkündet wird (Spr 8,22-30).

Das zweite Siegel beinhaltet das Geheimnis der Mitbeteiligung Sophias an der Schöpfung als Mitschöpferin, Werkmeisterin und Künstlerin des Kosmos (ebenso in Spr 8,22-30 verkündet). Hier ist sie die Kosmiarcha.

Das dritte Siegel enthält das Geheimnis der wunderbaren Liebe und Sorge Sophias für die Menschen, „bei denen sie gerne weilt und die sie liebt" (Spr 8,30). Sie läßt sie teilnehmen an ihrer eigenen Lebenskraft und will, daß sie so gottselig glücklich werden wie sie selbst. Hier ist sie die Eubiarcha.

Das vierte Siegel enthält das Geheimnis der Inkarnation:

a) der Inkarnation, der Menschwerdung der Sophia in Maria,

b) der Inkarnation des Logos aus der menschgewordenen Sophia.

Hier ist sie die Sophia incarnata in Maria, d. h. in Sophia Maria oder Sigmaria. Sigmaria ist ein Akroname und kann auch gedeutet werden „Sophia inkarniert – Gottesmutter Maria".

Das fünfte Siegel beinhaltet die Zusammenarbeit der Sophia Maria mit dem aus ihr menschgewordenen Logos Jesus Christus, die Mitarbeit an seinem messianischen Werk der Erlösung und Vergöttlichung. Hier ist Sophia Maria die Braut und Mutter und die Mitarbeiterin des inkarnierten Gottessohnes, die Sigmia, die Miterlöserin mit Christus. Siehe das Kreuz hinter der Statue der „Frau aller Völker" (siehe Seite 265). Sigmia ist ein Akroname und bedeutet: dem inkarnierten Sohne Gottes angelobte Mitarbeiterin und Mutter Maria.

Das sechste Siegel beinhaltet die Mitarbeit Sophia Marias an der Begründung und Betreuung der Kirche. Die Kirche ist der Leib Christi und die Familie der Kinder der Sophia Maria. Sie ist die Mutter dieser Familie, die Mutter der Ecclesia, der Kirche, die Ecclesimama.

Das siebte Siegel bedeutet die Krönung Sophia Marias im Himmel und ihre Hochzeit mit dem Lamme, die Verklärung ihrer Kinder im Himmlischen Jerusalem und die Teilnahme derselben an ihrer Hochzeit mit dem Lamm Gottes. Hier ist sie die Sigamia Coronata und die Omegarcha mit Jesus Christus dem Omegarchon, das ist mit Jesus Christus als dem „Point Omega" (Teilhard de Chardin). Mit Christus hat sie mitgearbeitet und ist mit ihm an dem „Punkt Omega" angelangt. Das ist der Höhepunkt der vollständigen Reifung, der integralen Erfüllung und Vollendung des ganzen Heilsgeheimnisses, des Heilsplanes Gottes. Diese Heilsgeschehnisse in den beiden letzten Siegeln sind im Buch der Geheimen Offenbarung besonders ausführlich geschildert.

In all diesen Stufen und Tätigkeiten stehen Sophia Maria wieder Engel bei: Der „gewaltige Engel" des versiegelten Buches selbst und die Engel der sieben Siegel, die sieben Siegelengel:

1. der Engel der Sophia Amon Jahwe (Amonja) – Amoniel,
2. der Engel der Sophia Kosmiarcha – Kosmiel,
3. der Engel der Sophia Eubiarcha – Eubiel,
4. der Engel der Sophia als der Sponsa Verbi, der Logosbraut, die durch ihre Menschwerdung in Maria die mütterlich bräutliche Mitarbeiterin Christi, die Sigamia geworden ist. Wir können ihn Sigamiel nennen.
5. der Engel Sophia Marias als der Mutter Christi. Wir können ihn Matriel nennen.
6. der Engel Sophia Marias als der Mater Ecclesiae, der Ecclesimama der Mutter der Kirche. Wir können ihn Ecclesimammiel nennen.
7. Zum Lohn für diese Mitarbeit wird Sophia Maria in den Himmel aufgenommen und gekrönt. Sie ist hier die Coronata, die Gekrönte und die mit Christus, dem Omegarchon, alles erfüllende und vollendende Omegarcha. Ihren Engel in dieser Funktion können wir Coronatiel oder Omegarchiel nennen.

Zu diesem Symbol des versiegelten Buches gehören also der „gewaltige Engel" (Offb 5,2) und die Engel der sieben Siegel (Offb 6,1-13; 8,1 und 11,15), im ganzen also acht. Sie sind die acht Siegelbuchengel.

4. Das grosse Zeichen – Die Hohe Frau und ihre Engel

Nachdem der siebte Posaunenengel die Posaune geblasen hatte (Offb 11,15-19), erscheint das „Große Zeichen" der Geheimen Offenbarung: die „Hohe Frau mit der Sonne bekleidet".

„Dann erschien ein großes Zeichen am Himmel: eine Frau, mit der Sonne bekleidet, der Mond war unter ihren Füßen und eine Krone von zwölf Sternen auf ihrem Haupte" (Offb 12,1). „Sie war schwanger und schrie vor Schmerz in ihren Geburtswehen"
Ein anderes Zeichen: ein Drache ... „Er stand vor der Frau, die gebären sollte. Er wollte ihr Kind verschlingen, sobald es geboren war. Und sie gebar ein Kind, einen Sohn (...). Das Kind wurde zu Gott und zu seinem Thron entrückt (...). Und der Frau wurden die beiden Flügel des großen Adlers gegeben, damit sie in die Wüste fliegen konnte, wo sie vor dem Drachen sicher ist" (Offb 12,1-3; 4-6; 14).

In diesem Bild schaut Johannes das Geheimnis der Heilsgeschichte Christi und Sophia Marias nicht mehr nur in der symbolischen Form des Buches, sondern in höchst personaler Form der Sophia Maria selbst. Er sieht die Frau, aus der der Messias geboren werden soll, er schaut ihr und ihres Kindes Schicksal, ihre Würde und Aufgabe, ihre Bedrohung und Errettung, ihre Krönung und Vollendung. Die Symbole, mit denen sie umgeben ist, die Sonne, der Mond, die zwölf Sterne und der Adler, haben ihre tiefe Bedeutung. Und wieder können wir annehmen, daß jedem dieser Symbole, d.h. dem, was sie bedeuten, Engel beigegeben sind.
Die Sonne, mit der sie bekleidet ist, bedeutet ihre vorzeitliche, aber auch endzeitliche Schönheit und Herrlichkeit. Sie ist die Hohe Frau, die Sonnenfrau, die Mitwirkerin des Sohnes Gottes, die strahlende Braut des

Lammes, des menschgewordenen Sohnes Gottes. Der dazugehörige Engel ist der Engel ihrer strahlenden Schönheit und Herrlichkeit. Wir können ihn den Sonnenengel, den Engel der Sonnenfrau nennen.

Der Mond bedeutet hier die Erde, die ganze Schöpfung. Die Frau, zu deren Füßen dieser Mond liegt, ist die Mutter und Königin der Erde. Ihr Engel ist der Schutzengel der Erde, ja der ganzen Schöpfung.

Die zwölf Sterne, mit denen sie gekrönt ist, bedeuten die Völker der ganzen Menschheit und ihre Schutzengel. Es sind dies die Völker, die durch die zwölf Tore des Himmlischen Jerusalems eingezogen sind mit ihren Schätzen (Offb 21,12).

Diese Völker bilden nun mit ihren Kostbarkeiten die Krone dieser Frau. Wir können sie hier die „Mutter und Königin der Völker", „die Frau aller Völker" nennen. In dieser Würde und Aufgabe dienen ihr Engel, die zwölf Engel der Völker, je zwei für die Völker Afrikas, Amerikas, Asiens, Australiens, Europas und Ozeaniens.

Diese Frau, die Mutter des Messias, wird – wie uns weiter berichtet wird – von einem Drachen bedroht, doch beschützt und gerettet durch einen Adler. Wir dürfen darin den hohen Schutzengel dieser Frau sehen. Er ist der hohe Adler oder Königsengel der Frau.

Dieser Hohen Frau sind also in ihrer apokalyptischen Würde und Aufgabe $1 + 1 + 12 + 1 = 15$ Engel zur Seite gegeben – die 15 hohen endzeitlichen Frauenengel.

ZUSAMMENFASSUNG

Zusammenfassend können wir sagen: In der Geheimen Offenbarung stehen der Braut und Gemahlin des Lammes, das ist der Sophia Maria Ecclesia, $3 + 28 + 2 + 14 + 2 + 8 + 15 = 72$ Engel zu Ehr' und Dienst zur Seite. Diese Zahl entspricht genau den 72 Engeln des Lammes, wie wir es im vorhergehenden Kapitel gesehen haben.

5. Das Symbologramm der Engel der Braut des Lammes

Dieses Schaubild oder Symbologramm zeigt in gedrungener zeichnerischer, symbolischer Form die Aussagen der Geheimen Offenbarung über die Braut des Lammes und ihre Engel auf. Es stellt den Plan der heiligen Stadt dar und in deren Mitte den heiligen Platz der Hochzeit des Bräutigams mit der Braut, des Lammes Jesus Christus mit der Braut Sophia Maria Kirche. Über dem Stadtplan ein Dreieck mit einer Buchrolle, rechts einen Baum und einen Kelch und links einen Kreis von zwölf Sternen, in dem eine Mandorla über einer Mondsichel eingezeichnet ist.

1. Der „Stadtplan"

Der „Stadtplan" symbolisiert die heilige Stadt Jerusalem nach den Angaben des Engels (Offb 21,9 ff.). Sie hat eine quadratische Form und eine Mauer mit zwölf Grundsteinen, in denen Edelsteine eingezeichnet sind. Die Mauer der Stadt ist an jeder der vier Ecken mit einem Turm bewehrt, durch die Mauer führen auf jeder Seite drei Tore in das Innere der Stadt, in der Mitte der Stadt befindet sich der Hauptplatz (platea).

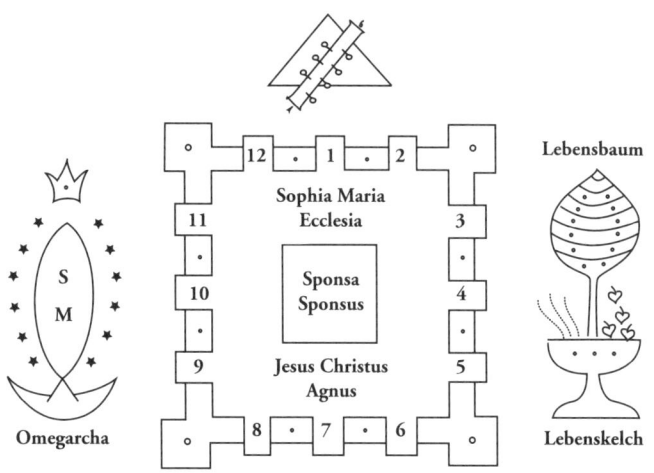

Die Stadt Jerusalem ist Symbol für die kollektive Braut des Lammes, d. h. die Ecclesia, die Kirche. Die zwölf Edelsteine in den zwölf Grundmauern bedeuten die zwölf Apostel des Lammes; die zwölf Tore symbolisieren die zwölf Stämme Israels bzw. die Gesamtheit der Völker, die berufen sind, in die Kirche einzutreten. Über den Toren schweben Engel, die Engel der Völker. Die vier Ecktürme bedeuten die vier Evangelien, der Hauptplatz in der Mitte symbolisiert Jesus Christus, das Lamm Gottes, und Sophia Maria, die Braut des Lammes, als Zentrum und Mitte der Ecclesia, der Kirche. Über den Toren so steht geschrieben – schweben Engel. Somit dürfen wir annehmen, daß auch den übrigen Teilen der Stadt, d. h. den zwölf Grundsteinen, den vier Türmen und dem Hauptplatz eigene Engel zugeteilt sind. Ihre Zahl wäre demnach 12 + 12 + 4 + 2 = 30.

2. DIE WEITEREN SYMBOLE

Über dem Stadtplan liegt ein Dreieck und eine Buchrolle. Das Dreieck symbolisiert die drei Vorbereitungen Sophia Marias zur Hochzeit mit dem Lamm. Ihr stehen dabei drei Engel zu Diensten. Die Buchrolle mit den sieben Siegeln symbolisiert den großen geheimnisvollen Plan Gottes und die sieben Phasen und Stufen seiner Verwirklichung in Jesus Christus und Sophia Maria. Es sind ihr dabei 1 + 7 = 8 Engel zugeteilt.

Rechts vom Stadtplan sind zwei Symbole, die eigentlich ein Doppelsymbol darstellen:

a) ein Baum mit Früchten und Blättern (einige davon fallen gerade in den Kelch unter dem Baum). Dieser Baum mit den zwölf Früchten und den Blättern ist das Symbol für den Lebensbaum und seine nährenden, erfrischenden und heilenden Wirkungen. 14 Engel (der Engel des Baumes, zwölf Engel der Früchte und der Engel der Blätter) beschützen und betreuen ihn.

b) ein Wasserstrom, der in Wellen in den Kelch fließt. Er symbolisiert den heilenden Lebensstrom mit seinen zwei Engeln: den Engel des Stromes und den Engel des Kelches, mit dem er das Wasser des Lebens schöpft und den Dürstenden reicht.

Diesem Doppelsymbol sind somit 14 + 2 = 16 Engel zugeteilt.

3. Die Hohe Frau mit der Sternenkrone

Links vom Stadtplan steht das Symbol für die Hohe Frau: Unter einer Krone befindet sich ein Kranz von zwölf Sternen. Von diesem Sternenkranz umgeben steht eine Mandorla auf einer Mondsichel, in der ein A eingezeichnet ist. In der Mandorla ist ein S und ein M eingeschrieben. Das S steht für Sophia und das M für Maria, also Sophia Maria. Der Kranz mit den zwölf Sternen bedeutet die Sternenkrone, mit der die Frau gekrönt ist – was durch die Krone darüber zusätzlich erklärt wird. Die zwölf Sterne stehen für die Völker, die durch die zwölf Tore in die heilige Stadt einziehen dürfen und ihre Schätze mitbringen (Offb 21,26). Sie bilden wahrhaft die Krone dieser Hohen Frau, die ihre Königin ist. Die Mondsichel steht für die ganze Schöpfung. Die Mandorla über der Mondsichel symbolisiert die Hohe Frau (SM heißt Sophia Maria), die von der Sonne bekleidet ist und zu deren Füßen der Mond liegt. Das A zwischen der Mondsichel und der Mandorla steht für den Adler, der die Frau vor dem Drachen beschützt. Als Unterschrift steht unter diesem Symbol das hier sehr sinnvolle Wort „Omegarcha", das die vielen Bedeutungen dieses Symbols zusammenfaßt und ideal erfüllt: Omega (siehe Point Omega von Teilhard de Chardin) Symbol für Erfüllung und Vollendung, Omegarcha, die Urmutter und Königin dieser Erfüllung und Vollendung, Christus ist der Omegarchon, das ist der Urheber und König aller Vollendung.

Diesen Symbolen entsprechen wiederum Engel, die dieser Frau zugeteilt sind: Den zwölf Sternen die zwölf Engel der Völker, die mit ihren Schätzen und Kostbarkeiten in die Stadt einziehen; der Sonne der Sonnenengel der göttlichen Schönheit und Herrlichkeit dieser Frau; dem Mond zu ihren Füßen der Engel ihrer chtonischen Würde und Macht; das A auf der Mondsichel bedeutet den Adlerengel, der die Frau vor dem Drachen rettet. Er kann als ihr hoher Schutzengel bezeichnet werden. Wir sehen hier also 1 + 1 + 12 + 1 = 15 Engel, die fünfzehn hohen endzeitlichen Frauenengel der Geheimen Offenbarung.

Die Hierarchien (Chöre)

Stufen oder Chöre der Engel

Traditionsgemäß werden neun Stufen oder Chöre der Engelwelt angenommen: die Seraphim und die Cherubim, die Throne, die Herrschaften und die Kräfte, die Fürsten und die Mächte, die Erzengel und die Engel.

Woher kam dann die Neuner-Einteilung? Sie kam durch Dionysios Areopagita, der in seiner griechisch und vor allem neuplatonisch geprägten Einstellung, wie es scheint, sich von den Enneaden (Neun Büchern) Plotins und von den neun Musen der griechischen Mythologie inspirieren ließ. Sicher hat ihn zusätzlich auch eine trinitarische Sicht dazu bewogen, die Engelwelt in 3 x 3= 9 Chören darzustellen.

In seiner Schrift „Über die himmlische Hierarchie" hat er die Engellehre der Offenbarung und die Vorstellungen der Tradition – sowohl der jüdischen und christlichen als auch der griechischen und gnostischen – in ein System gebracht: Die ganze Welt der Engel ist stufenförmig (hierarchisch) aufgebaut in Chören. Jeder Chor hat seine eigene Aufgabe. Ausführlich behandelt Dionysios die Aufgabe der Schutzengel und der Engel, die für bestimmte Gebiete des Lebens zuständig sind.

Der heilige Paulus zählt fünf Gruppen von Engeln auf: die Principatus, das sind die Fürsten (griech. archai), und die Potestates, das sind die Mächte (griech. exousiai). Die beiden werden von ihm immer zusammen genannt. Weiters die Virtutes, das sind die Kräfte (griech. dynameis), und die Dominationes, die Herrschaften (griech. kyriotetes), die Throni, das sind die Throne (griech. thronoi). Dabei ist zu bemerken, daß der heilige Paulus diese Gruppen, besonders die Fürsten und die Mächte, bald im positiven, heiligen Sinn, bald auch im gefallenen, dämonischen Sinn meint (Eph 1,20 und Kol 1,14). Im Alten Testament werden besonders die Seraphim und Cherubim erwähnt. Das sind also die sieben großen biblischen Engelgruppen.

Über Gregor den Großen wurde die Neuner-Einteilung in der römischen Kirche rezipiert und üblich. Da es „Erzengel" und „Engel" genau betrachtet in allen Engelchören gibt, nennt die SEL die traditionellen Chöre der „Erzengel" und der „Engel" Dienstengelgruppen: das sind Engel, die zum personalen Dienst an den einzelnen Menschen bestimmt sind und solche Engel, die zum allgemeinen, universalen, kosmischen Dienst in Gemeinschaften in Welt und Kirche und mit Aufgaben im Kosmos und der ganzen Schöpfung beauftragt sind.

So bleibt die traditionelle Neunzahl der Engelgruppen erhalten, nur die zwei untersten werden nicht mehr mit dem Namen „Engel" und „Erzengel" bezeichnet, sondern persönliche und kosmische Dienstengel genannt, mit anderen Worten die persönlichen und die universalen Schutzengel bzw. die kosmischen Schöpfungsengel.

Anmerkung

Bezüglich der Benennung der Engelchöre im Deutschen ist folgende wichtige Anmerkung zu beachten: Die Namen „dynameis/virtutes" für den 5. und „exousiai/potestates" für den 7. Engelchor werden im Deutschen verschieden übersetzt, was Verwechslungen und Unklarheiten mit sich bringt. Der Ausdruck „Exousiai/Potestates", der eigentlich Mächte bedeutet, wird zum Teil mit „Gewalten" und das Wort „Dynameis/Virtutes", das eigentlich Kräfte meint, wird zum Teil mit „Mächte" übersetzt. Die Übersetzung und Bezeichnung des 7. Chores, der „Exousiai/Potestates", mit dem Wort „Gewalten" entspricht aber, wie leicht ersichtlich, diesem Engelchor nicht, da der Ausdruck Gewalten negative Assoziationen wie gewaltsam, gewalttätig und willkürlich nach sich zieht. Engel sind aber in ihrem Wesen nicht gewalttätig und handeln nicht willkürlich. Somit ist die Übersetzung „Mächte" für den 7. Chor, der „Exousiai/Potestates", entschieden entsprechender und passender. Das griechische Wort „dynamis" und das lateinische Wort „virtus" bedeutet in erster Linie „Kraft" und nicht so sehr „Macht", deshalb nennen wir den 5. Chor der „Dynameis/Virtutes", besser „Kräfte" und nicht „Mächte". In der SEL werden also der 5. Engelchor „Kräfte" und der 7. „Mächte" genannt.

Aufgaben der Engel und ihrer Chöre

Die Hauptaufgabe der Engel besteht in der Verehrung und im Dienst Gottes. Sie verehren Gott durch ihre Erkenntnis und Anerkennung, d. h. durch ihre liebevolle Ergebenheit und Hingabe, durch Dank und Lobpreis, durch Bitte und Fürsprache, durch Abbitte und Sühne. Sie dienen Gott aber auch durch ihren Dienst an der Schöpfung und besonders am Menschen. Zur Erfüllung dieser jeweiligen Aufgabe hat der Schöpfer die Engel mit eigenen Kräften und Mächten ausgestattet und mit verschiedenen Aufgaben betraut. Darin besteht ein Grund – neben anderen – für die Existenz der verschiedenen Engelgruppen oder „Chöre".

Die Seraphim

Die Seraphim bilden den höchsten Rang der Engelstufen oder -chöre. Sie schauen und spiegeln das Lichtermeer der Erkenntnis und der Ideen von Logos und Sophia wider. Sie werden dadurch dem Geschauten und Widergespiegelten ähnlich. Sie sehen den strahlenden Kosmos der Möglichkeiten, der Urpläne und Urbilder, die der Logos „ausspricht" und welche die Sophia in Liebe aufnimmt, widerspiegelt und auf welche sie in begeisterter Bereitschaft antwortet. In der Schau dieses Lichtermeeres werden die Seraphim selbst Licht. Sie strahlen dieses Licht aus, weshalb sie „Lichtengel" genannt werden. Diese Deutung legt auch der hebräische Name Seraphim nahe. Seraph (Einzahl) kommt wahrscheinlich von saraf, d. h. brennen, leuchten, Feuer, Licht, wie im Namen „Lucifer" ersichtlich. Dieser höchste, aber gefallene Engel wurde „Lichtträger" genannt. An Stelle von Luzifer trat MICHAEL als Führer aller Engel. Als Führer der Seraphim wird Michaels Stellvertreter, der Erzengel SERAPHIEL angenommen.

Sechsflügeliger Seraphim.
Ausschnitt des Apsismosaikes in der Kathedrale von St.Petrus in Cefalu,
um 1150.
© Kompetenz Verlag.

DIE CHERUBIM

Die Cherubim, die zweithöchste Stufe der Engelchöre, werden gewöhnlich zusammen mit den Seraphim genannt. Sie gehören auch in ihrer gemeinsamen polaren Funktion zusammen. Sie erblicken in den Seraphim das Lichtermeer, den Kosmos und die Wunderwelt der Ideen und Pläne von Logos und Sophia, sie geraten darüber in Verzückung, und es bricht der hohe Wunsch in ihnen auf, all diese idealen Möglichkeiten möchten Wirklichkeit werden. Sie öffnen die Abgründe ihrer Lebenskraft und Liebe, sie machen weit auf die Tore ihrer Bewunderung und lüften die Schleier ihrer Zuneigung, sie verführen die Lichtstrahlen, die reinen Ideen der Seraphim, sich in diesen mütterlichen Schoß hineinzuversenken und da geheimnisvolle Wirklichkeit zu werden. Sie segnen die Lichtstrahlen der seraphischen Ideen und bieten ihnen die Tiefen ihrer Liebe als Verwirklichungsgrund an.

Die Cherubim bitten Logos und Sophia, diesem Wunsch und Willen zu entsprechen und die geschauten, begeistert aufgenommenen Ideen vom Stadium der Idealität in das des reinen Seins zu erheben. Gott begründete und sanktionierte all das in der Schöpfung und tat dies mit dem Wort: „Es werde Licht!" Die Cherubim sind deshalb mit den Seraphim die hohen Patrone des Seins, die Träger der reinen Lebenskraft und der fürbittenden Liebesmacht.

Auch das hebräische Wort Cherubim weist in diese Richtung. Es ist wahrscheinlich verwandt mit dem akadischen „karabu" bitten, das „beten", „segnen" bedeutet. „Karibu" werden göttliche Wesen genannt, die bei den höheren Gottheiten für die Menschen bitten und Fürsprache einlegen. Die Cherubim bitten also um Verwirklichung der mit den Seraphim imaginierten und gezeugten Ideen. Daraus entstehen Ursymbole und Archetypen von Sein und Werden. Als Führer der Cherubim wird URIEL angenommen.

Es scheint ein polares Verhältnis zwischen diesen beiden höchsten Stufen, d. h. zwischen den Seraphim und den Cherubim, zu bestehen. Ihre Tätigkeit hat allerdings noch nicht direkt mit der Schöpfung der Entelechien für die Äther- und Erdenwelt zu tun. Sie sind das erste, fundamentale, universale, kosmische große polare Ja zur Schöpfung als reiner Möglichkeit und als reinem Sein, als ursprünglicher Ganzheit und Einheit.

Die konkrete und ins einzelne gehende Verwirklichung sowohl im generell universalen als auch im individuell einzelnen Bereich fällt nach Annahme der SEL den Engeln der Dominationes und Virtutes, den Engeln der Principes und Potestates und den kosmotropen Thronengeln zu.

DIE DOMINATIONES ODER DIE HERRSCHAFTEN

Die Dominationes (griech. kyriotetes), Herrschaften, schauen dieses Lichtermeer der idealen Möglichkeiten, die Berge und Täler der Ursymbole und Archetypen in den Seraphim und Cherubim, sehen deren polares freudiges Ja dazu und schwingen darin begeistert ein und mit. Sie werden dadurch motiviert und befähigt, für die ihrem Sein kongenialen und am meisten entsprechenden Ideen und Pläne den Logos und die Sophia um Verwirklichung, d. h. hier um die konkrete Erschaffung der betreffenden universalen Entelechien und Seinskräfte (Seelen, Geister), zu bitten und dabei mithelfen zu dürfen. Es sind dies die Entelechien und Seelen der universalen, übergeordneten Systeme und Ordnungen, der Arten, Rassen und Gruppen. Diese Herrscher koordinieren die universalen Pläne und Entelechien zu einem wunderbaren Kosmos von Ordnung, Macht und Weisheit. Als Führer der Herrschaften wird der Erzengel KYRIEL angenommen, der vielleicht identisch ist mit dem Erzengel GABRIEL.

DIE VIRTUTES ODER DIE KRÄFTE

Die Virtutes (griech. dynameis, Einzahl dynamis bedeutet Kraft), die Kräfte arbeiten eng mit den Dominationes oder Herrschaften zusammen. Die besondere Aufgabe der Virtutes bzw. Kräfte ist es, die Universalpläne und Universalentelechien, die Art-, System- und Gruppenseelen, die sie mit den Dominationes erdacht und gezeugt haben, auf ihre weitere Verwirklichung, d. h. auf ihre Inkarnation, vorzubereiten, sie dafür zu belehren und auszurüsten. Sie sind zusammen mit den Dominationes die Lehrer, Ausbilder, Vorbilder, Eltern und Meister der Universalpläne und Universalentelechien. Die Dominationes und Virtutes bitten dann einen Engel, diese Entelechien als Schutzengel in die Äther- und Erdenwelt zu begleiten und ihnen bei der Inkarnation bzw. Materialisation zu helfen. Das sind die Schutzengel der Arten, Systeme, Völker und Gruppen. Als Führer der Virtutes wird der Erzengel JOPHIEL angenommen.

Die Universalentelechien und Universalseelen streben nach der konkreten Verwirklichung in individuellen, einzelnen Spezifizierungen. Und dafür sind die Engel der nächsten zwei Stufen zuständig: die Principatus (Fürsten) und die Potestates (Mächte).

DIE PRINCIPATUS ODER DIE PRINCIPES ODER FÜRSTEN

Die Principatus (griech. archai), Principes oder die Fürsten suchen und schauen in den Generalplänen der universalen Systeme, Arten und Gruppen die einzelnen Möglichkeiten und Ideen der Einzelwesen. Sie besitzen eine „blühende" Phantasie und Kreativität. Sie finden Gefallen an ihren Entdeckungen und Erfindungen, identifizieren sich damit, werden ihnen ähnlich und bitten Logos und Sophia um die Erschaffung und dabei mithelfen zu dürfen. So entstehen die Einzelentelechien, die für die individuelle Verwirklichung, d. h. Inkarnation, in der Äther- oder Erdenwelt bestimmt sind. Die Principes (Fürsten) sorgen für die richtige Koordinierung der Einzelentelechien untereinander zu einem wunderbaren Kosmos der Ordnung und der gegenseitigen Hilfe und Nutzung. Als Führer der Fürsten wird der Erzengel RAPHAEL angenommen.

Bereiten die Virtutes die Universalentelechien für ihre Inkarnation und Materialisation vor, so tun dies auch die Potestates (Mächte) mit fraulich mütterlicher Sorge für die individuellen und einzelnen Entelechien und Seelen.

DIE POTESTATES ODER DIE MÄCHTE

Die Potestates (griech. exousiai), die Mächte, imaginieren und zeugen mit den Principes die Einzelentelechien und Einzelseelen und bereiten sie auf ihre Inkarnation in der Äther- und Erdenwelt vor. Sie lehren ihre Seelenkinder auch die richtige Einordnung in ihre Gruppe (Familie, Volk, Stamm, Art, System) und rüsten sie mit den nötigen Fähigkeiten dazu aus, in ihrer Inkarnation den Sinn ihres Seins und Lebens erfüllen zu können.

Die Potestates suchen auch mit den Principes gleichsam als Eltern der jeweiligen Seele einen passenden Schutzengel aus, bzw. imaginieren diesen Schutzengel, der die Seele bei ihrer Inkarnation und Materialisation unterstützen und sie auf ihrem Lebensweg begleiten, führen, schützen und ihr beistehen soll, ihr Ziel zu erreichen. Als Führer der Mächte wird der Erzengel HANIEL angenommen.

Den Dominationes, Virtutes, Principatus und Potestates steht bei ihrer kreativen Mithilfe bei der Schöpfung eine besondere Engelgruppe zur Seite. Es sind dies die sogenannten kosmotropen Thronengel.

DIE THRONI ODER THRONE

Die Throni (griech. thronoi) stellen einen eigenen Chor mit Doppelfunktion in der Engelhierarchie dar. Nach dem Propheten Ezechiel (Ez 1,4 ff.) bilden sie den Thronwagen Jahwes, sind also die Thronengel Gottes und werden deshalb in der Tradition gleich nach den Seraphim und Cherubim aufgeführt. Man kann sie in zwei Gruppen einteilen:

a) in die Throni, die ganz Gott zugewandt sind, das sind die theotropen Thronengel, deren Aufgabe in erster Linie darin besteht, Gott zu loben und zu preisen durch ihren Gesang des „Dreimal heilig". Deren höchster Erzengel und Führer ist THRONIEL, der Engel des Thrones. Er hat in der jüdischen Tradition verschiedene Namen. Er wird dort, aber auch in anderen Engeltraditionen, hauptsächlich METATRON, das ist der beim Throne Stehende (DA 193, ; die Abkürzung DA bedeutet: Dictionary of Angels, s. Literaturverzeichnis), oder auch RAGUEL bzw. ZADKIEL / ZAPHKIEL (hebr. bedeutet Wissen Gottes, DA 326) genannt.

b) in die Throni, die dem Kosmos zugewandt sind, die kosmotropen Thronengel, deren Aufgabe es ist, den Thronwagen Gottes zu bewachen und zu betreuen. Da nach Jes 66,1 die Schöpfung der Thron Gottes ist, sind diese Engel besonders mit der Schöpfung, mit dem Kosmos verbunden. Deren höchster Führer wird in der jüdischen Tradition durchwegs AMFIEL (Amfiel hebr. heißt Zweig, Arm Gottes, DA 17) genannt.

Diese kosmotropen Thronengel werden in ihrer höchsten Stufe zum Teil tetramorph, d. h. in viergestaltiger Form als Stier, Löwe, Adler und Mensch dargestellt. In diesen vier Köpfen ist die Polarität von Himmel und Erde (Adler und Stier), von Materie und Geist (Löwe und Mensch) archetypisch verwirklicht. Es wird damit gezeigt, daß bei ihnen innerhalb ihres Chores die Polarität existiert, d. h., daß es innerhalb ihres Chores yang- und yin-geprägte Engel gibt. In ihrem Chor gibt es also – im Gegensatz zu den anderen, entweder männlichen oder weiblichen Chören – männliche und weibliche Engel.

Sie werden als solche Hayyot oder Haschmallim, d. h. heiligen Lebewesen (Ez 1,5 und Apok 4,6, DA 137), genannt. Dies alles sind Symbole dafür, daß sie besonders befähigt und beauftragt sind, mit der vierdimensionalen Welt in Verbindung zu treten und ihr in ihrem Sein und Werden zu helfen und zu dienen.

Ihre wichtige und verantwortungsvolle Aufgabe besteht darin, durch ihre nicht nur engelhafte sondern auch tetramorphe, viergestaltige, materiebezogene Form und Konstitution als Stier, Löwe, Adler und Mensch die materielle Welt zu formen und den Entelechien bei ihrer Inkarnation zu helfen, d. h. sie über die Grenze und „Mauer" der Lichterwelt in die Äther- und Erdenwelt hinüberzugeleiten, wo unter ihrer Mitwirkung dann die Inkarnation bzw. Somatisation (Verkörperung) stattfindet. Als Spezialisten der Materie-Verdichtung (Materialisation) helfen sie den Entelechien, den passenden Leib zu bilden – vielleicht auch die richtigen Menscheneltern zu finden. Sie werden deshalb auch Inkarnations – oder Somatisationshelfer-Engel genannt. Dadurch kommen sie ganz tief mit der Äther- und Erdenwelt in Verbindung.

Die kosmotropen Thronengel haben aber als Grenzengel auch die Aufgabe, die von der Inkarnation aus der materiellen Welt zurückkehrenden Seelen zu empfangen und ihnen den Wiedereintritt in die Lichterwelt zu erleichtern. Das ist ein so wichtiger Dienst, daß dafür eine eigene Engelgruppe bestimmt wurde. Sie werden deshalb in dieser Funktion und Aufgabe auch FÄHR- ODER LOTSENENGEL genannt. Bei der Rückkehr aus der Erdenwelt halten sie für die Zurückkommenden die Krone bereit, mit welcher diese belohnt und gekrönt werden oder im Falle einer noch nicht erreichten Reife die Möglichkeit erhalten, weiter der zugedachten Vollkommenheit zuzustreben. Deshalb werden diese Engel auch manchmal mit einem Polster, auf dem eine Krone liegt, dargestellt, z. B. der Polsterengel Amfiel in Birkenstein. Diese Inkarnations- oder Somatisationshelfer-Engel bzw. Fähr- oder Lotsen-Engel, mit einem Wort „Somat-Fähr-Engel", sind deshalb mit besonderer Vollmacht, Kraft und Intelligenz ausgestattet, weil sie nicht nur die Einzelseelen, gezeugt von den Chören der Principes (Fürsten) und Potestates (Mächte), sondern auch die Universalentelechien, gezeugt von den Chören der Dominationes (Herrschaften) und Virtutes (Kräfte), zu betreuen haben. Somit leisten diese Engel auch einen wesentlichen Beitrag bei der Bildung und Entstehung der Materie, die als verdichtete Schwingung von Wellen beschrieben werden kann. Die Ideen- und Energiewellen kommen von Logos und Sophia über die oberen Engelchöre in jeweils zur Materialisation vorbereiteter Form herab bis zu den kosmotropen Thronengeln, welche die Ideen und Entelechien endgültig zu ihrer Inkarnation bzw. Somatisation führen sollen, mit ihrer gewaltigen Kraft die heranbrausenden Ideen- und Energiewellen zur Verdichtung und Materialisation zu führen. Sie bringen diese sozusagen aus dem wellenhaften Aggregatszustand in einen materiellen. Bei dieser schwierigen Aufgabe müssen sie sehr aufmerksam sein, sehr gut hinschauen (sie werden deshalb auch über und über mit Augen dargestellt), damit aus diesen Wirbeln keine Explosion oder keine chaotischen Monster entstehen, sondern die intendierten materiellen Formen und Hüllen, die zu den Ideen und Entelechien passen und die fähig sind, diesen als materielle Körper zu dienen (siehe dazu: Moolenburgh, „Engel als Beschützer und Helfer des Menschen", Seite 178).

Diese kosmotropen, dem Kosmos zugewandten Thronengel sind deshalb auch die Wahrer der Strukturen und Gesetze der Materie, was durch ihre tetramorphe Gestalt angedeutet wird. Sie sind die Wächter und Hüter der materiellen Welt und deshalb auch die erste Instanz bei der Beurteilung, ob ein Mensch nach diesen Ordnungen gelebt hat. Sie geben deshalb auch das erste Gutachten über die Qualität der gelebten Inkarnation ab, d. h. für eine entsprechende Beurteilung, die als Belohnung oder als Möglichkeit einer weiteren Vervollkommnung ausfallen kann.

Die kosmotropen Thronengel sind also die machtvollen Geistwesen, die die materielle Schöpfung und ihre polare Struktur mitbewirken. Sie sind deshalb besonders dazu beauftragt und befähigt, Logos, dem Kosmiarchon, und Sophia, der Kosmiarcha, bei der Erschaffung und Gestaltung der materiellen Welt und ihrer Strukturen zu helfen.

Dazu die Stimmen von zwei bekannten Engelautoren

Georges Huber schreibt in seinem sehr lehrreichen Buch „Mein Engel wird vor dir herziehen" auf Seite 194 ff: „Da ist Platz für eine ganze Hierarchie von Zwischengliedern. Der heilige Thomas sagt: 'Gott wirkt durch die Vermittlung der Engel auf die materielle Welt ein.' Die Engel haben eine kosmische Rolle in der Schöpfung und auch in der weiteren Entwicklung der Schöpfung. Sie sind sozusagen der verlängerte Arm des Schöpfers, seine lebendigen personalen Werkzeuge. Es ist richtig, daß man nicht gleich zu höheren, übernatürlichen Ursachen und Erklärungen greifen soll, wenn man eine Sache natürlich verstehen kann. Andererseits ist es aber vernünftig, auf höhere Kräfte zurückzuverweisen, wenn etwas nicht von sich aus erklärbar ist.

Die Evolution z. B. wird aus den natürlichen Kräften der Auslese, der Anpassung und Vererbung erklärt. Sicher spielt all das eine große Rolle, aber aus dem allein kann noch lange nicht alles erklärt und verstanden werden, wie z. B. die ästhetischen Gaben und Werte in der Natur, besonders bei Edelsteinen, Tieren und Pflanzen. Diese Wunder der Ästhetik und Schönheit und des sozialen Verhaltens, der Zweckmäßigkeit und des Aufeinander-Abgestimmtseins können unmöglich von einer Pflanze oder einem Tier allein kommen. Da muß eine höhere Intelligenz und Kybernetik dahinterstehen. Und diese dahinterstehende Intelligenz können wir nach all dem Gesagten vielleicht im einzelnen als Engel verstehen, der für dieses oder jenes Wesen zuständig ist"

Regamey, der ein sehr kritischer Geist ist, zitiert in seinem „Die Welt der Engel" (Seite 34) folgende sehr aufschlußreiche Stelle von Jacques Maritain: „Der Engel erkennt alle Dinge dieser irdischen Welt a priori und von ihren letzten Ursachen her, weil er sie in den sie schaffenden Ideen erkennt, weil er das Kunstwerk – ich meine unser ganzes Weltall – durch sein ihm vom Künstler selbst anvertrautes Wissen um dessen schöpferische Weisheit erkennt"

Regamey fährt wie folgt fort: „Wir müssen demnach sagen, daß der Idealismus für die Engel wahr ist. Er ist die Philosophie, die dem Geist wirklich gerecht wird. Sein (des Idealismus) Irrtum ist nur, daß er auch den fleischgebundenen Geist wie einen reinen Geist behandelt. Wer kann sagen, ob nicht vielleicht der Idealismus hinsichtlich der Engel so weit recht hat, daß die Erkenntnisbilder der Engel die notwendigen Ursachen für das Dasein der Dinge sind? Wer kann sagen, ob nicht der Platonismus in den Engeln seine Wahrheit hat? Der Leser wird verstehen, wie ich es meine: Wer kann sagen, ob nicht, damit die Dinge sind, ihre Ideen außerhalb ihrer selbst existieren, und zwar nicht nur in Gott, sondern auch in den reinen Geistern, und daß sie in dem Augenblick ihr Dasein erhalten, wo sie von diesen reinen Geistern gedacht und gewünscht werden! Wenn ein Geist nicht, wie der unsere, von den Sinnen abhängig ist, scheint es wohl seiner Natur angemessen, daß er im vollsten Sinne des Wortes Ursache der von ihm gedachten Dinge ist. Es scheint nur natürlich, daß Gott, der den reinen Geistern verliehen hat, die Wesen selbständig zu denken, ihr Denken auch an dem schöpferischen Wirken seines Geistes teilnehmen läßt. So faßt es Thomas auf, dabei Augustinus und Dionysios Areopagites folgend, und so könnten auch wir die kosmische Bedeutung der Engel verstehen"

Eine sehr tiefe und schöne und zudem realistische und metaphysische – nicht nur bloß „romantische" – Deutung (siehe dazu die Annahme, daß Engel schöpferisch beim Werden von menschlichen Seelen mitwirken und dadurch in gewisser Weise Vater und Mutter, angelische Eltern, dieser Seelen werden. Seite 196 und 39).

WARUM IST TROTZDEM SO VIELES UNVOLLKOMMEN AUF ERDEN?

Warum geht aber so vieles schief auf Erden, wenn die Entelechien und Seelen von den Engeln so sorgfältig und liebevoll mit dem Segen von Logos und Sophia erdacht, geschaffen und vorbereitet werden? Die Frage ist sehr berechtigt und die Antwort darauf vielschichtig. Eine wesentliche, von angelologischer Seite her tief begründete, lautet: Es gibt leider nicht nur gute Engel, sondern auch böse, dämonische und teuflische Wesen – und zwischen diesen tobt ein Kampf um die Erschaffung von guten bzw. bösen Entelechien und um deren Inkarnation (Materialisation, Realisation) in der Äther- und Erdenwelt.

Weiters: Der Mensch kann durch seinen freien Willen, d. h. durch seine guten oder bösen Entscheidungen und Werke, den guten oder auch den bösen Engeln und dämonischen Kräften dienen und helfen. Die Engel und Geister wirken durch die Menschen und die Dinge der Welt. Die

Engel oder Dämonen helfen oder schaden nicht nur uns, sondern wir helfen auch ihnen im guten wie im bösen durch unsere guten oder bösen Taten. Es fragt sich nur, von welchen Engeln und Geistern wir uns benützen lassen. Im Kampf gegen die Versuche der bösen Engel, uns zu ihren Zwecken zu benützen und zu mißbrauchen, können uns die guten Engel am besten helfen. Sie kennen die Wirkweise, die List und Gewalt der bösen Engel und sind ihnen gewachsen, wohingegen der Mensch in seiner Naivität oft allzu leicht ihren Schlichen und Anschlägen erliegt.

DIE ERZENGEL

DIE HOHEN ERZENGEL IN DER TRADITION – DIE SIEBENZAHL DER ERZENGEL

Die Vorstellung von sieben besonderen Engeln ist in der Engeltradition sehr alt und weit verbreitet. Das Altertum betrachtete die Zahl sieben als eine Grundzahl im Aufbau und in der Erscheinung des Kosmos; wahrscheinlich geht sie auf die astronomische Beobachtung von den sieben Planeten zurück. Die Babylonier sahen in diesen sieben Haupthimmelskörpern göttliche Wesen, die Planetengötter. Diese Ansicht übernahmen dann auch die Griechen und die Römer: Sonne, Mond, Mars, Merkur, Jupiter, Venus, Saturn, die sie für göttliche Wesen höchsten Ranges hielten.

Alle das Leben im einzelnen wie im ganzen grundlegenden und prägenden Faktoren sind in dieser Schau des Universums durch die Siebenheit bestimmt. Darum sind es auch sieben „Urgeister", die als Befehlsübermittler (babylonisch), als Archonten (hellenistisch) oder als Erzengel (jüdisch-christlich) dem Weltganzen vorgeordnet sind. Sieben Diener des Höchsten sind es, die „allzeit vor Gott stehen" (Tob 12,15), wir hören von den sieben Geistern, die vor Gottes Thron stehen (Offb 1,4) und den sieben Posaunenengeln, die das Weltgericht einleiten (Offb 8,2).

Die Siebenzahl der Hohen Erzengel wird also in der Heiligen Schrift erwähnt im Buch Tobias (12,16) und in der Geheimen Offenbarung. Im apokryphen Schrifttum bringt sie das Äthiopische Henoch-Buch. Sie kommt auch bei den Gnostikern vor. Dionysios Areopagites und nach ihm die christlichen Autoren nehmen durchwegs diese Siebenzahl an, wenn sie auch unter Erzengeln Verschiedenes verstehen und sie mit verschiedenen Namen bezeichnen (SEL Seite 126). In der Engeltradition hören wir noch die Namen weiterer hoher führender Erzengel.

Die Aufzählung von sieben Erzengeln besagt aber nicht, daß es nur sieben dieser hohen Engel gäbe, sondern sie will uns wohl sagen, daß es sieben hierarchische Gruppen dieser hohen Engel gibt (SEL Seite 99 ff.).

In der Sophianischen Engellehre sind die Erzengel nicht auf einen Chor beschränkt, sondern sie existieren als hohe Führerengel in allen Chören. Die Führerengel der einzelnen Chöre und Gruppen sind auf jeden Fall Erzengel.

DIE SIEBEN BEKANNTEN ERZENGEL UND WEITERE IHNEN NAHESTEHENDE ERZENGEL

Die in der Bibel genannten Erzengel sind die hohen und höchsten Engel, die „sieben, die vor Gottes Angesicht stehen" (Tob 12,15). Mit der Bezeichnung „Erzengel" ist kein eigener Chor (wie in der Neuner-Einteilung) gemeint. Der Name „Erzengel" bezeichnet einen höheren Grad und Dienst in den Chören der Engelwelt. Erzengel sind gewöhnlich, aber nicht immer, die Führer ihres Chores oder einer Dienstgruppe. Es können aber auch mehrere Erzengel in einem Chor sein. Ihre Namen werden in der Tradition (außer den drei biblischen Michael, Gabriel und Raphael) unterschiedlich angegeben und erklärt. Auch die Zuordnung zu einem Chor ist nicht einheitlich. Hier werden die sieben höchsten Erzengel und einige ihrer bekannten Helfer angeführt, wie sie in der Heiligen Schrift und in der jüdischen und christlichen Engeltradition überliefert sind. Zur Erklärung ziehen wir die Engeldarstellungen auf dem Altar der Wallfahrtskirche in Birkenstein in Bayern, in der alle sieben höchsten Erzengel dargestellt sind, mit ihren Attributen und Symbolen heran, was wiederum Licht auf die einzelnen Engel zu werfen vermag (zu Birkenstein siehe auch Seite 248 ff.).

Daß hohe Engel in verschiedenen Traditionen verschiedene Namen tragen, soll uns nicht stören, werden dadurch doch bestimmte Eigenschaften der Namensträger erklärt und ihre große Bedeutung bewiesen. An den Symbolen, die sie schmücken, kann man ihre Identität erkennen.

MICHAEL

Michael (hebr. Wer ist wie Gott?). Mit diesem Ruf kämpfte Michael, der wie es heißt ein Erzengel aus dem Chor der Fürsten war, gegen den aufrührerischen und hochmütigen ranghöchsten Engel Luzifer und warf ihn aus dem Himmel hinaus. Deshalb wird Michael gewöhnlich mit dem Flammenschwert auf dem Drachen stehend dargestellt. Nach dem Sturz Luzifers trat Michael an dessen Stelle. Er ist damit der Führerengel aller Engelchöre und Engel geworden. Er ist der wehrhafte Kämpfer für Recht, Gerechtigkeit und Frieden. Michael gilt als der besondere Schutzengel des jüdischen Volkes. Auch die Deutschen verehren Michael als ihren Patron. Sowohl in der jüdischen und christlichen als auch in der islamischen Tradition wird Michael als der höchste Engel und Fürst aller Engel anerkannt (DA 133). Die Erzengel Gabriel, Uriel, Raphael und Metatron gelten als seine nächsten Assistenten. Michael ist auch der Wahrer von Recht und Gerechtigkeit, weshalb er auch mit der Waage dargestellt wird. Michael gilt als der höchste Führerengel der gesamten Engelhierarchie.

In Birkenstein ist Michael im hinteren Teil des Kirchenschiffes mit dem Drachen dargestellt und auf dem Altar ist er durch SERAPHIEL, seinen Stellvertreter, repräsentiert.

GABRIEL

Gabriel (hebr. Stärke Gottes, Gott ist meine Stärke). Gabriel ist in der jüdisch-christlichen und auch in der islamischen Engeltradition einer der höchsten und bekanntesten Engelgestalten. Er ist der Lehrer und Berater des ägyptischen Josefs, der starke Helfer Daniels und der Königin

Erzengel Michael – Fürst aller Engel
Abb.: Figürliche Darstellung des Erzengels in der Kirche zu Metten-
heim/Bayern. In Birkenstein ähnlich dargestellt und durch Erzengel
Seraphiel symbolisiert.

Esther. Er erschien den drei Jünglingen im Feuerofen, stärkte sie und ver-
hieß ihnen Rettung. Er ist der Engel der Verkündigung: Er brachte Maria die Botschaft der Menschwerdung des Logos aus ihr. Er stärkte Jesus
am Ölberg mit der trostvollen Verheißung der Auferstehung. Er verkündete den Frauen am Grabe die Auferstehung Jesu. Er bringt den
Menschen Hoffnung. Gabriel ist der Engel des Herrn in seinen wichtigsten Beziehungen zu Sophia Maria und dem Erlösungswerk.

In Birkenstein ist Gabriel figürlich dargestellt, wie er Maria die Botschaft bringt. Er kann deshalb auch KYRIEL, der „Engel des Herrn" genannt werden.

Gabriel gilt als der Führerengel der Dominationes, der Herrschaften. Als
solcher steht er noch einmal repräsentativ auf dem Altar in Birkenstein in
strahlender Rüstung mit Zepter rechts neben der Madonna mit dem Kind.

Erzengel Gabriel
Gabriel, der Maria die Botschaft brachte.
Abb.: Figürliche Darstellung des Erzengels in der Kirche zu Metten-
heim/Bayern. In Birkenstein ähnlich dargestellt und durch Erzengel
Kyriel symbolisiert.

Es ist sehr bemerkenswert, daß die in Mettenheim dargestellten Erzengel in ihren wesentlichen Symbolen, Attributen und Eigenschaften den
Erzengeln entsprechen, die in der Loggia des Altares in Birkenstein figürlich dargestellt sind.

RAPHAEL

Raphael (hebr. Medizin Gottes, Gott ist meine Medizin, meine Heilung
und mein Heil). Raphael ist der berühmte Begleiter, Beschützer und Helfer des Tobias. Raphael führte Tobias und Sara zusammen und besiegte den
Dämon Aschmodai, der die Freier Saras tötete. Er ist dazu bestellt, „die
Krankheiten und Wunden der Menschen zu heilen und die Welt für die
Menschen bewohnbar und heil, gut und schön zu machen" (DA 240). Er
ist der Engel der Freundschaft, der Freude, der heiteren Geselligkeit und

Erzengel Raphael
Raphael, der Begleiter des Tobias.
Abb.: Figürliche Darstellung in der Kirche zu Mettenheim/ Bayern. In
Birkenstein mit Helm, Schwert und Feuerschale dargestellt.

Führer der Principes, der Fürstengel, und besonders der Schutzengel.

In Birkenstein können wir Raphael in dem Fürstengel mit dem Schwert und der Feuerschale repräsentiert sehen. Das Schwert ist Zeichen seiner Macht und Tapferkeit, die Feuerschale ist Symbol seiner lichten, erleuchtenden, reinigenden und heilenden Kraft.

URIEL

Uriel (hebr. Licht Gottes, Gott ist mein Licht). Uriel ist der hohe Engel, der Gottes Sein und Wesenheit als Licht, Feuer und Wärme widerspiegelt und widerstrahlt. Er wird deshalb Fürst des Lichtes genannt. Er ist auch der Engel, der das Paradies bewacht und behütet. Er ist der Seherengel, der Engel der Liebe, der Weisheit und der Freude. Uriel ist der Führer der Cherubim.

Erzengel Uriel.
Der Name bedeutet „Gott ist Licht" oder „Gott erleuchtet".
Abb.: Figürliche Darstellung des Erzengels in der Kirche zu Mettenheim/
Bayern. Uriel wird in Birkenstein durch den Erzengel Cherubiel
symbolisiert.

Auf dem Altar in Birkenstein können wir ihn in der Figur des Cherubiels repräsentiert sehen, auf dessen Brust ein Dreieck mit drei Feuerflammen angebracht ist.

Die jüdische Engeltradition kennt weitere drei bedeutende Engelfürsten oder Erzengel: Throniel/Metatron, Jophiel, Haniel und einige andere mit diesen dreien eng verbundene hohe Engel.

THRONIEL / METATRON

Throniel/ Metatron ist der Hauptengel des Thrones Gottes. In der jüdischen Tradition wird er Metatron (der beim Throne steht, dem Throne am nächsten ist) genannt. Throniel/Metatron ist der Führer der Merkabe, d. h. des Thronwagens Jahwes, also der Thronwagenengel, die nach der SEL in zwei Gruppen ihren Dienst tun: als theotrope, d. h. besonders

Erzengel Jehudiel
Der Name bedeutet „Gott ist Lohn" oder „Gott belohnt". In Palermo hat
dieser Engel den Namen „Remunerator = Belohner".
Abb.: Figürliche Darstellung des Erzengels in der Kirche zu Mettenheim/
Bayern. In Birkenstein entspricht diesem Engel die Figur des Erzengels
Throniel / Amfiel.

Gott zugewandte Engel, und als kosmotrope, d. h. besonders dem Kosmos, das ist die Schöpfung, zugewandte Engel (siehe dazu SEL Seite 106).

Metatron wird von manchen neben Michael als der höchste der Engel angesehen, ja sogar manchmal als über Michael stehend (DA 192).
Er schaut unmittelbar das Angesicht Gottes und wird Prinz des göttlichen Angesichtes und der hohen Gegenwart Gottes genannt. Er ist deshalb der besondere Engel der Schekina, der personifizierten Inwohnung
und Gegenwart Gottes in der Welt, die wiederum oft mit der Chokma,
der Sophia, identifiziert wird. Metatron steht damit in enger Verbindung
mit der Sophia. Auf der Bundeslade, das ist der Schrein der Gegenwart
Jahwes, der Schekina Jahwes und der Thora (beide mystisch identisch
mit der Sophia), kniet Metatron mit seinem Zwilling Sandolphon, der
als feminines Pendant zu ihm gesehen wird (DA 257), in ehrfürchtiger

Anbetung. Sandalphon ist vielleicht mit Amfiel, dem hohen Mitarbeiter Metatrons, identisch. Metatron gilt als der Führer der Thronengel und damit auch als der Erzengel für das Werden und die Entwicklung der Welt, die der Thronschemel Gottes ist (Jes 66,1), und wird als solcher als der höchste Schutzengel der Schöpfung gesehen. Für diese Aufgabe stehen ihm die hohen Engel aus der Gruppe der kosmotropen Thronengel zu Diensten, z. B. besonders der hohe Engel Amfiel (DA 17 und 192), der deshalb manchmal sogar mit Metatron gleichgesetzt oder an seiner Stelle erwähnt wird.

In Birkenstein können wir Metatron im Baldachinträger Throniel erkennen, der dort den Baldachin über den Thron der Gottesmutter ausbreitet. Auf seiner Brust trägt er ein geflügeltes Herz zum Zeichen seiner beschwingten und allzeit bereiten Liebe zu Gott, dem Schöpfer, und zu seiner Schöpfung und ihrer Herrin und Königin Sophia Maria, der Kosmiarcha, der Mutter und Seele des Kosmos.

AMFIEL

Der kosmotrope Haupthelfer Throniels/ Metatrons ist Amfiel (Arm, Zweig Gottes, in DA 17 und 192 auch Anafiel genannt). Nach Metatron ist er der höchste Thronengel. Amfiel gebietet über das Wasser. Da das Wasser als Symbol für Urort und Urstoff des Werdens gilt, weist dies auf seine Tätigkeit als Helfer bei der Schöpfung, d. h. auch bei der Inkarnation bzw. Somatisation der Schöpfungsideen, hin. Er trägt die Schlüssel zu den himmlischen Hallen und besitzt hohe lösende und bindende Gewalt. Er belohnt die Guten mit der Krone des ewigen Lebens (DA 17). All diese Aussagen decken sich mit der Tätigkeit der Thronengel als Fährengel und Inkarnationshelfer (Somat-Fährengel) und mit der Symbolik von Amfiel auf dem Altar der Wallfahrtskirche Birkenstein.

In Birkenstein ist Amfiel eigens in dem Engel zu Füßen der Madonna dargestellt. Er trägt dort ein Polster, auf dem eine Krone liegt (Polsterengel). Die Krone, die Amfiel auf dem Polster trägt, bedeutet den Lohn und die Herrlichkeit, mit der die menschliche Seele, der Mensch belohnt und gekrönt wird.

Erzengel Barachiel
Der Name Barachiel bedeutet „Gott segnet" bzw. „Gott ist Segen".
Abb.: Figürliche Darstellung des Erzengels in der Kirche zu Mettenheim/
Bayern. In Palermo hat dieser Engel den Namen „Adjutor" = Helfer,
Beisteher. In Birkenstein entspricht diesem Engel die Figur des Erzengels
Haniel / Raziel.

HANIEL

Haniel (hebr. Gnade und Barmherzigkeit Gottes, Gott ist mir gnädig und barmherzig). Haniel ist der Engel der Liebe, der Barmherzigkeit, des Weiblichen und der Huld. Er steht im Zeichen des Einhorns (Symbol des Weiblichen, der Sublimation von Sexus und Eros) und des Morgensterns, der Venus (DA 84, 134). Das weist auf Haniels ganzheitliches, frauliches und mütterliches, kreatives und inspiratives Wesen hin.

In Birkenstein können wir Haniel in dem mütterlichen Engel neben Raphael erkennen. Haniel hält in den Händen eine prächtige Krone und zeigt sie vor. Diese Krone ist hier Symbol der Seele, die er mit Raphael imaginiert und gezeugt hat. Haniel gilt als der Führer der Potestates, der Mächte. In seinem weisheitlichen Aspekt wird Haniel oft mit Raziel verwandt oder identisch gesehen.

120

Raziel

Raziel (hebr. Geheimnis Gottes, Gott ist mein Geheimnis) der Engel der heilenden Mysterien und Geheimnisse Gottes. Er ist deshalb auch ein Engel des Heiles und der Gesundheit und somit der große Helfer Raphaels und Haniels (DA 242). Von Raziel wird berichtet, er habe im Auftrag der Chokma, das ist Sophia, ein Buch geschrieben, in dem die Geheimnisse Gottes, auch die des Lebens der Menschen, aufgezeichnet waren. Er wird deshalb auch mit dem Buch dargestellt.

Jophiel

Jophiel (hebr. Schönheit Gottes, Gott ist meine Schönheit). Jophiel gilt als Prinz und Beschützer der Thora und wird deshalb manchmal als Thoragefäß-Träger dargestellt. Er ist der Führerengel der Kräfte, das sind die Virtutes, Patron der Schönheit, der Harmonie und des Wohlklanges. Der Planet Jupiter ist ihm besonders zugehörig. Das weist auf seine Glück und Erfolg fördernde sowie Schönheit und Anmut verleihende Kraft hin (DA 150).

In Birkenstein können wir Jophiel im lieblichen Rosenengel links neben der Madonna repräsentiert sehen, der eine Vase in der Hand hält, auf der eine goldene Rose liegt.

Erzengel im Spiegel der Tradition und der Kunst

Die sieben Erzengel in der Ikonographie

Die Siebenzahl der Erzengel ist in der christlichen Ikonographie ein beliebtes Motiv. Es bestehen davon viele ikonale und figurale Darstellungen. Es sei hier nur auf folgende besonders eindrucksvolle Bilder hingewiesen: 1. Die byzantinisch-russische Muttergottes-Ikone „Über dich freut sich die ganze Welt", auf der sieben Engel die thronende Madonna mit dem Kind umgeben. Siehe P. Theunissen, Ikonen, Kirchdorf 1982, Bild 15, siehe dazu auch SEL Seite 123.

2. Die Sophia-Ikone von Kiew (Kievskaja), wo die einzelnen Erzengel auch mit Namen bezeichnet sind. Aus: Th. Schipflinger, Sophia Maria – Eine ganzheitliche Vision der Schöpfung, München 1988. Seite 171.

3. Die griechische Ikone „Engelchor". In Helmut Brenske, Ikonen, Atlantis Verlag Zürich, 1988, Seite 61.

4. Die sieben Erzengel von Johann Ulrich Krause, Biblisches Engel- und Kunstwerk mit Fleiß zusammengetragen und in Kupfer gestochen von Ulrich Krause, Augsburg 1694.

DIE ERZENGEL IN DER VOLKSFRÖMMIGKEIT

Da in der Heiligen Schrift nur drei der höchsten Erzengel von den sieben, „die allezeit vor Gott stehen", mit Namen genannt werden, haben die altüberlieferten Namen der übrigen vier Erzengel in der Kirche nie kanonisches Ansehen erlangen können. Die Anrufung ihrer Namen, ja sogar des Erzengels Uriel, wurde verpönt und verboten. Aber die Volksfrömmigkeit hat die Namen der übrigen vier nie vergessen. So lautet z. B. ein Gebet in einer mittelalterlichen Handschrift (9. Jh., verwahrt in der Kölner Dombibliothek) wie folgt: „Gedenke des Erzengels Gabriel, wenn es donnert, und es wird dir nicht schaden. Gedenke Michaels, wenn du dich am Morgen erhebst, und es wird dir ein fröhlicher Tag beschert sein. Wenn du Uriels gedenkst im Kampf gegen den Feind, so wirst du ihn besiegen. Gedenke beim Mahle Raphaels, dann wird dir Speise und Trank nie fehlen. Wenn du auf Reisen gehst, gedenke Raguels und du wirst gute Geschäfte machen. Barachiel wird dir im irdischen Gericht helfen, wenn du seiner gedenkst. Wenn du zum Gastmahl kommst, gedenke Pantasarons, dann werden alle in deine Freude einstimmen" (aus: Alfons Rosenberg: Engel und Dämonen, Gestaltwandel eines Urbildes, 1986, S. 129; der Name Pantasaron ist ungewöhnlich. Vielleicht sollte es Panaion heißen. Panaion ist der Name eines der hohen Engel, die vor dem Throne Gottes stehen, s. DA 220).

Russische Ikone: „Über dich freut sich die ganze Welt"
© Ikonenmuseum Recklinghausen

Die Kenntnis und Verehrung der sieben höchsten Erzengel, die im Mittelalter durch restriktive Maßnahmen in den Hintergrund trat, erhielt durch einen aufsehenerregenden Fund in Palermo im Jahre 1516 noch einmal einen neuen, bis tief in die Barockzeit hineinwirkenden Auftrieb. Damals wurde in Palermo in einer dem heiligen Märtyrer Angelus, einem Karmelitermönch, geweihten Kirche anläßlich einer Renovierung ein Fresko entdeckt, das die sieben Urengel am Throne Gottes darstellte. Es war ein Glücksfall, daß den Engelgestalten nicht nur die Namen, sondern auch die Tätigkeitsbezeichnungen beigegeben waren. So las man: Michael - Victoriosus (der Sieghafte), Gabriel - Nuncius (der Bote), Raphael - Medicus (der Arzt), Uriel - Fortis Socius (der starke Genosse), Jehudiel - Remunerator (der Vergelter), Barachiel - Adjutor (der Helfer) und Sealtiel - Orator (der Fürbitter).

Diese Entdeckung erregte großes Aufsehen, und die Kirche wurde daraufhin den sieben heiligen Engelfürsten geweiht. Kaiser Karl V. beauftragte den Vizekönig von Sizilien, das Patronat für diese Erzengelkirche zu übernehmen. Der dortige Pfarrer, Antonio de Duca, war von dieser Neuentdeckung so angetan, daß er es sich zur Lebensaufgabe machte, die Verehrung dieser sieben Engel zu fördern und zu verbreiten. Er verfaßte ein eigenes Meßformular zu Ehren der sieben Erzengel. Mit zäher Ausdauer erreichte er es, daß Papst Pius IV. in Rom in den ehemaligen Diokletiansthermen eine Kirche zu Ehren Mariens und der sieben Engel – Santa Maria degli Angeli – erbauen ließ. Ihr Architekt war kein Geringerer als Michelangelo (siehe Alfons Rosenberg: Engel und Dämonen, Gestaltwandel eine Urbildes, 1986, S. 130 und 131).

In Rom besteht noch eine andere sehr interessante Engelkirche – Santa Maria del Popolo –, in deren Kuppel Raffael die sieben Erzengel in Verbindung mit den sieben antiken Planeten-Göttern zeigte, wie diese von den Engeln auf Gott Vater, der in der Mitte der Kuppel schwebend dargestellt ist, hingewiesen werden.

St. Michael – Russische Ikone
© Ikonenmuseum Recklinghausen

BESCHREIBUNGEN DER ERZENGELLISTEN NACH DEN VERSCHIEDENEN ÜBERLIEFERUNGEN

Äth. Hen:	Dionys:	Paler-Merth:	Engelwerk:	SEL:	Engeldarst. Birkenstein
Michael	Michael	Michael	Michael	Michael	Engel m. Flamme: Seraphiel
Gabriel	Gabriel	Gabriel	Gabriel	Gabriel	Engel m. Zepter: Kyriel
Raphael	Raphael	Raphael	Raphael	Raphael	Engel m. Helm + Schale: Raphael
Uriel	Uriel	Uriel	Ariel	Uriel	Engel m. 3-flam. 3eck: Cherubiel
Raguel	Zadkiel	Jehudiel	Sadiel	Throniel	Baldachin-Engel: Metatron
Zerachiel	Chamuel	Barachiel	Galathiel	Haniel	Engel m. Pelz + Krone: Haniel
Ramiel	Jophiel	Sealtiel	Jophiel	Jophiel	Engel m. Rosenvase: Rosael
1.	2.	3.	4.	5.	6.

126

DIE VERSCHIEDENEN LISTEN DER SIEBEN ERZENGEL

Die Namen der sieben Erzengel werden in den Traditionen verschieden angegeben. Hier werden fünf Listen chronologisch vorgestellt:

1. Die Liste, wie sie im Äthiopischen Henoch-Buch aus dem ersten Jahrhundert vor Christus überliefert ist (DA 338).
2. Die Liste, die der christliche Kirchenschriftsteller Dionysios Areopagites (manchmal Pseudo-Dionysios genannt) um ca. 600 n. Chr. aufstellte (DA 338).
3. Die Darstellung, die in der Angelo-Kirche in Palermo um 1450 n. Chr. entstanden ist und 1516 wiederentdeckt wurde. Sie wurde von anderen Kirchen, z. B. in Mettenheim in Bayern, übernommen.
4. Die Reihe, wie sie vom Engelwerk im Buch „Die Ersterschaffenen Gottes" seit ca. 1950 vorgestellt wird.
5. Die Aufstellung, wie sie von der Sophianischen Engellehre (SEL) in Anlehnung an Dionysios Areopagites und mit besonderer Berücksichtigung der jüdischen Engeltradition erarbeitet wurde.
6. Die Liste der SEL, dargestellt in Birkenstein mit den beigegebenen Symbolen (S. 249). Siehe dazu die Aufstellungen im DA, S. 338ff.

Mit Ausnahme des Engelwerkes haben alle Listen die Namen Michael, Gabriel, Raphael und Uriel. Das Engelwerk nennt statt Uriel Ariel. Ob der Name Ariel nur eine andere Schreibweise für Uriel ist oder ob die beiden, d. h. Uriel und Ariel, verschiedene Engel sind, bleibt unklar. Die Namen der übrigen drei Erzengel sind unterschiedlich. Die Aufstellung (Liste) der Sophianischen Engellehre kommt der Liste von Dionysios Areopagita am nächsten. Da Metatron in der jüdischen Engeltradition sehr oft erwähnt, ja manchmal sogar über Michael und Gabriel gestellt wird (DA 193), wurde er statt Zadkiel aufgenommen. Jehudiel, Barachiel und Sealtiel in der Palermo-Aufstellung können wir mit Metatron,

DIE SYMBOLIK DER SIEBEN ERZENGEL

	MICHAEL Amoniel[1]	URIEL Kosmiel	THRONIEL Sigamiel	GABRIEL	JOPHIEL Eubiel	RAPHAEL	HANIEL
1. Name	MICHAEL Amoniel[1]	URIEL Kosmiel	THRONIEL Sigamiel	GABRIEL	JOPHIEL Eubiel	RAPHAEL	HANIEL
2. Chor	Seraphim	Cherubim	Throne	Herrsch.	Kräfte	Fürsten	Mächte
3. Symb.[2]	Feuer Waage Schwert	Dreieck mit 3 Flammen Feuer	Baldachin Augen Räder Krone	Zepter Stern Lilie	Rosenvase Blumenschale	Feuerschale Stab Gefäß	Krone Mantel Buch
4. Tugend[3]	Glaube	Liebe	Gerechtigkeit	Hoffnung	Maßhalten	Tapferkeit	Klugheit
5. Gabe[4]	Gottesfurcht	Weisheit	Wissenschaft	Stärke	Verstand	Rat	Frömmigkeit
6. Sakrament	Taufe	Altarsakrament	Priesterweihe	Firmung	Beichte	Hl. Ölung	Ehe
7. Edelstein	Diamant farblos bläulich	Jaspis golden braun	Smaragd grün	Saphir blau hellblau	Amethyst violett bläulich	Rubin rot	Topas gelb golden
8. Pflanze	Lotos	Weinstock	Weizen	Zeder Lilie	Rose	Ölbaum	Granatapfel
9. Tier	Löwe	Pelikan	Lamm	Adler	Einhorn	Delphin	Taube
10. Tag[5]	Sonntag Sunday	Donnerst. Jeudi	Dienstag Mardi	Montag Monday	Samstag Saturday	Mittwoch Mercredi	Freitag Vendredi
11. Gestirn	Sonne	Jupiter	Mars	Mond Erde	Saturn	Merkur	Venus

Haniel und Jophiel identisch sehen. Hier werden auch die Engel von Birkenstein mit Namen und Symbolen genannt. Sie entsprechen besonders mit ihren Symbolen den Erzengellisten auf Seite 126 SEL.

Ihre Chöre, Haupttugenden und Gaben, ihre Beziehung zu den Sakramenten und zur Schöpfung

Die folgende Zusammenstellung und Übersicht wurde aus einer Zusammenschau der verschiedenen Überlieferungen (jüdisch, christlich, neuere Engelkundgaben) erarbeitet (siehe dazu DA 338-343, Johst „Das ungeschliffene Juwel" und Engelwerk „Das Reich der Engel").

Anmerkung: Die Zuordnung der verschiedenen Symbole, die auch anders gesehen werden kann, ist nicht einmal in den einzelnen Traditionen einheitlich und kann aufgrund der scheinbaren Disparität Verständnisschwierigkeiten bereiten. Das liegt in der multivalenten und oft widersprüchlichen Bedeutung der Symbole (siehe dazu die Symbol-Lexika, z. B. Gerd Heinz Mohr, Lexikon der Symbole; Herder Lexikon Symbole und Manfred Lurker, Wörterbuch biblischer Bilder und Symbole).

Anmerkungen

[1] Amoniel, Kosmiel, Eubiel und Sigamiel sind die hohen Engel der Sophia Maria in ihren vier schöpfungsbezogenen Hauptaspekten. Die vier Erzengel Uriel, Throniel, Raphael und Gabriel stehen mit diesen Aspektengeln in enger Verbindung, ja man kann sie sogar als mit diesen verwandt sehen: Amoniel mit Uriel, Kosmiel mit Throniel, Eubiel mit Raphael und Sigamiel mit Gabriel.

[2] Es werden besonders die Symbole herangezogen, mit denen die Erzengel in Birkenstein geschmückt sind.

[3] Es werden die drei göttlichen Tugenden (Glaube, Hoffnung und Liebe) und die vier Kardinaltugenden (Gerechtigkeit, Tapferkeit, Maßhalten und Klugheit) genannt.

[4] Die sieben Gaben des Heiligen Geistes: Ehrfurcht vor Gott, Weisheit, Wissenschaft, Stärke, Rat, Verstand und Frömmigkeit.

[5] Jeder Wochentag ist einem Erzengel geweiht und unter dessen speziellen Schutz gestellt. Es werden auch die englischen bzw. französischen Namen erwähnt, da diese leichter den Bezug zum Gestirn erkennen lassen. Nach alter Überlieferung stehen die Erzengel auch über den ihr anvertrauten Gestirnen.

TEIL II

Quellen der Engeltradition

Die Klassiker und Mystiker der christlichen Engellehre

Wenn wir einen Blick auf die Geschichte der christlichen Engeltradition werfen, dann erblicken wir eine große Schar von Suchern und Heiligen, von Theologen und Mystikern, die einer tieferen Erkenntnis der Engel und auch einer innigen, ja mystischen Verbindung mit ihnen gewürdigt wurden. Dazu dürfen wir besonders den alten Kirchenschriftsteller Dionysios Areopagites (ein syrischer Mönch um 500 n. Chr., bekannt als Pseudo-Dionysios) zählen, der in seinem Werk „Über die Himmlische Hierarchie" eine ausgebildete Engellehre niederlegte, die maßgebend für die weitere Entwicklung der christlichen Angelologie wurde. Der heilige Gregor der Große, Papst und Kirchenlehrer, baute diese Engellehre noch weiter aus und führte sie allgemein in die Kirche ein.

Die sogenannten Apokryphen und Mythen

In diesem Teil der Sophianischen Engelkunde dürfen und müssen wir einen Blick auf die große Schar von Menschen der Antike werfen, die an den Engeln interessiert waren und von ihnen ergriffen über sie forschten und schrieben. Dazu gehören auch die Autoren und Verfasser der sogenannten „apokryphen" Schriften. Unter diesen hat das „Buch Henoch" einen besonderen Einfluß ausgeübt. Es bringt sehr viele und detaillierte, manchmal phantastische Mitteilungen über die Engel. Auch das „Protoevangelium des Jakobus" und das „Evangelium des Nikodemus" enthalten Geschichten über die Engel. Eine ausgebildete Engellehre bringen die essenischen Schriften „Evangelium des Friedens" und „Evangelium des vollkommenen Lebens"; ebenso auch manche gnostische Schriften. Auch in der Mythologie der damaligen Kulturvölker hören wir immer wieder von Engeln und engelähnlichen Wesen. Wir dürfen auch auf diese religionsgeschichtlichen und mythologischen Quellen zurückgreifen, da sie wertvolle archetypische Aussagen über die Engel enthalten.

BEDEUTENDE AUTOREN DER CHRISTLICHEN ENGELLEHRE

Der heilige Thomas von Aquin (1225-1274) behandelte in seiner „Summa Theoalogica" in den Quaestiones (Fragen) Nr. 50 - 64 zahlreiche Fragen über die Engel. Er wird deshalb auch „Doctor Angelicus" (Angelischer Lehrer) genannt.

Der heilige Bernhard von Clairveaux (1090-1174) hatte tiefe Engelerlebnisse und sprach in seinen Predigten immer wieder sehr eindrucksvoll von den Engeln.

Die heilige Hildegard von Bingen (1098-1179), die „Prophetissa Teutonica" (Deutsche Prophetin), sah in gewaltigen Schauungen die Engel und schrieb sehr Schönes über ihr Sein und Wirken. Durch ihr heiliges Leben und durch ihre Schriften übte sie einen großen Einfluß auf ihre und die spätere Zeit aus. Interessanterweise können wir heute geradezu eine Renaissance der Lehren der heiligen Hildegard erleben.

Der berühmte italienische Dichter Dante Allighieri (1266-1321) bringt in seiner „Divina Comedia" immer wieder in hochpoetischer Form die Engel ins Gespräch.

Die heilige Franziska Romana (1384-1440) lebte in einem ganz persönlichen Kontakt und Verkehr mit ihrem Schutzengel. Die heilige Jeanne d'Arc (1412-1431) fühlte sich durch die Engel, besonders durch den heiligen Michael, für ihr außerordentliches Leben – den Kampf für die Unabhängigkeit ihres Landes – gestärkt.

Die selige Katharina Emmerich (1774-1824) sah in ihren Visionen immer wieder auch die Engel, ebenso die heilige Gemma Galgani (1878-1903).

Das sind nur einige von den zahlreichen Autoren des Mittelalters und der beginnenden Neuzeit, darunter Selige und Heilige, welche die Engel existentiell erlebt haben. Ferdinand Holböck hat in seinem lehrreichen Buch „Vereint mit den Engeln und Heiligen. Heilige, die eine besondere Beziehung zu den Engeln hatten" (Stein am Rhein 1984) noch von vielen anderen berichtet, angefangen bei der Bibel bis in unsere Zeit.

Zeugnisse der Neuzeit und Gegenwart

Auch Menschen der beginnenden Neuzeit und der Gegenwart, die über die Engel geschrieben haben, sollen zu Wort kommen, da sie uns wertvolle Gedanken und Anregungen zu einer tieferen Erkenntnis und Verehrung der Engel geben können. Hier eine Übersicht über die Autoren und Autorinnen von neuzeitlichen Engelschriften, die leider nur kurz und auszugsweise angeführt werden können:

Emanuel Swedenborg, Pavel Florenskij, Reinhold Schneider, Alfons Rosenberg, Rudolf Steiner, Gitta Mallasz, Gabriele Bitterlich – Engelwerk und Gerda Johst – Engelzeugnisse der Gegenwart.

Emanuel Swedenborg

Emanuel Svedberg wurde 1688 in Stockholm geboren. 1719 wurde er geadelt und hieß nun Swedenborg. 1772 starb er in London. In der ersten Hälfte seines Lebens war er Naturforscher, Physiologe, Anatom, Ingenieur – eines der Universalgenies jener Zeit, Leibniz in manchem ähnlich. Zudem war er Mitglied des Aufsichtsrats der schwedischen Bergwerke, des schwedischen Reichsrats und der Stockholmer und Petersburger Akademie der Wissenschaften.

Bereits als Kind hatte er Visionen. Diese visionäre Anlage brach in seinen späteren Jahren wieder durch. 1744/45 wurde er durch mehrere, für sein weiteres Leben entscheidende Christus-Visionen zum Seher berufen: „Ich kann heilig beteuern, daß mir der Herr selbst erschienen ist und mich gesandt hat zu tun, was ich tue, und daß er zu diesem Zweck das Innere meines Geistes aufgeschlossen hat, damit ich die Dinge, die in der geistigen Welt sind, sehen und alle, die dort sind, hören könne" Auf der Schwelle zum europäischen Gelehrtenruhm und gerade als ihn das Bergwerkskollegium einstimmig zu seinem Präsidenten wählte, änderte er sein Leben, er „bekehrte" sich: „Ich entsagte aller weltlichen Gelehrsamkeit und Ruhmsucht und arbeitete in geistigen Dingen, wie mir der Herr befahl, zu schreiben. Diese sind: die Öffnung der geistigen Welt und die Erklärung des inneren Sinnes der Bibel, durch den eine Verbindung des Menschen mit dem Herrn und eine Zusammengesellung mit den Engeln stattfindet" (Gollwitzer, 18).

Er erlebte Kontakte mit der jenseitigen Welt und gewann dadurch tiefe Einblicke in die Sphären der Geister und Engel. Er beschreibt und schildert ihr Leben und Wirken, ihre Aufgaben und Tätigkeiten zum Teil in spannenden Dialogen, die die Jenseitigen unter sich und mit ihm führten (Empfehlenswert ist dazu das informative und trotz des schwierigen Themas spannend zu lesende Buch von Gerhard Gollwitzer „Der Mensch als Mann und Weib. Sexualität und eheliche Liebe in der Schau Emanuel Swedenborgs", Zürich 1973; Zitate aus dem Werk werden mit der Abkürzung „G" aufgeführt).

DIE HAUPTPUNKTE SEINER ERFAHRUNGEN UND ERKENNTNISSE SIND:

1. Es gibt eine durchgehende universale „Entsprechung" zwischen Schöpfer und Geschöpf, zwischen Himmel und Erde (vgl. dazu das Kapitel „Der Himmel und seine Entsprechungen" in: Swedenborg, Himmel, Hölle, Geisterwelt, 1963, 87 ff.). Die alten Hermetiker nannten das „wie unten so oben" bzw. „wie oben so unten". Die Scholastiker drückten das mit dem Begriff „Analogia entis", d. h. Ähnlichkeit des Seins

aus. Nach Swedenborg gehen diese Entsprechungen und Ähnlichkeiten bis ins kleinste Detail durch alle Schichten und Stufen des Seins.

2. Eine besondere Form dieser Entsprechung ist die Polarität, die in den Geschöpfen beobachtet werden kann, angefangen vom Atom bis herauf zum Menschen. Swedenborg sieht nach seinem Prinzip der Entsprechung diese Polarität genauso in der jenseitigen Welt, bei den Geistern und Engeln, ja auch im Schöpfer. Diese polare Beziehung zwischen geistbegabten Wesen nennt er „eheliche" Beziehung. Swedenborg sah in diesem Begriff „ehelich" den hohen, heiligen Liebesbezug und -vollzug zwischen in wahrer Ehe verbundenen Menschen. Wir könnten heute dafür das Wort hierogam, das heißt heilig-ehelich gebrauchen.

3. Diese heilig-eheliche, hierogame Beziehung äußert sich nach Swedenborg in Gott, im Schöpfer als Liebe und Weisheit, als Wärme und Licht, als das Gute und das Wahre. In den Engeln und Geistern sowie den Menschen äußert sie sich als männlich und weiblich. So sieht er konsequenterweise auch bei den Engeln eine geschlechtliche Differenziertheit. Es gibt also männliche und weibliche Engel, die in heilig-ehelicher, d. h. hierogamer Beziehung zueinander stehen und leben.

Diese Aussagen Swedenborgs, besonders die über die hierogame Polarität der Engelwelt, sind zwar für die übliche christliche Tradition ungewohnt, doch von großem Interesse und von hoher Aktualität. Sie eröffnen eine metaphysische, mystagogische Sicht der geschlechtlichen Liebe, sie zeigen in der göttlichen und in der angelischen hierogamen Liebesbeziehung ein Vorbild und eine Kraftquelle zur Erfüllung dieses Ideals für die Menschen in ihrer Liebesbeziehung zueinander.

Bezüglich einiger Ansichten Swedenborgs kann man allerdings verschiedener Meinung sein, z. B. in bezug darauf, daß die Menschen im Himmel zu Engeln werden bzw. daß die Engel weiter entwickelte Menschen sind (G 122 und 136). Nach allgemeiner Tradition sind Engel und Mensch zwei verschiedene, getrennt geschaffene Stämme geistbegabter Wesen, die sich seinsmäßig wesentlich unterscheiden, die aber zur gegenseitigen Hilfe und Zusammenarbeit berufen sind.

Nachstehend nur einige repräsentative Zitate aus Swedenborgs Buch „Deliciae sapientiae de amore conjugali" (Deutscher Titel: „Die Wonnen der Weisheit von der ehelichen Liebe"), das 1768 in Amsterdam erschien. Swedenborg beschäftigt sich in diesem Werk mit einem der schwierigsten und heikelsten Themen der Psychologie und Anthropologie, der Ethik und der Religionsphilosophie: mit der Bedeutung der Sexualität und Ehe in der göttlichen Welt- und Heilsordnung. Seiner Auffassung nach gehört das Geschlechtliche und die Liebe von Mann und Frau keineswegs nur dem niedrigen, animalischen Bereich des Menschen an, sondern hat ihren Ursprung im großen Lebenszusammenhang der Schöpfung. „Die größte Bedeutung der visionären Theologie Swedenborgs kommt seiner Theologie der Geschlechter zu", sagt Ernst Benz. „Swedenborg ist seiner Zeit weit vorausgeeilt, indem er seine theologische Begründung der Ehe auf einer neuen Theologie des Geschlechts aufgebaut hat" (G 20).

Die Zitate sind dem oben erwähnten Buch von Gerhard Gollwitzer „Der Mensch als Mann und Weib" entnommen.

„Die Zweigeschlechtlichkeit ist urangelegt im Schöpfer. In ihm ist das Ur-Sein und das Ur-Dasein, die ewige Liebe und die ewige Weisheit, seiend aus sich selbst, aus denen die Schöpfung als Wirkung hervorgeht" (G 119). Die christliche Liebe ist in ihrem Ursprung das Spiel der Weisheit und der Liebe" (G 119).

„Da aus der Ehe der ewigen Liebe und der ewigen Weisheit alles Erschaffene und alle Arten der Liebe hervorgehen, ist sie die Grundlage und das Fundament aller himmlisch-geistigen und daher auch aller natürlichen Liebesarten und ihrer aller Ursprung" (G 119).

„In der Differenzierung und im Zusammenwirken der Geschlechter spiegelt sich ein Urgesetz der Schöpfung, d. h. des Wesens des Schöpfers und der Verwirklichung der Schöpfung" (G 51).

„Diese universale eheliche Sphäre, die vom Herrn unaufhörlich ausgeht, durchdringt und bestimmt das Weltall vom Ersten bis zum Letzten, von den Engeln bis herab zu den Würmern und Atomen. Nur von daher stammt die eheliche Liebe bei den Menschen; jene Sphäre fließt immerwährend in sie und in die Engel ein, in Ewigkeit fort. Sie ist auch die Sphäre der Erhaltung des Weltalls durch aufeinanderfolgende Zeugungen und somit auch die Sphäre der Fortpflanzung. Von daher stammt die Fortpflanzungs- und Bildekraft in den Samen der Tiere und Pflanzen" (G 46).

„Die in das Weltall einfließende eheliche Sphäre ist in ihrem Ursprung göttlich, in ihrem Fortgang bei den Engeln im Himmel himmlisch und geistig, bei den Menschen natürlich, bei den Tieren animalisch. Die Sphäre der ehelichen Liebe senkt sich vom Himmel herab" (G 447).

„Die Bewohner dieser (himmlischen) Welt, die Engel, sind von beiderlei Geschlecht und alle im blühenden Lebensalter. Beide Geschlechter verbindet die eheliche Liebe" (G 220).

„Die englische eheliche Liebe ist nicht euere Geschlechtsliebe, sondern eine angelische Geschlechtsliebe, die heilig ist. Sie ist dennoch voller Wonnen" (G 217). „Diese Liebe ist die eigentliche Wonne des Gemüts und von da aus des Herzens und ihre Freuden sind inniger und reicher als mit Worten zu schildern ist. Sie (diese Liebe) wohnt in den Engeln" (G 217).

SWEDENBORGS ANSICHT BEZÜGLICH DER ENGEL IST ALSO KÜRZEST ZUSAMMENGEFAßT:

1. Im Kontext der universalen Entsprechungen gibt es auch bei den Engeln die geschlechtliche Polarität, d. h., es gibt männliche und weibliche Engel.
2. Diese Polarität drückt sich aus und erfüllt sich auch bei den Engeln in einer „ehelichen" hierogamen Liebe, die allerdings alle menschliche Liebe himmelhoch überragt.
3. Die Engel überragen die Menschen, aber sie sind nicht wesentlich von ihnen verschieden (wozu man allerdings verschiedener Ansicht sein kann).

DIE ENGEL IN DER SICHT VON PAVEL A. FLORENSKIJ

PAVEL FLORENSKIJ UND SEINE SOPHIANISCHE ENGELLEHRE

In dem sehr instruktiven Buch von Michael Silberer „Die Trinitätsidee im Werk von Pavel A. Florenskij, Versuch einer systematischen Darstellung in Begegnung mit Thomas von Aquin" (1984), das in profunder Weise dem theologischen Werk Florenskijs nachgeht, finden sich auch außerordentlich interessante angelologische Aussagen. Florenskij, dieser große Theologe und Naturwissenschaftler, war auch ein begnadeter Forscher und Künder der Sophia, einer der großen russischen Sophiologen neben Solowjew und Bulgakow. Er sieht die Angelologie im Rahmen seiner Sophialehre. Die wichtigsten angelologischen Aussagen Florenskijs, wie sie Michael Silberer in seinem umfangreichen, wissenschaftlichen Werk gesammelt, interpretiert und mit interessanten Anmerkungen vorgelegt hat, sollen an dieser Stelle zusammengefaßt werden. Die Zahlen in Klammer verweisen auf die Seitenzahl dieses Werkes.

Pavel A. Florenskij (1882 – 1937, erschossen als Märtyrer in einem Lager, zu seiner Biographie siehe M. Silberer Seite 1-56) wurde orthodoxer Priester und Lehrer an der theologischen Akademie in Sagorsk. Sein Hauptwerk aus dieser Zeit ist „Die Säule und Grundfeste der Wahrheit", das gerade heute in seiner großen Bedeutung erkannt und gewürdigt wird. In diesem klassischen Werk schrieb er ein eigenes Kapitel über die Sophia. Florenskij sieht die Sophia hauptsächlich in vier wesentlichen Beziehungen: zum Dreifaltigen Gott, zum Kosmos, zum Erlösungs- und Vergöttlichungswerk Christi und in ihrer Beziehung zum einzelnen Menschen. Immer wieder schildert er die Beziehung Sophias zu den drei göttlichen Personen. Sie ist Tochter des Vaters, Braut des Logos und vollkommenstes Abbild und Instrument des Heiligen Geistes, wie das auch die Sicht der SEL ist (Seite 27 ff.).

In ihrer Beziehung zum Kosmos, das ist zur Schöpfung, nennt er sie „die große Wurzel der gesamten Schöpfung" (204), „das Urbild des Seienden, das Fundament der Schöpfung, die Macht und Kraft ihres Seins" (216). Sie ist „die Ganzheit und Einheit der Schöpfung selbst" (206), „die ideale Substanz der Schöpfung, Macht und Kraft ihres Seins" (215). Sie ist „die wesentliche Schönheit der Natur, die Herrlichkeit der Welt, die Quelle des Lebens" (224), „das Gedächtnis Gottes, in dessen heiligem Schoß alles ist, was existiert" (222).

Florenskij sieht die Sophia in engster und inständiger („enstatischer") Verbindung mit Jesus Christus und Maria. Nach ihm sowie auch nach anderen russischen Sophiologen ist die Sophia in Maria in Menschengestalt erschienen und sichtbar geworden, ist Maria die menschgewordene Sophia (siehe dazu Thomas Schipflinger, „Sophia Maria – Eine ganzheitliche Vision der Schöpfung", hier findet sich ein ganzes Kapitel über Florenskij und seine Sophialehre, Seite 180 ff.).

Sophia ist „die Königin des Himmels und der Erde, die Königin der Engel". In diesen Aussagen liegt auch die „angelologische Seite der Sophiologie Florenskijs" (228, 245). In ihrer kosmischen Beziehung, d. h. als Königin des Himmels und der Erde, sieht Florenskij die Sophia engstens mit den Engeln verbunden. Wie führt er das nun näher aus?

SOPHIA IN DER GESTALT DES SCHUTZENGELS

1. Die Sophia wird in der russischen Ikonographie oft, z. B. auf der Novgoroder Sophien-Ikone, als Engel dargestellt. Immer wieder verwendet Florenskij den Begriff „Schutzengel" (246), wenn er von Sophia spricht. In Beziehung zur Schöpfung ist Sophia also „der Schutzengel der Schöpfung" (246). Sie ist auch „die ideale Persönlichkeit der Welt, die schöpferische Idee und Kraft, die die Dinge formt" (206). Hieraus wird die hohe Funktion, die Florenskij mit diesem Schutzengelamt verbindet, ersichtlich. In dieser Schutzengelfunktion stehen Sophia Legionen von Engeln zur Verfügung, die in ihrem Auftrag und nach ihrem Vorbild ihr Schutzengelamt der Schöpfung und besonders dem Menschen gegenüber ausüben. Wie die Sophia tun sie das nicht nur äußerlich, sondern als

141

„ideale Persönlichkeit", als „schöpferische Idee und Kraft, die die Dinge formt". Der Schutzengel des Menschen trägt dessen, d. h. des Menschen „ideale Persönlichkeit", das ist das Bild Gottes von seinem Schützling, in sich. Ja, er ist dieses Bild in Person, dieser Archetyp des Menschen in angelischer Existenz.

2. Florenskij sieht also den Schutzengel auch als das „zweite Ich" seines Schützlings (248). Aus dieser außerordentlich engen Verbindung des Schutzengels mit dem Menschen zieht Florenskij sowohl ontologische als auch theologische Folgerungen, d. h., Schutzengel und Mensch sind nächste Verwandte (Geschwister) in ihrem innersten Sein und in ihrer persönlichen intimen, hierogamen Verbindung (Braut und Bräutigam). Dieses zweite Ich ist also nicht nur als unpersönliche psychische Bewußtseinskomponente des Menschen zu verstehen, sondern als eigene freie Persönlichkeit. Das ist eine klare Betonung der persönlichen Eigenständigkeit des Schutzengels dem Menschen gegenüber. Dies ergibt sich auch aus dem orthodoxen Engel-Verständnis und braucht bei Florenskijs personalem Denken über die Engel nicht eigens betont zu werden.

3. Florenskij sieht den Schutzengel sogar als „die ersterschaffene Wurzel des Menschen". Er drückt das wie folgt aus: „Durch das Herz (intuitive Erkenntnis und praktische Verwirklichung) wird die ersterschaffene Wurzel der menschlichen Persönlichkeit, d. h. ihr Engel, geschaut" (247).

Der Schutzengel ist der ersterschaffene Archetyp des Menschen. Ein origineller, interessanter Gedanke, der sehr viel Tiefes enthält und dem nachzuspüren eine weitere Aufgabe der Engelkunde wäre. Diese Sicht Florenskis gewährt einen tiefen Blick in die wunderbare innere Verwandtschaft und Einheit, die zwischen Schutzengel und Mensch besteht.

4. Der Schutzengel ist nach Florenskij auch „die gestaltende Vernunft und das Ideal des Menschen" (247). Er ist „der Hüter der Ganzheit des Menschen, das göttliche Vorbild seines Schützlings in Person, dem der Mensch nachstreben soll" (248). In dem Maße, wie ihm das gelingt, kann der Mensch auch ein „Engel im Fleische" genannt werden. Der Schutzengel ist „der personale Träger der Ewigkeitsgestalt seines Schützlings", mit anderen Worten dessen „ideale Persönlichkeit", dessen „zweites Ich" und deshalb, wie schon gesagt, mit ihm seinsmäßig engstens verwandt, was

sehr viel mehr beinhaltet und besagt als eine nur von außen erfolgende Beeinflussung und Führung, z. B. Erleuchtung des Verstandes, Führung des Willens, Schutz von Leib und Seele (248), wie es Thomas von Aquin sieht (s. Th. 1/113: De custodia angeli, d. h. über das Schützeramt des Engels). Der Mensch steht also in einer innigen – gar nicht innig genug zu betrachtenden – freundschaftlichen, partnerschaftlichen, seinsverwandten, familiären (geschwisterlichen, bräutlichen, hierogamen) Beziehung zu seinem Schutzengel. Diese Ansichten Florenskijs über die Sophia und über die Schutzengel teilt die SEL (siehe S. 41 ff.).

Wir dürfen auch annehmen, daß Florenskij persönliche Erfahrungen mit Engeln und mystische Wahrnehmungen von ihnen hatte. Er sagte einmal: „Wir sehen die vorbeifliegenden Engel nicht, doch die Feinfühligen spüren das Flattern von Engelsflügeln, wenn sie das auch nur als ganz feines Wehen wahrnehmen" (302). Das verleiht Florenskijs Aussagen über die Engel eine existentielle Autorität.

SOPHIA UND DIE ENGEL DER SCHÖPFUNG

In der Vorlesung „Die allgemeinen Wurzeln des Idealismus" spürt Florenskij den vielfachen, instinktiven und intuitiven Anschauungen des Volkes nach. Das Volksempfinden spricht von „Mutter Erde, Mutter Natur". Die russische Frömmigkeit hat diese archetypische Vorstellung Sophia Maria konkretisiert und verwirklicht gesehen. Nach Florenskij versteht das Volk die Natur lebendig und beseelt. Er sieht z. B. in Pflanzen das Wirken von geistigen Wesenheiten, d. h. von entelechialen Kräften, die das Sein und die Entwicklung, das Wachsen und Blühen der Pflanzen bewirken (87). Das Volk nennt sie Naturgeister oder auch „Engel". Die Wechselbeziehung von Idee und sichtbarer Erscheinung versteht Florenskij durchwegs im platonischen Sinn als Teilhabe bzw. als Nachahmung. Schließlich kann die Idee auch in der Erscheinung als ihr Seinsprinzip anwesend sein, d. h. als ihre Entelechie bzw. Seele als forma corporis (gestaltende Form des Körpers), wie es auch John H. Newman (1801-1890, siehe Seite 12) gelehrt hat.

Die in der orthodoxen Liturgie und Frömmigkeit bezeugte christliche Engellehre spricht von Engeln der Elemente, z. B. von Engeln des Wassers. Sogar Engel einzelner Quellen, welche in den Elementen und in den Naturerscheinungen wirken, werden erwähnt und als geistige Kräfte gesehen (250). Aber wie schon bei der Beziehung von Schutzengel und Mensch ist auch die Beziehung der Engel zur stofflichen Natur keine bloße äußere Verwaltung und Bewegung, sondern eine innere, entelechiale und formative. Somit kann die innere Verbindung auch so gedacht werden, daß die geistigen Kräfte (Ideen, Entelechien, Formen) der Dinge, d. h. letztlich ihre Engel, sich in der Erscheinung der Dinge manifestieren. Und wenn der Engel des Wassers eben das wässerige Element bewacht, dann bedeutet das auch, daß er selber einer gewissen Wasserartigkeit (russ. Wodnost) im geistigen Sinne nicht entbehrt (250). So spricht Florenskij auch vom Engel des Wassers als dessen Seele, die in ihm, im Wasser, lebt. Aber noch im gleichen Satz betont er wieder die personale Eigenständigkeit der Engel. Die Engel bewegen nicht nur das Wasser, sondern wirken im Wasser und teilen diesem ihre Kraft mit.

Somit kann man in diesem Sinne (den wahrscheinlich auch der Psalm meint) mit dem Psalmisten beten: „Lobet ihr Wasser den Herrn" (Psalm 148,4). Dieser ganze 148. Psalm ist ein begeisterter Aufruf aller Wesen und Elemente des Himmels und der Erde, Gott, ihren Schöpfer, zu loben und zu preisen. Alle Wesen und Kräfte sollen den Herrn loben oder noch sinngemäßer ausgedrückt: alle Engel und Geister, die hinter diesen Wesen und Dingen stehen, die deren personale Idee und Entelechie in Person sind, sollen – geschmückt und eingekleidet in ihr äußeres, materielles Erscheinungsgewand – Gott damit ganzheitlich, d. h. mit Leib und Seele, loben und preisen. Dadurch können wir die Natur, den Kosmos als ein großartiges Szenarium von letztlich personalen Energien, Entelechien, Ordnungen und dynamischen Prozessen, d. h. von hohen und höchsten Engel- und Geistwesen und angelischen Naturerscheinungen und Dramaturgien, betrachten. Wahrhaftig, die Natur ist nicht ein zufälliges Konglomerat von materiellen, äußeren Dingen und Erscheinungen, sondern ein wundervolles Mosaik, ein Kosmos von großartiger, ganzheitlicher Mannigfaltigkeit und Verschiedenheit, Farbigkeit und

Leuchtkraft, die der Ausdruck, die Erscheinung und das Phänomen einer noch herrlicheren, mächtigeren inneren Kraft und Schönheit ist. Diese innere Kraft und Schönheit des Kosmos ist eigentlich die Sophia mit der ganzen Heerschar und Hierarchie ihrer Kosmosengel.

Diese kosmische, sophianisch-angelische Sicht der Natur ist die theologische Artikulation der instinktiven Ahnungen, Erkenntnisse und Intuitionen frommer, naturverbundener, noch ganzheitlicher Menschen, wie sie uns in den Mythen, Märchen und Sagen der Völker, besonders der Naturvölker, entgegentreten. So gesehen werden sie nicht mehr in einem eingebildeten Aufklärungsdünkel als peinliche, rückständige Phantasien oder als kindische, regressive Vorstellungen betrachtet, sondern als legitime, großartige, wenn auch behutsam und differenziert zu behandelnde und zu interpretierende Formen der Welterkenntnis und des richtigen Umgangs mit dieser Welt in eine wahre, weisheitliche, sophianische Lebenskunst reintegriert.

Zu all dem kann uns Florenskij in seiner Sophia- und Engellehre ein Führer von großer Glaubwürdigkeit und Autorität sein. Er war nämlich auch ein anerkannter Naturwissenschaftler, ja sogar ein Universalgenie und wurde deshalb nicht zu Unrecht der „Origenes des 20. Jahrhunderts" und der „russische Leonardo da Vinci" genannt (39).

Florenskij wurde in der kommunistischen Zeit seines Lehramtes an der theologischen Akademie in Sagorsk enthoben. Wegen seiner naturwissenschaftlichen Fähigkeiten wurde er für technologische Aufgaben eingesetzt. Er arbeitete an dem sowjetischen Wörterbuch der Technik mit und hatte eine führende Stellung in der Elektrifizierung des Landes in den 20-er Jahren. Florenskij verleugnete dabei aber nie sein priesterliches Amt und erschien bei seinen Vorlesungen an der Technischen Hochschule im priesterlichen Talar. Bei einer der stalinistischen Säuberungswellen wurde er verhaftet und 1935 nach Sibirien in ein Strafarbeitslager deportiert, wo er 1937 (?) angeblich einem Arbeitsunfall zum Opfer fiel.

Florenskij ist ein qualifizierter Zeuge und echter Märtyrer des Glaubens. Deshalb haben seine theologischen Aussagen, auch die über Sophia und die Engel, existentielles Gewicht. Wir zählen ihn deshalb auch mit Recht zu den klassischen russischen Sophiologen.

Reinhold Schneider

Die Stunde der Engel ist gekommen.

In diesem Chor darf die Stimme eines Mannes nicht fehlen, der durch seine kulturkritischen und literarischen Werke beachtlichen Einfluß auf die Zeit nach dem 2. Weltkrieg ausgeübt hat. Es ist der bekannte Dichter und Kulturphilosoph Reinhold Schneider (1903-1958). Er erhielt für sein literarisches Schaffen und geistiges Wirken zahlreiche Auszeichnungen, u. a. den Friedenspreis des Börsenvereins des Deutschen Buchhandels.

Reinhold Schneider zeigte nach der Katastrophe des 2. Weltkrieges Wege der Erneuerung auf, die der christliche Humanismus bietet. Aus dieser Sicht ist er auch zu den Engeln gestoßen und hat dabei sehr Tiefes und Wichtiges zu diesem Thema gesagt. Hier nur einige Gedanken, die er an einem Schutzengelfest niederschrieb (Reinhold Schneider, Der Priester im Kirchenjahr der Zeit, Lambertus Verlag, Freiburg 1946. Entnommen aus dem Rundbrief von P. Hermann Precht an die Freunde des Werkes der heiligen Engel, Schondorf, Herbst 1991).

„Die Freundschaft des besten Freundes (des heiligen Schutzengels), den Gott uns für Zeit und Ewigkeit gegeben hat, will erdient und erbetet und zu einer an Innigkeit sich täglich steigernden Beziehung erhoben werden. Sie möchte ähnlich den echten, auf die Ewigkeit gerichteten Beziehungen der Menschen miteinander zu einem Werke werden, das uns durch alle Stunden des Lebens begleitet. Wir sollten gleichsam in einem Wechselgespräch mit unserem Engel leben. Vielleicht steht er im Anfang dieser Freundschaft vor uns wie ein 'feiner junger Gesell', der den jungen Tobias vor dem Haus seines Vaters grüßte und ihn ins Land der Meder (Persien) geleiten sollte. 'Gott gebe dir Freude', sprach der Engel zum alten Tobias. Und als der blinde alte Tobias fragte, was er noch für Freude erfahren sollte, da er das Licht des Himmels doch nicht sehe, antwortete der Engel: „Habe Geduld!" (Tob 5,14).

„Dieser Botschaft von der Freude und der Geduld möchten wir eingedenk bleiben am Anfang unserer Freundschaft mit unserem himmlischen Helfer. Wer Seite an Seite mit seinem Engel geht, wird das Unerhörte tun können, dessen die Welt in äußerster Not bedarf. Je näher er dem Engel steht, je fester er ihm vertraut, umso stärker wird er sein (...). Vielleicht ist es die dringendste Aufgabe eines angefochtenen Geschlechtes, die Engel herabzuflehen, sich mit ihnen aufs innigste zu verbinden und damit die himmlische Heerschar auf eine ganz neue Art mit der Erde zu verbünden. Gott hat die Engel ausgesandt. Ist nicht aber uns das Unerhörte überlassen, das Bündnis der Engel mit der Erde erst recht zu schließen, ihrer Hilfsmacht unsere Not zu überantworten?

Wir müssen ganz ernst machen mit der Wahrheit, daß wir niemals allein sind. – Ist der Mensch nicht eins mit dem Engel, den Gott ihm gegeben, so zerfällt seine Kraft und seine Werke werden ihm zerbröckeln unter den Händen (...). Aber kündigt der Engel nicht Freude an, gebietet er uns nicht Geduld? – Geduld auch mit uns selbst. Da wir verzweifeln möchten an uns, rührt er uns an. Er ist ja ausgeschickt zu unserem Heil. Es ist des Priesters große Bestimmung, daß er gleichsam einen neuen Bund vorbereite zwischen den ihm anbefohlenen Menschen und ihren Engeln.

Und wenn Menschen solcher Art sich verbinden, so verbinden sich auch Engel zu ihrem Schutze. Die Engel werden ihre Schützlinge gemeinsam geleiten. Das Geschlecht, das von der Macht der Engel weiß und sich ihnen anbefiehlt, kann nicht verlorengehen. Die Stunde der Engel ist gekommen."

Papst Pius XII. hat einige Jahre später bei einer seiner letzten Ansprachen vor Pilgern gesagt: „Wir müssen uns mit den Engeln zusammenschließen, wir müssen mit ihnen eine große, starke Familie bilden wegen der Zeiten, die auf uns zukommen" (Osservatore Romano, Rom, 5.10.1958. Auch der Papst betont hier die Wichtigkeit und Aktualität, sich mit den Engeln zusammenzuschließen und eine Familie, eine Arbeitsgemeinschaft mit ihnen zu bilden).

ALFONS ROSENBERG

Es soll auch Alfons Rosenberg mit seinem ergreifenden Bekenntnis, das er in der Schriftenreihe „Dokumente religiöser Erfahrung" veröffentlichte, zu Wort kommen (Alfons Rosenberg, Dokumente religiöser Erfahrung, 1956):

„Seit meiner frühen Jugend ist mein Leben eigentümlich verbunden mit dem Wesen und Dasein von Kräften, deren Bedeutung mir erst durch die Erfahrung in und nach der Mitte des Lebens aufgegangen ist. Der Knabe hatte keine Vorstellung von ihren Erscheinungsweisen, und es war auch niemand in seinem Umkreis, der ihn darüber belehrt hätte. Aber die Seele des Knaben trug wohl eingeboren, soweit auch die Erinnerung zurückreicht, in sich die brennende Sehnsucht nach einer Lebensform, die er erst viel später als diejenige der Engel erkennen lernte."

„Von all den nur langsam und stufenweise sich enthüllenden Erfahrungen mit den Engelwesen sei geschwiegen bis zum Jahre 1936, in dem sich mir das Engelreich, wenn auch noch starr und als hieratisches Bild, enthüllte. Zu jener Zeit hatten mich die Wirren der Zeit in die Fremde geführt (...). Plötzlich zwang mich etwas, zum Himmel aufzuschauen – es dünkte mich, daß er sich in großer Eile veränderte, daß seine strahlende Bläue sich in weißliche Flocken auflöse (...). Aus diesen vielfachen Kreisen traten immer deutlicher hervor zahllose Engelsgestalten, dicht und unbeweglich aneinandergeordnet, wolkig transparent, so daß ich hinter ihnen ahnend weitere Chöre der Engel schaute. Der Himmel war so in der Breite und Tiefe von Engeln völlig erfüllt. Die Farbe der Engelskreise war grau und graublau. Nur der innerste Kreismittelpunkt leuchtete in lichtem Blau und in hellster, goldroter Feuerfarbe. Die Gestalt aber, die in dieser farbigen Mitte erschien, war die des Christus."

Ein weiteres Erlebnis: „Da sah ich mit einem Male in der Ecke neben der offenen Balkontür einen Nebelfleck auftauchen, der sich bald zu einer kraftvollen männlichen Gestalt ausbildete. Freilich hatte ich keinen einzigen Augenblick den Eindruck, daß dies wirklich ein Mensch sei. Ich konnte ihn deutlich sehen, er war vollkommen grau (hellgrau) und sein bekleideter Leib war wie aus einer dichten wolkigen Substanz. Sein Kopf war breit, groß und kräftig geschnitten. Er trug keine Flügel (diese waren auch bei den Engeln der christlichen Antike unbekannt), aber dafür in seinen Händen ein großes, ungewöhnlich dünnes Buch, das aufgeschlagen war und das er im Laufe des einstündigen Gespräches auf- und zuklappte, was den Eindruck der Bewegung von Schmetterlingsflügeln erweckte.

Ich hatte keine Angst vor dieser Erscheinung, sondern ein Gefühl großer Geborgenheit und Kraft überkam mich – mir war, als sähe ich endlich 'den Freund'. Der Engel war es, der zu reden begann. 'Ich bin der Engel der Freude', sagte er (...) 'Heimatlos bist du geworden, ein Pilger auf dieser Erde. Aber wenn dir die Freude die Augen öffnet, wirst du entdecken, daß du zu Hause bist, wo immer auch du weilest. War ich nicht immer dein Begleiter? Aber du sahest mich nicht'. Und indem er mich ernst und väterlich anblickte, sagte er noch: 'Aber wird dein Herz nicht gestärkt sein durch solche große und dich ganz durchdringende Freude? Du siehst mich nicht mehr – aber ich bleibe bei dir, dir näher als dein Herz.'

'Die Freude – die engelhafte Freude, das tiefste Glück der Geschaffenen – erblüht aus einem verwundeten Herzen, sie ist die Herzensblume, die aus dem Spalt des Leidens emporblüht.' Dann kündete der Engel sein Scheiden an – ich konnte sehen, wie die graue Wolkengestalt immer durchsichtiger wurde und schließlich wie ein Nebelstreif zerfloß, so daß wieder die Wand hervortrat, die von dem Engel verdeckt gewesen war.

Diese Begegnung hinterließ nur Freude, keinen Schrecken, keine Sehnsucht. Ein hohes Leben durchpulste mich – ich blieb wach in dieser Nacht, dankte von Herzen und betete (...). Darum erschien mir immer jene Ecke bei der Balkontüre als ein heiliger Boden, den ich nie ohne Ehrfurcht und dankbares Gedenken betrat" (Dokumente religiöser Erfahrung, Seite 167 ff.).

Diese Bekenntnisse Rosenbergs verleihen seinen Engelbüchern, besonders dem Buch „Engel und Dämonen, Gestaltwandel eines Urbildes" (München 1986) und „Michael und der Drache, Urgestalten von Licht und Finsternis" (Freiburg 1967) eine auch aus dem Leben und nicht nur aus dem Studium geschöpfte Autorität und Glaubwürdigkeit. Rosenberg gehört zu denen, die das heutige „Zeitalter der Engel", wie er es nannte, vorbereitet und eingeleitet haben.

Rudolf Steiner

Auf jeden Fall muß hier ein Mann erwähnt werden, der, wie immer man zu ihm auch stehen mag, in einer Zeit des sinkenden Engelglaubens die Existenz der Engel und ihr Wirken in der Welt mutig erforschte und in einer weit ausholenden Synthese darlegte.

Dieser Mann war Rudolf Steiner (1861-1925), der Begründer der Anthroposophie. Im Band „Vom Wirken der Engel" (1991) sind seine bedeutendsten Vorträge über die Engel gesammelt.

Steiner eröffnet darin von neuem einen Zugang zur Wirklichkeit der Engel und zeigt, wie wichtig das Engelwirken für die Entwicklung des individuellen Menschen, ja der Menschheit und der ganzen Schöpfung ist. Allerdings geschieht dies in oft schwer verständlicher esoterischer Sprechweise. Gerhard Adler schreibt in seinem sehr guten Buch „Erinnnerungen an die Engel, Wiederentdeckte Erfahrungen", Herder 1986, über Steiners Werk:

„Es muß wenigstens erwähnt werden, daß im deutschsprachigen Raum (und bereits darüber hinaus), die Anthroposophie und die von ihr inspirierte Christengemeinschaft Instanzen sind, die viel Positives für das Verständnis der Engel und ihrer Welt leisten. Natürlich sind die dualistischen Anklänge bei Rudolf Steiner dazu angetan, Bedenken und Vorbehalte anzumelden, ebenso auch seine manchmal willkürlich anmutende Schau in das Wirken der Engelhierarchien. Doch stammen aus der genannten Denkrichtung Veröffentlichungen, die ihresgleichen suchen, wenn es darum geht, den Zugang zu den Engeln zu erschließen. So ist die Welt der Engel und der Geister für anthroposophisch erzogene Menschen oftmals eine Realität nicht minderer Bewußtheit als die der materiellen Dinge. Davon könnte das kirchliche Christentum lernen" (Seite 165).

VALENTIN TOMBERG

DER SCHUTZENGEL – ARKANUM DER LIEBE UND DER INSPIRATION

Unter den 22 Bildern der großen Arkana des Tarot findet man neben der Gestalt des Papstes und der Päpstin, des Kaisers und der Kaiserin, des Eremiten, des Gauklers und des Narren, des Todes und des Teufels auch die Gestalt des Engels. Der bekannte Esoteriker Valentin Tomberg, der „Anonymus d'outre Tombe", hat in seinem berühmten Buch „Die Großen Arkana des Tarot, Meditationen" (Basel 1988) dieses Bild auch als das „Arkanum der Inspiration" bezeichnet. Valentin Tomberg wurde im Jahr 1900 in St. Petersburg geboren. Er lebte und wirkte nach dem Ersten Weltkrieg zuerst in Estland, später in Holland, Deutschland und England und starb 1973. Wie es sich auch in der Tradition mancher Schriftsteller der Ostkirche findet, wählte er die anonyme Form, weil er sich „nur als Beschenkter und nicht als Eigentümer der niedergelegten Theologie und Gedanken" empfand (Pater W. Schlepper S.J. in „Philosophie", 1973). Er verfügte, daß sein Werk, das er in französischer Sprache verfaßte, erst nach seinem Tode erscheinen sollte. Deshalb versteht er sich als Freund, der „von jenseits des Grabes" zu seinen Lesern spricht. Daher geben wir ihm den Namen: „Der Anonymus d'outre tombe" (Rückseite des Bucheinbandes).

Hans Urs von Balthasar, den Papst Johnnes Paul II. zum Kardinal ernannte, hat zu diesem Buch Valentin Tombergs ein sehr ausgewogenes und positives Vorwort geschrieben. Der „Anonymus d'outre Tombe" greift in seiner Beschreibung dieses Arkanums auf das Bild des Engels zurück, das über diesem steht, und beschreibt sehr tief die Idee und die Aufgabe des Schutzengels (vgl. Band 3, Seite 45 – 436). Er sieht den Schutzengel als gottgesandtes und –geschenktes Wesen, das seinen Schützling liebt und verteidigt wie eine Mutter ihr Kind.

„Es ist das Mysterium der mütterlichen Liebe, das im Herzen des Schutzengels lebt." Er sieht in den Engeln, die den Menschen umgeben, auch die mütterliche, väterliche und geschwisterliche Liebe personal, d. h. als Person, gegenwärtig und wirkend.

Das deckt sich im Grunde mit der Annahme der Sophianischen Engellehre, daß den Menschen Engel umgeben, die mit ausgesprochen väterlicher, mütterlicher und geschwisterlicher Liebe sich persönlich um ihn sorgen. Der Unterschied besteht nur darin, daß die Sophianische Engellehre den Gedanken weiterführt und klar von einem Vater- und Mutterengel sowie von einem geschwisterlichen Schutzengel spricht, der sowohl Bruder oder Schwester, Freund oder Freundin, ja sogar Dualpartner oder Jugal des Menschen ist.

Hier nun eine Auswahl der Aussagen Valentin Tombergs über den Schutzengel aus seinem Buch „Die Großen Arkana des Tarot". Die Zitation erfolgt mit Angabe der Seitenzahl.

Der Autor setzt an den Anfang der Beschreibung dieses Arkanums des Schutzengels das Gebet der Kirche bei der Weihe und Austeilung des Weihwassers: „Erhöre uns, Herr, heiliger Vater, allmächtiger ewiger Gott, und sende gnädig vom Himmel her deinen heiligen Engel, damit er alle, die in diesem Hause weilen, behüte, bewahre, besuche und beschirme". Er fährt dann fort: „Wie das Gebet nach dem Akt der Besprengung mit Weihwasser es präzisiert, erfüllt der Engel sein Amt auf fünf Arten: Er hütet, stützt, beschützt, besucht und verteidigt" (S. 405). Der Autor erklärt dann diese Tätigkeiten ausführlich. Hier nur einige wesentliche Aussagen. „Der Engel hütet die ‚Erinnerung', d. h. das Urwissen des Menschen um seine Aufgabe und sein Ziel, gottähnlich und gottselig zu werden. Der Engel stützt und unterstützt dieses eingeborene Streben und Bestreben des Menschen. Er hilft ihm, es zu erreichen. Er läßt aber dem Menschen immer und überall die Freiheit. Der Schutzengel rührt niemals an den freien Willen des Menschen und fügt sich darin, den Entschluß oder die Wahl abzuwarten, die im unverletzbaren Heiligtum des freien Willens getroffen werden, um ihnen alsbald seine Hilfe zu leihen, wenn sie gerecht sind- oder um ein passiver Beobachter zu bleiben, der sich allein auf das Gebet beschränkt, wenn sie, d. h. der Entschluß oder die Wahl, es nicht sind" (S. 408).

„Ebenso wie der Schutzengel manchmal gehindert ist, an der Tätigkeit der Seele teilzunehmen, wenn diese Tätigkeit nicht in Übereinstimmung mit dem göttlichen Ebenbild der Seele ist, ebenso kann er

manchmal einen größeren Anteil als gewöhnlich an der menschlichen Tätigkeit nehmen, wenn es diese ihrem Wesen nach nicht nur erlaubt, sondern sogar erfordert. Dann steigt der Schutzengel von seinem gewohnten Wachtposten herab in den Bereich der menschlichen Aktivität. Er besucht den Menschen. Solche 'Besuche' des Schutzengels finden manchmal statt – wenn ihre Möglichkeit und ihre Notwendigkeit zusammenfallen" (S. 409).

„Immer aber und unaufhörlich behütet er den Menschen. Hierbei ergänzt er die Schwächen der menschlichen Sinne, die ihrer Hellsichtigkeit beraubt sind, die sie vor dem Sündenfall hatten. Er ist der Hellsichtige, der dem Nichthellsichtigen in den Versuchungen und in körperlichen und seelischen Gefahren hilft. Er warnt, unterweist und hilft abzuschätzen. Was er indessen niemals tun wird, ist, die Gelegenheiten zur Versuchung aus der Welt zu schaffen. Denn wie Antonius der Große sagt: 'Ohne Versuchung gibt es keinen geistigen Fortschritt.' Die Versuchung gehört als integraler Bestandteil zur Ausübung des freien menschlichen Willens, der unverletzlich ist – sowohl für den Engel wie für den Dämon.

Was die letzte der fünf Aufgaben des Schutzengels in Bezug auf den Menschen betrifft, nämlich seine Verteidigung, so unterscheidet sie sich von den anderen dadurch, daß sie nach oben gerichtet ist, zum Himmel hin, und nicht mehr nach unten oder in die Horizontale.

Bei der Behandlung der Frage der Verteidigung, die der Schutzengel seinem Schützling gewährt, nähern wir uns dem heiligen Mysterium des Herzens des Schutzengels, denn hier offenbart sich die Natur der engelhaften Liebe. Hier einige Hinweise:

Die Schutzengel halten sich oberhalb ihrer Schützlinge. Das bedeutet aber unter anderem, daß sie diese vor dem Himmel verhüllen – vor dem von oben nach unten gerichteten Blick. Die Tatsache, daß die irdischen Menschen durch ihre Schutzengel vor der göttlichen Gerechtigkeit verborgen werden, bedeutet – außer Obhut, Stütze, Schutz und Kontakt, daß die Schutzengel Verteidiger, Advokaten der Menschen gegenüber der göttlichen Gerechtigkeit sind. Und wie Moses zum Ewigen sagte, als die Kinder Israels die Todsünde der Anbetung des Goldenen Kalbes begangen hatten: 'Dieses Volk hat eine große Sünde begangen. Doch nimm ihre Sünde von ihnen, wenn nicht, dann lösche mich aus dem Buch des Lebens, das du geschrieben hast' (Ex 32,32), so 'verhüllen' die Schutzengel ihre Schützlinge vor dem Angesicht der göttlichen Gerechtigkeit, indem sie ausdrücklich oder stillschweigend erklären: 'Verzeihe ihnen ihre Sünden! Wenn nicht, so lösche uns aus dem Buch des Lebens, das du geschrieben hast.' Das ist die Verteidigung der Schutzengel für ihre Schützlinge" (S. 409).

„Der Schutzengel breitet seine Flügel über seinen Schützling und verleiht ihm so in den Augen der göttlichen Gerechtigkeit seine eigenen Verdienste, während er die Verschuldungen seines Schützlings, ebenfalls vor den Augen der göttlichen Gerechtigkeit, auf sich nimmt. Es ist als ob er sagen würde: 'Wenn der Blitz des göttlichen Zornes meinen Schützling, mein Kind, treffen soll, möge er mich statt seiner treffen, oder wenn er dennoch getroffen werden soll, möge er uns beide treffen!' Der Schutzengel verteidigt seinen Schützling wie eine Mutter ihr Kind verteidigt, gleichgültig, ob es gut oder böse ist. Es ist das Mysterium der mütterlichen Liebe, das im Herzen des Schutzengels lebt. Nicht alle Engel sind Schutzengel; es gibt andere mit ganz anderen Aufgaben. Aber die Engel, die Schutzengel sind, sind (in diesem Sinne wie) die Mütter ihrer Schützlinge. Darum stellt die traditionelle Kunst sie als geflügelte Frauen dar. Und eben darum zeigt auch das Kartenbild

154

des 14. Arkanums des Tarot den Schutzengel deutlich als geflügelte Frau, bekleidet mit einem halb blauen, halb roten Frauengewand.

Die Schutzengel – oder sollte ich 'Engelinnen' sagen? – sind die Manifestation der hohen und reinen mütterlichen Liebe. Darum trägt die heilige Jungfrau und Mutter Gottes den liturgischen Titel 'Regina Angelorum – Königin der Engel'. Die mütterliche Liebe, die sie mit den Schutzengeln gemeinsam hat, macht sie, da sie deren Liebe noch übertrifft, zu ihrer Königin.

Es gibt Engel, die 'Boten' (angeloi, gr. Boten) im eigentlichen Sinn des Wortes sind; es gibt Engel mit besonderen Aufträgen und Aufgaben – Engel des Vaters, des Sohnes, des Heiligen Geistes, der Jungfrau, des Todes, des Lebens, der intersphärischen Verbindungen, der Offenbarung der Weisheit, des Wissens, der asketischen Zucht – und andere. Manche unter ihnen repräsentieren die väterliche oder aber die brüderliche und schwesterliche Liebe" (S. 410).

„Ich will hier nichts für oder gegen das sagen, was Swedenborg über das Geschlecht der Engel sagt. Was ich hier jedoch deutlich hervorheben möchte, ist die mütterliche Liebe der Schutzengel und daß es andere Engel gibt, die die väterliche Liebe und solche, die auch die geschwisterliche Liebe repräsentieren. Und in diesem Sinne möchte ich, daß Sie, lieber Unbekannter Freund, an die Engel als Wesenheiten denken, in denen entweder die Zärtlichkeit der mütterlichen Liebe oder die Gerechtigkeit der väterlichen Liebe vorherrschen. Denn es handelt sich nicht darum, die irdische Geschlechtlichkeit in den Himmel zu projizieren, sondern in dieser vielmehr eine – obwohl oft mißgebildete – Spiegelung der Polarität von oben zu sehen. Ich füge hinzu, daß die jüdische Kabbala – vor allem der Sohar – bewundernswert die Aufgabe lehrt, die Dinge hier unten als Spiegelung der Dinge oben zu denken und nicht umgekehrt" (S. 410-411).

„Die Schutzengel sehen die Sphäre der Menschen oder vielmehr die Sphären ihrer Schützlinge. Dadurch verfügen sie über jene Hellsichtigkeit, deren der Mensch, der diese verloren hat, so notwendig zu seinem Schutz bedarf. In dieser Hellsichtigkeit entfalten die Engel auch die Genialität des zusammenfassenden und tiefen Verstehens ohnegleichen, die ihnen von seiten der Menschen das Attribut 'allwissend' eingebracht hat. Sie sind nicht allwissend, aber die Leichtigkeit, mit der sie sich in menschlichen Dingen orientieren und sie erfassen – bei deren Berührung ihre dunkle göttliche Weisheit aufleuchtet –, hat die Menschen, die die Erfahrung der bewußten Begegnung mit ihnen gesucht haben, so stark beeindruckt, daß sie dazu kamen, sie als allwissend zu betrachten. Die Grundbedeutung des Wortes ,Genie' geht zurück auf den Eindruck, den man von Engeln gehabt hat, nämlich den einer übermenschlichen Intelligenz" (S. 411).

„Doch diese Genialität glänzt nur auf – und das ist die tragische Seite der Existenz der Schutzengel –, wenn der Mensch ihrer bedarf, wenn er der Rückstrahlung ihres Lichtes Raum gibt. Der Schutzengel hängt in seiner schöpferischen Tätigkeit vom Menschen ab. Wenn der Mensch ihn nicht bittet, wenn er sich von ihm abwendet, hat der Engel keinerlei Beweggrund für seine schöpferische Aktivität. Er kann dann in einen Bewußtseinszustand verfallen, in dem seine ganze schöpferische Genialität latent bleibt und sich nicht mehr manifestiert. Das ist ein Zustand vergleichbar dem Schlafe des Menschen. Ein Engel, der zu nichts gebraucht wird, ist eine Tragödie in der geistigen Welt.

Denken Sie also, lieber Unbekannter Freund, an den Schutzengel, denken Sie an ihn, wenn Sie vor Problemen stehen, wenn Sie Fragen zu lösen, Aufgaben zu erfüllen, Pläne zu fassen, Sorgen und Befürchtungen zu beschwichtigen haben. Denken Sie an ihn wie an eine leuchtende Wolke der mütterlichen Liebe über Ihnen, die nur von dem einzigen Wunsch bewegt ist, Ihnen zu dienen und Ihnen behilflich zu sein. Lassen Sie keine, wenn auch gut gemeinte Skrupel in sich aufkommen, daß sich durch das Herbeirufen des Schutzengels zwischen Sie und Gott eine Wesenheit einschaltet, die nicht Gott ist, und daß Sie damit die Sehnsucht nach dem unmittelbaren Kontakt zwischen der Seele und Gott, nach der direkten und echten Berührung mit Gott ohne Vermittler preisgeben! Denn niemals wird sich der Schutzengel in der Absicht zwischen Ihre Seele und Gott stellen, die Erlebnisse des Hohen Liedes der Liebe zwischen Ihrer Seele und Gott auch nur im geringsten zu beeinträchtigen! Er kennt keine andere Sorge, als diese unmittelbaren und echten Berührungen möglich und Ihre Seele dafür geneigt zu machen – und er zieht sich sofort zurück, wenn sein Herr und der Ihrige sich Ihrer Seele nähert. Der Schutzengel ist die Freundin der

Gattin (= der Seele) bei ihrer geistigen Hochzeit mit Gott. Ebenso wie der Freund des Gatten, der 'den Weg des Herrn bereitete und seine Pfade ebnete' (Mk 1,2), dem Gesetz des Freundes des Gatten gehorchte, das da lautet: 'Er muß wachsen, und ich muß abnehmen' (Joh 3,29-30), ebenso gehorcht die Freundin der Gattin, die auch den Weg des Herrn bereitet und seine Pfade ebnet, demselben Gesetz" (S. 411-412).

„Sie sehen also, lieber Unbekannter Freund, wie es sich mit der Frage des Schutzengels in seiner Beziehung zur Vereinigung der Seele mit Gott verhält. Es besteht keinerlei Grund zur Befürchtung, daß in dieser Vereinigung für die menschliche Seele jemals das geringste Hindernis von Seiten der schützenden geistigen Wesenheiten herkommen könnte. Ganz im Gegenteil tun sie alles, was möglich ist – und sogar mehr als das Mögliche –, damit die Seele sich mit Gott in vollkommener Vertrautheit und in völliger Echtheit und Freiheit vereinigen kann. Die Freundin der Gattin führt die Gattin nur zum Gemahl – dann zieht sie sich zurück. Ihre Freude ist es, selber abzunehmen und die Gattin (= die Seele) wachsen zu sehen" (S. 415).

Menschen erleben im Zweiten Weltkrieg und im Konzentrationslager die Engel

Ein ergreifendes und glaubwürdiges Dokument über das Eingreifen und Wirken von Engeln ist das Buch von Gitta Mallasz „Die Antwort der Engel" (Einsiedeln 1985; Abkürzung AE). Die Autorin, die alles hautnah miterlebte und beauftragt wurde, das Ganze der Nachwelt zu überliefern, schreibt dazu im Vorwort:

„Dieses Buch ist ein Dokument. Es ist weder Dichtung noch Journalismus, sondern ein getreuer Bericht von Geschehnissen, die sich während der Jahre 1943 und 1944 in Ungarn ereigneten."

Vier Menschen, davon drei Juden, gemeinsam in einem kunstgewerblichen Atelier arbeitend, erlebten den Einbruch der Engel in ihr Leben in den furchtbaren Jahren des 2. Weltkrieges und der Judenverfolgung. Die vier Mitglieder dieses Engel-Erfahrungskreises waren:

1. Hanna. Sie war das „Sprech-Instrument", die Vermittlerin der Kundgaben der Engel; dabei war sie aber nicht in Trance, sondern behielt ihr volles Bewußtsein. Man kann sie deshalb nicht als Medium im gewohnten Sinn des Wortes bezeichnen. Ihr Engel nannte sich der „Messende".

2. Lili. Ihr Engel nannte sich der „Helfende".

3. Joseph, Hannas Ehemann. Sein Engel nannte sich der „Bauende".

Hanna, Joseph und Lili waren Juden. Sie wurden Ende 1944 in ein Konzentrationslager deportiert und gaben dort, gestärkt durch die Engel-Erlebnisse, den Mithäftlingen ein Beispiel alles Leid überwindender Kraft, Ruhe und Tapferkeit.

4. Gitta (Mallasz). Ihr Engel nannte sich der „Strahlende". Sie war die einzige Arierin dieses Kreises, schrieb alle Kundgebungen und Erlebnisse, die in Budapest und auch in Budaliget, einem Vorort von Budapest, stattfanden, auf und gab sie viele Jahre später, wie erwähnt, in dem Buch „Die Antwort der Engel" (Abkürzung AE) heraus. Gitta Mallasz verfaßte noch Erklärungen und Kommentare zu dem Werk „Die Antwort der Engel", die sie in folgenden Büchern zusammengefaßt hat: Die Engel erlebt, Zürich 1985, Abkürzung EE. Weltenmorgen, Einsicdeln 1986; Sprung ins Unbekannte, Einsiedeln 1990, Abkürzung SU.

Weitere Abkürzungen:

Km   = Kommentatorin und Autorin
GM   = Gruppenmitglied
En   = Engel

Die Kundgebungen der Engel im Kreise der vier fanden vom 25. Juni 1943 bis 24. November 1944 statt, und zwar gewöhnlich an einem Freitag um drei Uhr nachmittags. Es waren 88 Kundgebungen, in denen die vier von ihren persönlichen Engeln (Schutzengeln) Weisungen und Belehrungen erhielten. Als gegen Ende des Krieges sich die Russen schon unaufhaltsam Budapest näherten, wurden die drei Juden gefaßt und in ein Konzentrationslager deportiert, wo sie unbeschreiblich Schweres durchmachten und schließlich vor Elend und Hunger starben. Eine Frau, die als einzige dieses Grauens überlebte, erzählte der Autorin, die als Arierin nicht verschleppt wurde, wie tapfer und mit welcher Ruhe und Kraft ausstrahlender Überlegenheit diese durch die Engel gestärkten Menschen das Grauen des Konzentrationslagers durchstanden.

Der Inhalt der Botschaften der Engel betraf die vorherrschende geistige Situation und Entwicklung der einzelnen vier dieser Gruppe, aber auch die furchtbare Geisteslage, die den Krieg und die Judenverfolgungen verursacht hatte. Die Aussagen der Engel bezogen sich auch auf ihr Wirken und ihre Stellung den Menschen und der Welt gegenüber. Sie bereiteten ihre Schützlinge vor allem auf das furchtbare Schicksal, das ihnen bevorstand, vor und vermittelten ihnen Erkenntnis, Trost und Kraft. Die näheren Umstände dieser Engelereignisse und das Leben der vier bestätigen deren Glaubwürdigkeit. Sie sind neben anderen Engelmitteilungen ein Teil des Aufbruchs zu einer neuen Erkenntnis und Hereinnahme der Engel in unsere heutige Welt.

Die Kundgebungen an die vier sind auch eine Fundgrube tieferer Erkenntnis über das Sein und Wirken der Engel, eine Vertiefung unseres Wissens um sie. Sie reihen sich ein in die Engelkundgebungen der letzten Zeit, z. B. in jene, aus denen sich das Engelwerk und die Schutzengelbruderschaft in Innsbruck/Tirol gebildet hat. Diese Engeleinwirkungen sind ein unübersehbares Zeichen dafür, daß die Engel trotz Ignorierung durch manch rationalistische Theologen und materialistische Wissenschaftler wieder im Kommen und bereit sind, den bedrängten Menschen und der gefährdeten Menschheit und Natur zu helfen.

Der Gesamtinhalt der Kundgaben will das Vertrauen und den Glauben an Gott und seine höheren Machtwesen, die Engel, wecken und stärken, besonders an den Schutzengel des Menschen. Sie wollen auf die richtige Sicht und Bewertung des geschenkten individuellen Lebens als Pflanzstätte (Seminarium; Samengarten) für das kommende, neue, lichterfüllte, ganzheitliche Leben sowie auf die dabei erfolgende angelische Mitwirkung hinweisen: „Das Ziel, das der Schöpfer mit uns hat, ist die Verklärung, die Lichtwerdung des Menschen, ja der ganzen Materie. Licht-Werdung der Materie, Materie-Werdung des Lichtes", „Einheit von Himmel und Erde, die göttliche Hochzeit, der Hieros-Gamos von Gott und seiner Schöpfung. Die Brücke, das Instrument, das Medium in Person dazu ist der Mensch und der Engel". „Die Schöpfung bringt Frucht: greifbares Licht und lichtstrahlende Materie" (AE 386).

Ein besonderer Punkt der Mitteilungen, auf den die Engel immer wieder und zwar geradezu energisch hinweisen, ist der, daß nicht nur der Schutzengel dem Menschen, sondern auch der Mensch seinem Engel bei der Erreichung seines Lebenszieles hilft, daß beide, Engel und Mensch, füreinander geschaffen und verantwortlich sind und daß beide eine ewige, unauflösliche, ja intim polare, hierogame Zwei-Einheit bilden.

Im folgenden sollen Auszüge aus den Engel-Kundgaben einen Einblick in die Größe des Einwirkens dieser Geistwesen und ihre Botschaften – nicht nur an ihre Schützlinge, sondern auch an die Welt – gewähren. Manchmal sind die Mitteilungen, die oft speziell für eine Person der Gruppe gegeben wurden, gar nicht so leicht zu verstehen, bieten sogar Anlaß zu Mißverständnissen. Auch wenn es mehrere Stellen in diesem einmaligen Dokument gibt, die im traditionellen christlichen Glaubensverständnis nicht leicht zu erklären sind, soll man deshalb nicht die vielen guten und treffenden Aussagen anzweifeln oder gar disqualifizieren, sondern sie als Bereicherung des Wissens um die Zusammenhänge des Seins dankbar annehmen.

Das kommende neue lichterfüllte ganzheitliche Leben

En   Frage!

Gm Sprich über das Leben, damit wir lebendiger werden!

En   Du kennst das Leben noch nicht, denn du wirst erst jetzt geboren. Du träumst noch vom Leben.

En   Du könntest es noch nicht ertragen, aber bereite dich darauf vor (AE 185)!

En   Manchmal fühlst du es.

Gm So selten!

En   Welch großes Wort! Du fühlst jetzt den Übergang. Du mußt ein wenig sterben. Jeder Übergang ist Prüfung. Fürchte dich nicht, das Dunkel zu verlassen! Die Wurzel, ewig im Dunkeln, bleibt vereint mit Blüte und Frucht. Du tust, wozu du berufen bist: Du gestaltest dich um. Du hörst den Ruf und du kommst. Das genügt (AE 186).

En In der Materie wird sich das Ergebnis erst später zeigen, der Zeit und des Raumes wegen. Das Ergebnis aber kommt bestimmt. Wenn du dich umgestaltest, so ist auch die Materie gezwungen sich umzugestalten. Deine frühere Arbeit geht nicht verloren, sondern wird Blüten treiben. Ihre Wurzel ist gut – sie heißt: Hilfe. Alles andere ist unwichtig. Du wirst helfen, denn dazu bist du da. Was macht dir noch Sorge (AE 187)?

En Drei Schritte sind die Zeit. Vergangenheit ist Reinigung. Gegenwart ist Selbsthingabe. Zukunft ist Hochzeit. Die zwei Liebenden entspringen ihm, dem ewig Gebärenden. Statt lichtlosem Körper und körperlosem Licht das Neue: die zwei Liebenden vereint. Das Wort wird Fleisch und die Materie wird Licht (AE 385 f.).

En Verklärung, Vereinigung. Das Neue Haus (...) erbaut seit aller Ewigkeit, geschmückt für den Bräutigam. Das alte Haus aber ist getünchter, rissiger Rahmen – verlasse es, solange du kannst! Dorthin kann der Bräutigam nicht kommen, der ewige Bräutigam, der ewig Liebende, das Licht, die einzige Erfüllung der Sehnsucht. Was ihr bis jetzt erhalten habt, ist Fundament, ist Vorbereitung. Die irdische Einheit mit ihm ist nur Beginn. Nur die Hälfte der Neuen Lehre. Erst nach ihr kommt die Lichtlehre (...). Die Neue Lehre ist (...) ewiges Leben, Verklärung, Lied (...). Ewiges Leben, ewiges Erkennen (AE 381).

DER NEUE HIMMEL UND DIE NEUE ERDE

En Das Neue fegt alles Alte hinweg. Das Licht wird nicht aus der Finsternis geboren, die Finsternis aber stirbt beim Kommen des Lichts (AE 211).

Km Heute fühlen viele nur die Finsternis. In den Möglichkeiten eines atomaren Krieges sehen sie die Bedrohung eines Weltenendes. In der Sicht der Engel leben wir hingegen in der zukunftsweisenden Zeit einer Weltenwende (EE 92).

En Seit langem ward es verkündet: Die Erde wird neu – der Himmel wird neu. Das Licht erstrahlt, das Dunkel vergeht (AE 300).

Km Ich kann wählen: in der lähmenden Angst vor der Vernichtung zu verkümmern oder von neuen Weltenimpulsen genährt zu werden. Jedes Wort der Engel schwingt im neuen Weltenrhythmus und kann mich im selben Rhythmus zum Schwingen bringen, wenn ich mich ihm öffne (EE 92).

En Ein neuer Rhythmus schafft neue Welten. Nach neuen Plänen wachsen neue Organe. Die Welt wird Welt, wird hell, wird neu (AE 311).

Km Ich bin voller Hoffnung für unser aller Schicksal, wenn ich entdecke, – und ich entdecke es immer öfter – daß sich heute viele Menschen diesem Rhythmus öffnen. Sie beginnen sich für die tiefen Zusammenhänge der einheitlichen Natur von Geist und Materie zu interessieren. Die Wissenschaften beginnen interdisziplinär zu arbeiten. Die Dringlichkeit eines ganzheitlichen Denkens dämmert auf. Das Gleichgewicht zwischen weiblichen und männlichen Kräften wird gesucht. Und immer mehr Menschen werden sich bewußt, daß nur durch ihre innere Wandlung ein äußerer Fortschritt möglich ist. Ich empfinde die Engel als die großen Helfer allen Werdens, aber ihre formgebenden Impulse können lediglich denen wahrnehmbar werden, die sich bewußt sind, daß das neue Zeitalter nur dann anbrechen kann, wenn wir als Menschen neu werden (EE 92).

[Die Zukunftsvisionen der Budapester Engel-Botschaften von einer „Neuen Welt" und einem „Neuen Zeitalter" decken sich auffallend mit den Prognosen Alfred Rosenbergs über das Wassermann-Zeitalter in seinem Buch „Durchbruch zur Zukunft" (Seite 140 ff.). Sie sind in ähnlicher Form auch enthalten in dem Buch von David Spangler „Die Geburt eines neuen Zeitalters" und „Der Geist der Synthese" (Greuthof Verlag, Kimratshofen 1985). Die Formulierungen und Rezepte der sogenannten New-Age-Welle kann man hier, allerdings mit Vorbehalten erwähnen.]

Die Zusammenarbeit und Wechselwirkung zwischen Engel und Mensch

En   Wunderbar ist sein Plan! Freudevoll ist darum unser Lied: Durch uns erschafft der Schöpfer ewig seinen Plan. Doch ohne euch wird nichts. Durch euch und durch uns erhält die Erde Flügel (AE 281).

En   Sprecht ihr durch uns – so stehen wir. Tun wir durch euch – so erhaltet ihr Flügel. Kein Ende kennt unser Dienst (AE 282).

En   Er gibt das Zeichen und alle Wesen beginnen durch euch zu singen (...). Seid in der Freude (AE 288). Wir wirken alle an einem wunderbaren Plan. Die Freude entsteht durch die Zwei vereint. Wenn du das Neue suchst, so verliert sich das Alte nicht, denn es ist eins der beiden (...). Ich locke dich immer höher ... immer höher, denn wir sind noch nicht daheim, wo wir vereint sein können. Wir dürfen uns nicht voneinander trennen (AE 175).

En   Von unten gestützt – von oben gesegnet. Mein Diener, freue dich (AE 175)!

En   Der Versucher (...), auch er hilft uns ... alles hilft uns (...). Unsagbare Freude! (...) (AE 185).

En   Gebt acht! Seid ganz! Gebt. Gebt immer! Frei! Glücklich! Immer! Das Neue Element, die Neue Erde ist anders als alles, was war. Neuer Herzschlag, Erlösung, Schöpfung. Wer das lebt, der lebt. Lebet! Fürchtet euch nicht (AE 313)!

En   Sein Platz ist das Ganze. Das Ziel ist die Vereinigung (...). Die Materie ruft den Geist. Der Geist knetet die Materie. Das Lied der Erwählten ist die Vereinigung: Geist-Materie... Materie-Geist (...)Licht-Materie (AE 326).

En   Erkennen ist in Wahrheit Liebe (AE 339). Ewige Freude ist euer Erbe. Gebt sie weiter (AE 341)!

En   Jenseits des Meeresgrundes, jenseits der Meere, selbst jenseits der Bergesgipfel, zeichnet der Finger Gottes neue Pläne in den Sand. Er (Ö!) ist der ewig Planende. Ihr seid die Verwirklicher (AE 375).

[„Ö" kann im Ungarischen nicht bloß „er" sondern auch „sie" bedeuten. Mit der weiblichen Interpretation von „Ö" könnte man an die Sophia denken, denn die Sophia ist nach der Heiligen Schrift wahrhaft die „mit Gott Planende", denn „sie ist eingeweiht in Gottes Wissen und sie darf seine Werke auswählen" (Weish 8,24), sie ist die, „die ihm zur Seite steht als vertraute Beraterin" (Spr 8,30), Anm. des Verf.]

En   Wir sind nicht mehr getrennt, sondern mit euch vereint (AE 282).

En   Für dich ist das Emporheben schwer, für mich das Niedersteigen (AE 44).

En   Reich mir die Hand, wir sind das Band; die Brücke, der Bogen, zwischen unten und oben (EE 249).

En   Du bist mein dichteres Ebenbild (AE 59). Du bist nie allein (AE 15).

DAS LÄCHELN – DER ENGEL UND DIE FREUDE

En   Nur in der Freude bin ich gegenwärtig (AE 40). Deine Freude erleichtert mir das Hiersein (AE 48).

En   Ich spreche über das Lächeln. Weinen, wehklagen kann jedes Tier. Lächeln kann nur der Mensch (AE 212)!

En   Das Lächeln ist Bild der Erlösung, Symbol. Die schöpferische Kraft erhebt die Materie, und das liegt nur an dir.

En   Das ist der Schlüssel. Lächelt nicht nur, wenn ihr guter Laune seid! Euer Lächeln sei ein schöpferisches Lächeln, kein künstliches – ein schöpferisches Lächeln (AE 213)!

En   Ich wohne im Lächeln – und ich bin dein Maß (AE 214).

En   Lächeln ist Symbol für die Beherrschung des Stofflichen. Liest du ein Buch, so hältst du es nahe, daß du es gut sehen kannst. Willst du mich lesen, so mußt du dich mir nähern. Ich wohne im Lächeln. Höre zu, meine Geliebte! Auch ich spreche vom Lächeln. Ihr geht daran vorbei – es ist ja so bekannt. Ihr wißt nicht, was es bedeutet. Das Lächeln ist die Brücke über den alten Abgrund (AE 214).

En   Nicht das Lachen, nicht das Grinsen – das Lächeln! Das Lachen ist Gegenteil des Weinens. Das Lächeln hat kein Gegenteil. Höre gut, mein Diener. Du bist die 'Helfende'. Der Schlüssel all deiner Taten, all deines Lehrens sei das Lächeln. Versuche es! Lächeln, Sprache, Schöpfung sind Zeichen des Menschen (AE 215).

En   Auch die Hände (sollen) lächeln. Alles lächelt (AE 254).

En   Mit Sorgfalt wähltest du dein Kleid. Doch mit viel größerer Sorgfalt kleide deine Seele, wenn du mich erwartest. Ich freue mich aber an deinem schönen Kleid (AE 87).

En   Als erstes musst du umarmen können. Dann wirst du auch fliegen können (AE 53).

En   Das Lächeln ist das Gebet einer jeden Zelle (AE 215).

En   Ruft uns, wenn ihr nicht weiter könnt! Wir werden jetzt immer mit euch sein, seid also auch immer mit uns (AE 215)!

En   Frage!

Gm   Was ist Friede?

En   Nicht Pause zwischen zwei Kriegen. Noch nie war Friede – er wird aber sein. Friede! Ihr ersehnt ihn bloß ... aber nicht genug. Friede ist die neue Schwingung, die nichts Altem gleicht.

En   Auch du freust dich nur soviel, als du zu geben vermagst. Freue dich also und deine Freude sei vollkommen! Gib Glücklichen, gib Unglücklichen! Dies sei dein neues Jahr (AE 163)!

En   Lerne dies: Allein die Freude ist sicher. Wir können nicht sagen, warum wir uns freuen, und dennoch ist Freude unser Dienst. Was ihr erhaltet, ist Freudenquelle für Freudenlose (AE 158).

En   Die Freude ist die Luft der Welt (AE 162).

En   Unendlich viele Freuden gibt es (AE 13).

En   Dein Wegweiser sei die Freude (AE 100).

En   Die Freude erleichtert mir das Hiersein (AE 48).

En   Die Freude erleichtert das Kommen des Engels (AE 40).

LEBENSLUST UND LEBENSFREUDE

Mens sana in corpore sano:
Ein gesunder Geist in einem gesunden Körper.

En   Was der Saft für die Pflanze – ist für den Menschen die Lebenslust. Die Lebenslust. Seid immer voller Lebenslust! Der Saft kommt von unten – die Lebenslust auch. Nur saftvolle Äste werden gepfropft

– verdorrte nicht. Wir wissen nicht, wann der „Pfropfer' kommt. Ihr, die Äste, wir, die Pfropfreiser. Lasst uns bereit sein (AE 201)! [Das hier vom Engel gebrauchte und mit „Lebenslust" übersetzte Wort darf sicher nicht einseitig im hedonistischen Sinn als nur rein sinnliche Lust verstanden werden. Lebenslust bedeutet hier im Kontext der übrigen Engelaussagen Lebensfreude, Lebenskraft, Lebensimpuls hin zur ganzheitlichen Lebensfreude; die heilige Hildegard würde sie vielleicht mit „Grünkraft" und ein Inder mit „Kundalini-Kraft" bezeichnen. „Von unten" bedeutet hier „vom Lebensgrund" aufsteigend, d. h. die aus der ganzheitlichen Natur- und Erdverbundenheit zufließende Lebenskraft und Freude. Anm. des Verf.]

En   Saft ist die alte Lust. Sei lustvoll, sei lieb zu allen und zu jedem, auch zu dir selbst!

Gm   Wie kann ich zu mir selbst 'lieb und lustvoll' sein?

En   Du kannst es, wenn du dein 'Ich' verläßt.

Gm   Wie könnte ich diesen Schritt tun?

En   Öffne dich der Lebensfreude, das liegt an dir!

En   Gib gut acht! Du wirst nur strahlen, wenn du darum bittest. Die Bitte ist nötig. Werde nicht müde, immer wieder zu bitten! Du kannst uns alle vier rufen! Du kannst uns alle vier bitten!

En   Ohne Bitten können wir nicht geben. Fragen und Bitten sind Zeichen des Mangels. Ohne Mangel ist kein Platz zu geben.

En   Du träumst noch. Beim Aufwachen wird der Traum sinnlos. Präge meine Worte zur Lust, zur Lebenslust in dein Herz ein! Der Frühling ist da; dennoch schreiten wir in einem toten, verdorrten Walde. Der Saft kreist nicht ... lustlos ist alles. Wer freut sich des Lebens? Nur saftvolle Äste werden gepfropft – verdorrte nicht (AE 202).

Km   Unser Begriff und unsere Bewertung des Körperlichen änderte sich unter dem Einfluß der Engel radikal. Die Liebe zum Naturhaften strahlt durch jedes ihrer Worte (EE 69).

Km   Seit annähernd zwei Jahrtausenden ist im christlichen Menschen die irdische Lebensfreude – die Lebenslust – oft zu einem beinahe sündhaften Begriff herabgemindert worden. Uns aber sagten die Engel unmißverständlich klar, daß die irdische Lebenslust die unerläßliche Vorbedingung der Inkarnation des Göttlichen im Erdenmenschen ist. Sie wählten dazu naturhafte Bilder, die keinen Zweifel zulassen, daß selbst der göttliche Pfropfer verdorrte Äste nicht pfropfen kann.

Km Immer wieder war ich entzückt über die Wichtigkeit, die die Engel den natürlichen, körperlichen Funktionen zumaßen. Sie lehrten das natürliche Maß der Lebensfunktionen (EE 69).

Km Dies verstand ich, als der Engel mit ungewohnter Strenge von der Entheiligung des Zeugungsaktes sprach.

Km Während der siebzehn Monate der Gespräche begann ich den Körper ganz neu zu erleben. Der Körper wurde zu etwas Wunderbarem, in dem sich alles offenbaren kann:

En Jedes Organ deines Körpers ist Bild einer Weltenkraft und erhält seine Kraft von ihr (AE 131).

Km Wie konnte ich danach den Körper noch mißachten? Der Engel aber ging weiter. Er erklärte uns, daß das Bewußtwerden kein abstraktes Geschehen sei, sondern das Organische miteinbeziehe.

En Jede deiner kleinen Zellen muß erwachen (EE 59).

En Das Lächeln ist das Gebet einer jeden Zelle (AE 215).

En Jedes Organ, jedes Glied ist eins mit einer Kraft des Alls (AE 145).

„DU BIST MIR LIEB“
GESCHICHTE DER LIEBE ZWISCHEN SCHUTZENGEL UND MENSCH

En Eine gute Botschaft bring' ich dir: Du bist mir lieb (AE 18).

En Er ist es, der dich sucht; laß dich finden (AE 35).

Km Der Engel ist (neben vielen anderen Bedeutungen) vor allem eine Liebeskraft, die zu uns spricht, unsere Hälfte im Licht und wir ihre dichtere Hälfte auf Erden (SU 14).

Km Dem ein Engel wirklich begegnet ist, wenn auch nur für einen Augenblick, den wird die Sehnsucht nach ihm nicht mehr loslassen (EE 73 ff.).

Die Liebe und Freude des Engels am Menschen

En Ich habe dich in meinen Armen gewiegt, dich, die niemals gewiegt wurde. Es ist mir gut, dich wiegen zu können (AE 147).

En Er ist mein. Ich lasse ihn keinen Augenblick mehr. Ich lache vor Freude. Ich tanze wie wild (AE 152).

Km Der Engel freute sich, als ein Mensch sich ihm anvertraute.

En Die innige Verbindung des Menschen zum Engel ist so wie die des Kindes zur Mutter, ja noch enger: Vor der alten Geburt sind Mutter und Kind eins. Wird das Kind geboren, so werden sie zwei. Wir (Engel und Menschen) sind zwei, werden wir neu geboren, so werden wir eins (AE 148).

En Du bist erwählt. Vergiß nicht zu bitten. Ich bin immer zur Hand (AE 47).

Ich verstehe ja, daß wir in einer Zeit leben, wo die Seelen austrocknen, da die einst so belebenden Mythen der Religionen heute 'unmodern' geworden sind. In vielen, die vom Engel-Erlebnis lesen, beginnt der vergrabene Mythos des großen, unsichtbaren Helfers zu erwachen und mit ihm die Hoffnung, in dieser so bedrohten, komplizierten Welt den Sinn ihres Lebens zu finden (EE 52).

Ich glaube, daß an einem gewissen Grad innerer Bereitschaft angelangt die bewußte Begegnung mit dem inneren Lehrer natürlich wird. Sie entspricht der Evolution der Seele. So sagten auch die Engel nach einigen Gesprächen (EE 74):

En Gibt es etwas Natürlicheres, als daß wir miteinander sprechen können (EE156)?

Die Eigenschaften und das Wirken der Engel

En Der Messende mißt alle, der Helfende hilft allen, der Bauende baut alle, der Strahlende strahlt allen. Ruft uns, wenn ihr nicht weiter könnt (...). Seid immer voll Lebensfreude. Das liegt wahrlich an euch (...). Wir werden jetzt immer mit euch sein, seid also auch ihr immer mit uns (AE 201)!

Km Aus allen Engeln strahlt etwas kaum Faßbares, das ich noch am ehesten mit den Worten 'dynamische Stille' bezeichnen könnte (EE 21).

En Ohne Bitten können wir nicht geben (AE 202).

Km Die Engel kündeten vom „Unmöglichen", das jetzt schon möglich wird, falls wir darum bitten. Warum bleiben wir da im gewohnten Schlamm des Möglichen stecken? Die Bitte ist der Flügel, der uns über das Festgefahrene, Überholte erhebt.

En Wer bittet? Um alles? Für alle? Wer weiß um die Berufung, Fürbitter oder Fürbitterin der Schöpfung zu sein (AE 188)?

Km Hie und da bitten wir – von einem Unglück angespornt – für uns oder die uns Nächsten. So bleiben wir meist in der Beschränkung des Persönlichen haften.

En Der belebende Rhythmus des Alls ist Bitten und Geben (...). Der Mensch ist berufen zu bitten, (...) der Engel zu geben, (...) und der Mensch gibt wieder weiter. Das Größte, das er uns gab, ist, daß wir geben können (AE 312).

Km Oft fühle ich das tiefe Leid der Engel, nicht geben zu können. Sie leiden an einer Welt, die von ganzheitlichen Lebensmöglichkeiten schwanger ist, und die dennoch nicht zur Welt kommen können, da noch niemand an sie glaubt, da noch niemand sie herabruft.

WEITERE AUSSAGEN DER ENGEL

En Wir bestehen aus Glauben, allein aus Glauben, wer glaubt, dem sind wir. Der Glaube ist seine Kraft. Glaubst du, daß ich eine Stimme habe, so kann ich sprechen. Glaubst du es nicht, so bin ich stumm (AE 127). Wirkst du in mir, so kennst du keinen Tod (AE 137). Alles ist Prüfung. Ich werde mit dir sein (AE 46). Die Größe des Hindernisses ist nicht Strafe, sondern Vertrauen (AE 56). Das Lächeln ist deine Aufgabe (AE 63).
Empfanget das Leiden als einen Boten Gottes, doch laßt es weiterziehen, wenn es scheiden will (AE 31).

Bist du eins mit mir, so trage ich dich (AE 362).
Geheimnisvolle Kraft (der Engel), flutend, strömend, lebend, kommt nach euerem Ruf. Lebet mit ihr, denn sie ist die Hälfte eures Seins (AE 361).

En Wer sich wundern kann, nur dem öffnen sich Wunder (AE 54). Gewichtlos ist der neue (der verklärte) Körper. Auf seiner Füße Spur wird nichts erdrückt, aber alles erblickt (AE 373). Der Körper ist nichts anderes als Liebe, die Materie ward. Die Schöpfung ist ausgestrahltes Abbild, Materie aus göttlicher Liebe (AE 406). Achte auf das Wort! Es konzentriert. Das Wort erschafft. Achte auf das Wort! Das Wort baut auf (AE 95). Wahres Wort erhebt. Falsches Wort begräbt (AE 269).

Hier wurden nur einige Aussagen und Zitate aus den Büchern von Gitta Mallasz aufgeführt. Der Sinn und die Bedeutung der Kundgebungen ist aber damit nicht ausgeschöpft; sie sind noch weiterer Deutung fähig und bedürftig. Auf jeden Fall eröffnen sie neue, faszinierende Perspektiven in der Erkenntnis und Verehrung der Engel. Diejenigen Aussagen, die augenscheinlich schwierig mit der bis heute gewohnten christlichen Tradition zu vereinbaren sind, müssen bei näherer Prüfung des Gesamtkontextes nicht unbedingt abgelehnt werden. Sie können bei grundsätzlich positiver Einstellung zum Gesamtwerk Anregung zu weiterem Offensein für die Engellehre und damit zu einer Bereicherung und Erweiterung unseres Wissens um die Engel führen.

DAS ENGELWERK

Die Budapester Engelkundgebungen fanden im 2. Weltkrieg statt. In den 50er Jahren entstand zu Innsbruck in Tirol eine Gemeinschaft von Menschen, die sich berufen fühlte, die im Glauben gelehrte Existenz von Engeln existentiell ganz ernst zu nehmen. Das Engelwerk, so nannte sich diese Gemeinschaft, entwickelte sich aufgrund von privatoffenbarlichen

Engelerscheinungen und -mitteilungen an eine begnadete Frau und Mutter, Frau Gabriele Bitterlich. Es bestehen zwei Biographien über Frau Gabriele Bitterlich: Die erste von ihrem Priestersohn Hans Jörg Bitterlich und die zweite von Ida Lüthold-Minder, herausgegeben von der Schutzengelbruderschaft in Innsbruck. Auszüge aus den Aufzeichnungen (Tagebüchern) von Frau Bitterlich sind gesammelt in den bekannten Heften: Die Ersterschaffenen Gottes, Das Reich der Engel, Das Reich der Dämonen, Die Wirksamkeit der beiden Reiche (Schutzengelbruderschaft Innsbruck, Neuauflage 1965).

Das Engelwerk sieht seine Aufgabe darin, die Erkenntnis und Verehrung der Engel und die Mitarbeit mit ihnen bewußt und praktisch zu leben und zu fördern.

Prof. Ferdinand Holböck, Salzburg, schreibt im Schlußwort seines interessanten und informativen Buches „Vereint mit den Engeln und Heiligen" (Stein am Rhein 1986, auszugsweise Seite 421 ff.) über das Engelwerk und seine Gründerin:

„Den geschilderten, gläubig überzeugten Bezugspersonen zu den heiligen Engeln aus der Heiligen Schrift des Alten und des Neuen Testamentes sowie aus jedem Jahrhundert der Kirchengeschichte könnten zweifellos noch gar manche aus zurückliegenden Jahrhunderten und aus der jüngsten Vergangenheit zugefügt werden. So gehörte, wie sicher viele erwarten würden, ausführlich auch auf die begnadete Priestermutter Frau Gabriele Bitterlich (geboren am 1.11.1896 in Wien, gestorben am 4. April 1978 auf dem St. Petersberg bei Silz im Oberinntal, Tirol) hingewiesen, die als Initiatorin des schon weltweit verbreiteten 'Engelwerkes' (Opus Sanctorum Angelorum) gilt und von dessen Mitgliedern sie als geliebte Mutter verehrt wird. Weil aber die angeblichen Offenbarungen über die Engel, die diese Frau im Laufe vieler Jahre empfangen haben soll, noch von den obersten Stellen des kirchlichen Lehramtes geprüft werden, soll nicht weiter von dieser Frau berichtet werden, sondern nur vom 'Engelwerk' selbst, von dessen Zielsetzungen und Motiven. Auch dies geschieht mit Bedachtnahme auf die Mahnungen, die die Glaubenskongregation am 29. September 1983 und in jüngster Zeit am 6. Juni 1992 bei einschlußweise gegebener Anerkennung dieses Werkes der Leitung und den Mitgliedern in bezug auf die in ihren Reihen geübte Frömmigkeit erteilt hat.

Das sogenannte 'Engelwerk' (Opus Sanctorum Angelorum, OSA) ist eine mehrfach gegliederte Gemeinschaft gläubiger Menschen, deren Liebe und Verehrung nach dem dreifaltigen Gott, nach dem Gottmenschen Jesus Christus und seiner gebenedeiten Mutter, der Königin der Engel, den heiligen Engeln, voran dem jeweiligen Schutzengel gilt. In dieser Gemeinschaft wird die Erkenntnis der heiligen Engel, ihre Verehrung und die Mitarbeit mit ihnen mit allen Kräften gefördert.

Aus der Erkenntnis des Wesens, der Aufgabe und Sendung der heiligen Engel holen sich die Mitglieder des Engelwerkes die Motive für ihr christliches Leben und Streben nach Vollkommenheit:

Grundlegende Verpflichtungen aller Mitglieder des 'Engelwerkes' sind, auf die Engel, unsere großen heiligen Brüder, zu hören, ihre Mahnungen zu befolgen, diese herrlichen Geistwesen von Herzen zu lieben und ihre Verehrung nach Kräften zu üben und zu fördern. Dann sind die heiligen Engel Helfer in unseren Nöten, Lichtbringer in unserer Dunkelheit, Stützen in jeder Gefahr, Mahner und Ratgeber in Zweifeln und Schwierigkeiten, Fürbitter am Throne Gottes, unsere beständigen Begleiter, unsere sichersten Führer, unsere treuesten Freunde, unsere Tröster in Verlassenheit und bei Heimsuchungen, unsere Schützer bei der Abwehr des bösen Feindes und unsere Vorbilder in allen Tugenden.

In dieser Gemeinschaft wird weiter Bedacht genommen auf eine bewußte, freiwillige Bindung der Menschen an die heiligen Engel sowie ein gemeinsames gegenseitiges Erzogenwerden durch sie und ein in Gott Geeintwerden zum gemeinsamen Kampf gegen den Bösen und das Böse."

Frau Bitterlich erlebte schon in ihrer Jugend Kontakte mit ihrem Schutzengel und auch mit anderen Engeln. Als Hausfrau und Familienmutter hatte sie während des Krieges und auch nachher intensive Engelerlebnisse und -kundgebungen. Sie erhielt die Aufforderung, diese aufzuschreiben. Frau Bitterlich durfte einen tiefen Blick in die Welt der Engel, aber auch in die der Dämonen tun. Sie schaute deren Wesen und Wirken, deren Kampf um die Seelen und die Kirche. Es wurde ihr gesagt, daß heute dieser Kampf besonders heftig entbrannt sei und daß deshalb heute die Menschen und die Kirche den besonderen Schutz der guten Engel brauchen. Es wurde ihr auch gesagt, daß sie die Menschen zu den Engeln führen sollte. Die Menschen sollen mit den Engeln zusammenwirken im Kampf für das Reich Gottes auf Erden. Darin lag auch die Inspiration, eine Gemeinschaft dafür, das „Engelwerk", zu gründen.

Die Seherin schaute die Engel einzeln und in ihren Chören und Ordnungen, in ihren Funktionen und Aufgaben dem dreifaltigen Gott gegenüber, in ihrem Verhältnis zu Christus, Maria und der Kirche, in ihrer Sendung der Welt und dem einzelnen Menschen gegenüber. Sie erkannte, daß Maria eine eigene Gruppe von Engeln zugewiesen sei. Soweit eigentlich nichts wesentlich Neues gegenüber der kirchlichen Tradition über die Engel. Neu sind die Namen für viele Engel und eine tiefere Schau ihrer Aufgaben und der Art und Weise der Mitarbeit der Menschen mit den Engeln durch eine bewußte Hingabe (Weihe) an sie.

Das Bedeutende an diesen Engelkundgaben war der tiefe Eindruck, den sie auf diese Frau machten und den sie auch anderen Menschen mitzuteilen und zu übertragen vermochte. Dadurch entstand eine neue, hohe, ehrfurchtsvolle Verehrung der Engel und eine neue Offenheit ihrem Wirken gegenüber. Es gelang auch, ein neues und tiefes Interesse für die Engel zu wecken und das Engelwerk ins Leben zu rufen, das sich rasch in viele Länder verbreitete und einen großen Anteil an der Renaissance der Engelverehrung unserer Zeit hat.

Aufgerufen und gestärkt von Gottes Kraft durch seine heiligen Engel sammelte Frau Bitterlich eine Gemeinschaft von Priestern und Laien, die sie im Sinne der Kundgebungen 'Engelwerk' nannte.

Später entstanden daraus die Schutzengelbruderschaft, eine Priestergemeinschaft und eine Gemeinschaft von Schwestern und weitere Gruppen, die von einzelnen Bischöfen approbiert und in deren Diözesen tätig sind. In manchen Diözesen bestehen gewisse Beschränkungen gegenüber dem Engelwerk. Theologen äußerten Bedenken gegen verschiedene lehrhafte inhaltliche Punkte und gegen gewisse Praktiken (Schweigepflicht) und Frömmigkeitsformen (Engelweihe). In dem Dekret vom 6. Juni 1992 hat die Glaubenskongregation die offizielle Verwendung von bestimmten Engelnamen, das Schweigeversprechen und die sogenannte Engelweihe (im strikt theologischen Sinn verstanden) untersagt. Der Ausdruck „Engelweihe", „Weihe an die Engel" darf nicht im engen, strikt kirchenrechtlichen, theologischen Sinn verstanden werden, wie man z. B. von einer Priesterweihe oder einer Kirchweihe spricht. In diesem strikt theologischen Sinne kann eine Weihe nur an Gott erfolgen. Der Ausdruck „Weihe" kann und muß aber auch in einem volkssprachlichen, allgemeinen Sinn verstanden werden, in dem er auch den Sinn von Hingabe, Anvertrauung, Übergabe hat, wie z. B., wenn jemand sagt: „Ich vertraue mich dir an, ich übergebe mich dir, ich verbinde mich mit dir mit all meinen Kräften und Fähigkeiten, ich stelle mich dir für deine Aufgaben zur Verfügung, ich weihe mich dir". In diesem Sinne kann man von einer „Weihe" an eine Person oder an eine Aufgabe sprechen. Und in diesem Sinne ist auch das Wort „Engelweihe" zu verstehen und kann eine solche Engelweihe gerechtfertigt werden. Man spricht ja in diesem Sinne auch von einer Marienweihe, einer Weihe an Maria.

Nähere Informationen über den lehrhaften Inhalt des Engelwerkes können laut Copyright der Schriften des Engelwerkes hier nicht gegeben werden. Sie sind dem Engelwerk selbst vorbehalten.

Die beiden genannten Engelimpulse (Mallasz und Bitterlich) hatten die providentielle Aufgabe, das Interesse an der Existenz der Engel und den Beginn einer neuen Engelerkenntnis und -verehrung zu initiieren und zu motivieren. Wie wir gesehen haben, ist das auch weitgehend gelungen (siehe auch: Alfons Rosenberg in seinem Buch „Durchbruch zur Zukunft", Bietigheim 1971, Seite 140: „Der Einbruch der Engelwelt in die der Menschen scheint Wirklichkeit zu werden"). Rosenberg urgiert deshalb eine Intensivierung der „Engelwissenschaft", einer Vermehrung der Erkenntnis der Engel durch Meditation und Forschung und Vertiefung ihrer Verehrung durch praktische Übung.

Da die weisheitliche angelische Führung pädagogisch schrittweise vorangeht und nicht alles auf einmal aufzeigen und bewirken will, fehlt in den bisherigen Kundgebungen über die Engel noch die sophianische Dimension, d. h. der Bezug der Engel zur Sophia. Das Interesse der Theologie und Geisteswissenschaftler an der bis in die Gegenwart im

Westen viel zu wenig bekannten Gestalt der Sophia ist in den letzten Jahren enorm gestiegen.

Heute wird die im Westen fast vergessene Tradition der Sophia wiederentdeckt, eine Sicht wie sie uns bei Hildegard von Bingen, Heinrich Seuse, Jakob Böhme und Katharina Emmerich (um nur die wichtigsten der Westkirche zu nennen) entgegentritt und wie sie in der russischen Sophialehre von Solowjew, Florenskij und Bulgakow, die Sophia in engster Verbindung mit Maria, ja in Maria inkarniert sehen, ausführlich dargestellt wird (siehe dazu: Thomas Schipflinger, Sophia Maria – Eine ganzheitliche Vision der Schöpfung, München - Zürich 1988; Susanna Schaup, Sophia - Das Weibliche in Gott, München 1994; Verena Wodtke (Hg.), Auf den Spuren der Weisheit, Sophia -Wegweiserin für ein weibliches Gottesbild, Freiburg 1991).

Gerda Johst

Eines bedeutenden Engelzeugnisses der letzten Zeit muß hier unbedingt gedacht werden. Es ist in den Büchern „Das ungeschliffene Juwel, Ein Gottesgeschenk zur Zeitenwende" und „Im Sternenglanz der Ewigkeit", 1983 und 1993, niedergelegt worden.

Die Autorin, Frau Gerda Johst, Hausfrau und Mutter, wohnhaft am Tegernsee in Oberbayern, beschreibt hier ihren Werdegang von einer religiös indifferenten Erziehung im Elternhaus bis hin zu den Erlebnissen übersinnlicher Natur, die in Kundgebungen Christi, Mariens und der Engel kulminierten.

Sie erhielt in der Familie keine religiöse Erziehung, ihr Vater war aus der evangelischen Kirche ausgetreten. In ihrer Gymnasialzeit wandte auch sie sich vom christlichen Glauben ab. Sie studierte Musik und Malerei. In schwerer Krankheit, ja in Todesgefahr, hörte sie klar und deutlich die Worte: „Weiße Engel stehen neben dir. Mache ein Kreuzzeichen und bete zu Gott" (25)! Sie wurde daraufhin gesund und erhielt von ihrem Schutzengel Unterweisungen über das Wesen

175

der Engel, über ihre Aufgabe Gott, der Welt und den einzelnen Menschen gegenüber. Auch von Jesus und Maria erhielt sie Belehrungen über ihr eigenes Leben, ihre Aufgabe und über Zeit und Menschen betreffende Fragen.

In der Folge werden einige Kundgaben angeführt, die Frau Johst durch verschiedene Engel, aber auch von Jesus und Maria erhielt. Es sind Texte über wichtige Themen des Lebens, die durch ihre spontane und konkrete Aussageweise einen starken Eindruck hinterlassen. Die Engel, die zu ihr sprachen, gaben sich Namen wie Klarissa, Benedicta, Usebius, Sixtus, Ezenaidas u. a (Die Zahlen in Klammern hinter den Zitaten geben die Seite im „Juwel" an, St und Zahl weist ein Zitat aus dem Buch „Im Sternenglanz der Ewigkeit" aus).

WIE KÖNNEN SICH ENGEL BEMERKBAR MACHEN?

Frau Johst schreibt darüber vom Engel Klarissa belehrt:
„Engel können uns, um sich in ihrer Wirklichkeit deutlich zu machen, mit einem kühlen Hauch umwehen. In den frühen Morgenstunden beim Gebet oder des Nachts, wenn ich allein in meinem Zimmer im Bett lag, erfühlte ich dieses Umwehtsein oft sehr stark, so daß ich bisweilen nachsah, ob das Fenster auch wirklich geschlossen sei. Doch zum Unterschied des Luftzugs, der vom geöffneten Fenster nur aus einer Richtung kommt, umfächelt uns dieser 'Flügelschlag' der Engel von allen Seiten. Er ist besonders deutlich spürbar auf der Stirn und über den Augen. Ich fragte Klarissa einmal, ob sie diesen Lufthauch mit ihren Flügeln verursache. Da erzählte sie mir, daß Engel keine Flügel hätten, sondern von einer Lichtausstrahlung umgeben seien, die von seherisch begabten Menschen zu allen Zeiten als Flügelpaar gedeutet werde. Mit diesen 'Lichtflügeln' umwehte sie mich" (32-33).

„Von Klarissa erfuhr ich auch, daß Engel an strenge, heilige Gesetze gebunden sind. Sie erzählte mir unter anderem, daß Engel nur durch Gebete, niemals aber durch spiritistische Versuche herbeigerufen werden können. Tischrücken, Klopfzeichen und derartige Kundgebungen seien nur Manifestationen niederer, erdgebundener Geister.

Dante und Beatrice im Reigen der Engel.

Holzstich nach Zeichnung von Gustav Doré, 1861
Illustration zu Dante Alighieri: «Die Göttliche Komödie» (1265-1321).
© Bildarachiv Preußischer Kulturbesitz

177

Ich muß erwähnen, daß in jenen Sommerwochen des Jahres 1977 meine Tage voll ausgelastet waren durch häusliche Pflichten und künstlerische Aufgaben. Porträts, die ich zu malen begonnen hatte, mußten vollendet werden. An einigen Nachmittagen der Woche kamen Klavierschüler, und natürlich beanspruchte mich auch meine Familie. So blieben mir nur die frühen Morgen- oder späten Nachtstunden, um meinem Engel zu lauschen" (33).

„Die Gespräche mit Klarissa erfreuten und interessierten mich so sehr, daß ich am liebsten den ganzen Tag über gedanklich mit ihr geplaudert hätte. Doch das war nicht möglich. Sie war von einer Hoheit und Würde, die mich immer wieder auf die Knie zwang" (54).

Die Schutzengel

„Niemand ist auf dieser Erde einsam! Einbezogen sind beglückte Engel in den Aufbau einer neuen Zeit. Jeder, der sein Herz sich rein bewahrte, hat den Engel ganz in seiner Nähe, einen Engel, der sich auf sein Dasein, auf sein Denken, Fühlen, Bangen, auf sein ganzes irdisch ausgefülltes Leben einstellt und in tiefster Liebe ihn begleitet" (178).

„Ein festes Band geht von jedem Menschen zu dem ihm von Gott zugewiesenen Schutzengel. Dieses zu stärken sei euer künftiges Bestreben. Durch Gedankengespräche bindet ihr den Engel an euch, dessen höchste Freude es ist, gegenwärtig zu sein dem geliebten Kind, denn Kinder seid ihr alle! Scheut euch nicht, den Engelgefährten zu beanspruchen. Seine Nähe gibt euch große Kraft. Wenn ihr den Engel vergeßt, geht er in eine höhere Sphäre. Auch dort bleibt er euch verbunden und beobachtet euch, doch bedeutend glücklicher seid ihr, wenn er ganz bei euch weilt. Um jeden Menschen sorgt sich ein Engel. Bedenkt, daß eure Scheu, den Engel anzurufen, dessen Lebensglück überschattet" (179). „Seine Liebe gibt dir den Weg bekannt, den du zu gehen hast auf dieser Erde. Du sollst diesen Erdenweg nun bewußt mit deinem Engel gehen" (247).

„So höre, mein Kind: Ich weile in deiner Nähe (...). Ich kann sehr, sehr viel für dich tun, wenn du bittest (...)! So denke immer daran, daß du eine Seele bei dir hast, die dich ganz, ganz innig und tief liebt" (aus einer Durchsage für einen 18jährigen, 247). „Das Erdenleben ist nur ein Auftakt zur Sinfonie des wirklichen Lebens" (220). „Jesus wirkt im unermüdlichen Einsatz seines Herzens, seiner Kraft, seiner Strahlungen und seiner ihm dienenden Engel" (213). „Ein Heer von Schutzengeln lebt nur für euch Menschen allein. Sehr viele Schicksalsengel arbeiten ständig an eurer Vervollkommnung" (133). „Ja, wenn ihr sie anruft, wenn ihr sie schalten laßt, wenn sie in eurer Nähe weilen können, dann stärken sie euch" (233). „Der Herr ist gegenwärtig in seinem Engel, schweigend und sprechend" (221). „Stärker sollen alle Menschen auf die innere Stimme hören, sollen durch Gebete Gottes Engel an sich binden. Sehr viel Leid wird dann verhindert, anderes gelindert, abgeschwächt. Gebessert aber wird auf Erden jedes Menschenleben durch der Engel Hinwendung zum einzelnen.

Auch die Kinder lehret beten! Durch der Eltern tägliches Gebet bilden sich Schutzströme über den Kindern. Alle Eltern sollen die Engel ihrer Kinder anrufen, sie ansprechen. Durch Gottes allerhöchste Gnade und Liebe bleiben sie dann in eurer Nähe" (221). „Die Erhaltung des irdischen Lebens streben die liebenden Engel mit aller Kraft an. Sie breiten ihre Schutzstrahlen aus über die ihnen anvertrauten Menschen und stärken deren Lebenswillen" (224). „Der Engel ist Gottes Abglanz. Wir Engel reichen euch Menschen geschwisterlich fühlend die Hände. Wir Engel reichen euch Schwestern und Brüdern gleichsam das Licht aus den heiligen Sphären. Nichts ist für euch wichtiger als dies: Gottes Abglanz anzunehmen im Dunkel der irdischen Strömungen, denen ihr nicht entgehen könnt – Gottes Abglanz im Lichte des Engels" (Benedicta, 8. August 1995).

DIE VERBUNDENHEIT MIT DEM SCHUTZENGEL

„Unterschiedlich seid ihr alle wie die Blätter und Früchte der Bäume, wie die verschiedenartigen Blumen auf Gottes weiten Fluren. Keiner von euch empfindet so wie der andere. Artgemäße Ähnlichkeiten berühren einander streifenden Flügeln gleich und doch ist Fremdes selbst zwischen den liebendsten Seelen. Doch dieses Fremde soll nichts

Störendes sein, denn es verliert sich im Zeitlichen und nur das Bindende bricht ins Unendliche ein. Diese ganz besondere Eigenart des Empfindens eines jeden einzelnen ist es, die euch das Gefühl der ganz besonderen, einzigartigen Verbundenheit mit eurem Engel schenkt. Eine Verbundenheit, die keine Menschenseele und keines irdischen Herzens Gleichklang mit euch teilen kann – die sich allein im heiligen Fühlen eures Engels verströmt – des Engels, der allein auf dieses eine Menschenherz, das Gott ihm anvertraute, voll eingestimmt auf Erden waltet" (Benedicta, 20. August 1995).

DIE HEILENGEL UND IHR FÜHRER SIXTUS

„Ein starker, für euch alle sehr, sehr wichtiger Sterngebieter ist es, den ich euch als ersten der himmlischen Geister vorstellen möchte. Sein Name ist Sixtus" (162). „Sixtus ist der höchste Arzt in der jenseitigen Welt. Wir haben keine Krankheiten, keine Bazillen, keine Viren, aber wir haben auch Ärzte. Diese sind teils tätig im Sternbereich als seelische Betreuer in Aufgabengebieten, die ich euch hier nicht erläutern kann, andererseits sind sie für die Erde notwendig. Es gibt ein gewisses, alles durchflutendes Dienen der Geisteskräfte, das ihr nicht kennt. So stehen eure Ärzte vielfach im Gedankeneinfluß jener geistigen Helfer. Diese geben durch Einflüsterungen in das Gehirn ihren Schützlingen erleuchtende Gedanken ein. Sie wirken, ähnlich wie die Schutzengel, neben diesen. Sie werden zur gegebenen Zeit von diesen angefordert" (162-163). „In schweres Schicksal einzugreifen ist mein (Sixtus). göttlicher Auftrag, den ich erfülle in der seelischen Einstrahlung Gottes, des Vaters, des allgewaltigen Herrschers über Himmel und Erde, über Zeit und Ewigkeit, über Raum und Unendlichkeit, über Licht und Schatten. Ich bringe den heiligen Stern der Hoffnung zum Erleuchten, wo Lebenskraft gebraucht wird. Ich ziehe alle Kräfte an, die Mut und Halt geben. Der Schutzengel heilige Schar beglücke ich durch Denkeingebungen in den aufgeschlossenen Menschengeist sowie durch Reinigung von Herz und Verstand ungenügend erleuchteter, zweifelnder, suchender Ärzte, denen ich Heilserfahrungen erschließe" (223).

180

ÜBER DAS LEBEN UND DIE AUFGABE DER ENGEL AUF ERDEN

Benedicta:
„Wir Engel sind Schwingungen des Lichts im Strahlenkranz Gottes. Wir Engel sind gleichgebliebene Seelen im ewigen Licht, entsprungen der Liebe Gottes. Nur die Trübung dieser Erde beschattet uns, nur die Leiden dieser Erde beweinen wir. Gäbe es nicht die Stärkung Gottes, wir würden im Leidensstrom dieser Erde vergehen; erhielten wir nicht die Strahlungen seiner Kraft, wir stünden sterbensmatt in dieser Sphäre der Bedrängnis. Glück allein seid hier ihr liebenden Seelen für uns, Glück allein sind uns eure stummen, innigen Worte der Liebe, Licht allein sind uns eure Gedanken. Gedanken, geheiligt im Gebet, entsprungen dem tiefsten Inneren des menschlichen Herzens, sind sie der Quell der Liebe, der uns hier geschenkt ist, hier, wo auch wir, – ja auch wir, – uns zu bewähren haben im ewigen strengen Gesetz, das da lautet:
Licht sollt ihr bringen in Dunkelheit, Wärme sollt ihr bringen den Frierenden, Süße den Verbitterten, Gnade den Entglittenen, Entlastung den Gebürdeten, Seligkeit den Erkennenden" (224-225)!

DER ENGEL POLARE LIEBE ZUEINANDER

Benedicta berichtet darüber:
„Aufgeteilt im Ebenmaß ist das weiblich-männliche Geschlecht in den Sphären Gottes. Die Liebesbeziehungen der Sternmächte und Engelswesen stehen hoch über den menschlichen Begriffen von Ehe und Geschlechtsvereinigung. Sie sind notwendige Impulse des Lebens, notwendig auch für die Menschheit der Erde" (237). „Sie stehen geschlechtlich geprägt in der Ewigkeit. Wo männliche Kraft wirkt, ist auch weibliches Gefühl. So sind der Engel Scharen aufgeteilt in männliche und weibliche" (172). „Engel sind Gottes Zärtlichkeit. Empfindet sie in jeder Stunde der Erschöpfung" (210). „Gottes Liebe ist Allvereinigung, Allvermählung, ist Zärtlichkeit im heiligsten Sinne. Schmiegt euch wie Kinder an Gott und ihr erfüllt sie (die Engel). Engel

sind weiblich oder männlich in erhabenster Vollendung" (238). „Eine ungeheure Gewalt liegt in jenem Trieb, der Gottes Geschöpfe am Erdendasein erhält. Im Dasein der Generationen der großen, herrlichen Zeitalter der Menschheitsgeschichte ist die Liebe stets als göttliches Geschenk des Himmels betrachtet worden. Die Gedanken und Gefühle der beglückten Liebenden, die Sehnsüchte, Qualen und Freuden der Liebe wurden von den Dichtern aller Zeiten besungen. Geschlechter vergingen und entstanden, und die Liebe durchströmte das Leben immer mit der gleichen Macht. Erfreut euch, ihr Menschen, dieses großen Gottesgeschenks!

Erreicht den Sternenglanz der Liebe aber durch der Seele heilige Empfindungen, ehe ihr euch dem erstrebten Glücksgefühl der Vereinigung hingebt! Seht, wie durch alle Geschöpfe Gottes große Zärtlichkeit fließt. Genießt einander, da ihr euch liebt. Gebt einander alles, was eure Herzen besitzen an zärtlichem Gefühl. Seid unbesorgt, da ihr euch verströmt – Gott liebt euch, und der Sinne süße Empfindungen gehen in der Sternenwelt niemals als Sünden ein, wenn der Strom rein ist. Ihr Menschen habt alle ein sehr feines Gefühl dafür, was gut und böse ist. Folgt alle, die ihr liebt, der Stimme des Gewissens und dem Gesetz eures Herzens. Es gehen die Sterne der Liebe auf über jedem Paar, das der Seele Reinheit bewahrt" (125-126).

„Sinnlichkeit ist gottgewollt. Die Ströme des Eros durchfluten die ganze Erde, die ganze Welt. Sie durchfluten den Kosmos bis in die höchsten Sphären des Lebens – die Ströme des Eros aber sind rein. Liebe und Zärtlichkeit sind die süßeste Erfüllung des göttlichen Lebens. Die Liebesmacht der Sinnlichkeit, die sich in der Lust und Freude an der weiblichen Schönheit, an der männlichen Kraft entflammt, ist ein herrliches Gottesgeschenk, das ihr ungehemmt genießen dürft. Doch niemals beschreitet die Wege der Verderbnis! Niemals laßt euch dazu verleiten, der Sinne Berauschung zu suchen in einer Art, die der Seele heiliges Gut beschmutzt" (127).

WORTE JESU

Auf Seite 45 schreibt Frau Johst: Später einmal bat ich Jesu darum, mir die Worte, die er an jenem Tag (Es war der 28. Juli 1977) an mich gerichtet hatte, in Führung meiner Hand zu wiederholen. Sie lauteten: „Jesus Christus bin ich, o Menschenkind, ich bin zu dir gekommen, um dir zu sagen, daß du begnadet bist. Ein außergewöhnliches Schicksal steht dir bevor. Du zitterst und erbleichst, – nicht so – fürchte dich nicht! Es ist ein Wunder mit dir geschehen, ein großes, heiliges Wunder. Gottes Wunsch ist es, die Menschen über sein Wirken aufzuklären. Vieles, was ihr nicht wisst, sollt ihr nun erfahren. Die Menschheit befindet sich in einer schweren Krise und soll gerettet werden. Du hast eine große Aufgabe auf dieser Erde zu erfüllen. Du weißt es schon von deinem Engel, daß du ein Buch schreiben sollst. Dieses Buch soll eine Offenbarung der Wunder des Kosmos werden. Deine Hand wird geführt werden von den erhabensten Geistern des Himmels. Es ist ein großes Glück für dich, mein Kind, daß du dazu erwählt wurdest, Mittlerin zu sein zwischen Himmel und Erde" (45).

WORTE MARIENS

„Jesus ist von einer Hoheit und Würde, von einer Erhabenheit und Größe, die keines Menschen Geist auf Erden erahnen kann. Wunder über Wunder erschließen sich euch, wenn ihr eingeht in die Welt der Seligen. Das höchste aller Wunder aber, das euch erwartet, ist Jesus! Seine Liebe ist groß wie die Ewigkeit. Jesus wirkt im unermüdlichen Einsatz seines Herzens, seiner Kraft, seiner Strahlungen und seiner Ihm dienenden Engel. Seine Gestalt ist die eines hochgewachsenen, vollendet schönen Mannes. Sein Antlitz ist heiliges Ebenmaß, von göttlicher Erhabenheit des Ausdrucks. Niemand lebt in unserer Welt, der ohne Tränen vor ihm kniet, wenn er, von ihm gerufen, die zärtliche Berührung seiner Hand auf Haupt und Stirn empfängt" (213).

„Es ist Jesu Wunsch, daß du davon Kunde gibst, wie eingebunden seine Seele ist in die Schmerzen dieser Erde. Kunde davon, daß die

Schatten der menschlichen Verderbnis hinreichen bis in die Sphären des Lichts, daß Hoffnung mit Verzweiflung kämpfte in seinem, Jesu Herzen, ehe er sich entschloß, diese Menschheit vor dem Untergang zu retten, daß er seine Hände über die reinen Seelen auf dieser Erde schützend ausbreitet, um Brand und Tod zu wehren. Unendlich viele Keime menschlicher Seelen liegen noch im Garten der Erwartung und sollen auf dieser Erde erblühen" (214)! „Göttliche Kraft wirkt über die Welten hin, göttliche Gedanken ordnen den Kosmos, Jesus aber ist bei all der Unfaßbarkeit seiner Aufgaben immer ruhig, erhaben und frei" (215). „Wenn nicht Reinigung vollzogen wird und Wandlung, wenn Machtbegierden nicht Beschränkung finden, wenn eure Herzen kalt und unentzündbar bleiben vom Feuerstrahl der Liebe Gottes, dann wird der Geist des Grauens dieser Erde sich bemächtigen" (215).

„Entschlossen ist die Gottheit, der Menschheit diese letzte Prüfung – ohne Nachsicht, ohne Milde allerhöchster Richter – abzufordern. Entschlossen ist die Gottheit, falls die Liebe Jesu zu den Menschen hier im Staub der niedrigen Gesinnung untergehen sollte, ein heilig-hohes ewiges Gesetz walten zu lassen, ein Gesetz der Urnatur des Kosmos, das Untergang verlangt, wo Verderbnis wuchert. Denn ehe ein Organ des Körpers in Fäulnis übergeht und den gesamten Organismus schädigt, wird es getilgt. O ihr Menschen, entzieht euch nicht dem heiligen Walten, das der Herr geschehen läßt, um euch zu retten! Ohne Jesus ist die Welt verloren, ohne Ihn kein Heil und keine Zukunft für die Menschheit" (215)!

„Im Glorienschein seiner Herrlichkeit wirken die Gewalten, wirken die Mächte, wirken die Heerscharen der Engel. Sonnengleich überragt er (Jesus) sie alle und ist doch von menschlicher Gestalt, von menschlichem Wesen und von menschlichem Empfinden. Ohne Scheu wendet euch daher immer an ihn, auch in des irdischen Lebens Wirrsal, in des Alltags Verstrickung. Wendet euch an ihn, denn niemals empfindet er Gebete als Störung" (216)!

Im Sternenglanz der Ewigkeit

In dem zehn Jahre später erschienenen Buch „Im Sternenglanz der Ewigkeit" hat Frau Gerda Johst die ihr weiterhin gegebenen Einsprechungen nach Personen und Themen gesammelt und herausgegeben. Sie bringt hier noch „Erinnerungen" an die Engel Klarissa und Benedicta, die im „Juwel" nicht mehr Platz fanden, weiters bringt sie Aussagen anderer Engel wie z. B. Sixtus und Usebius und Botschaften von Jesus und Maria, deren sie an verschiedenen Orten und zu besonderen Zeiten gewürdigt wurde.

Wir bringen hier Auszüge aus diesem Buch, von dessen Lektüre man sich – genau wie vom „Juwel" – sehr angesprochen und tief gerührt jedesmal schwer trennen kann. Im Klappentext dieses Buches heißt es mit Recht: „Gerda Johst hat uns hier Offenbarungen vermittelt, die ein Vermächtnis für die heutige Menschheit darstellen. Wunder des Kosmos, ja der ganzen Schöpfung, werden hier enthüllt und wir erhalten Antworten auf die großen Fragen des Lebens. In diesem Band vermittelt sie auch Worte von Jesus und Maria, die uns deren Liebe und Sorge um die Welt und die Menschheit in dieser Zeitenwende mit erschütternder Eindringlichkeit vor Augen führen. Wahrlich alles in allem ein kostbares Vermächtnis an die Menschen unserer Zeit!"

Zuerst noch einmal einige ergreifende Aussagen von Benedicta und anderen Schutzengeln über das Verhältnis des Schutzengels zum Menschen, seinem Schützling:

„Siehe mein allerliebstes Herz, ich gehöre dir in einer Weise an wie kein anderer Engel, wenngleich sie alle liebevoll und zärtlich sind und dich beschützen können. Ich aber gehöre ganz allein dir an und ich werde dich niemals verlassen. Wie jeder Engel seinen Liebling sich erkor, so habe ich dich ausgewählt – erwählt. Ich liebe dich, mein Kind, und meine Liebe umschließt dich immer. Dich – das bedeutet: deine Gestalt, deinen irdischen und geistigen Körper mit der darin liegenden Ewigkeitsseele" (St 66). „Die Gebundenheit des Schutzengels an sein Menschenkind ist unlösbar" (St 106).

Den Edelstein, den ich in deiner Seele besitze, behüte ich mit all meiner Kraft und Liebe und mit der Hilfe der hohen Sternenengel, die dir geneigt sind" (St 121). „Schau nicht so oft an mir vorbei. Du beschenkst mich mit jedem Gedanken, den du an mich richtest" (St 115). „Wir Engel brauchen das wunderbare Licht der von euch ausströmenden Liebe. Wir brauchen es so, wie die Menschen die Wärme brauchen, wenn es Winter ist" (St 106).

„Du liegst, wenn du jetzt schläfst in meinen Armen" (St 116). (...) „Es ist mir eine Freude, bei dir zu sein. Es war mir immer eine Freude, bei dir zu sein" (St 118). „Menschen, die sich der schützenden und führenden Liebesstrahlung Gottes durch die Engel entziehen, geben sich dem Einfluß dunkler Mächte preis" (St 107). „Laßt euch leiten, laßt euch lenken – und das Gute erfüllt sich, das Rechte geschieht" (St 124).

DIE SCHICKSALSENGEL

Aber nicht nur mit ihrem Schutzengel hatte Frau Johst Kontakt, sondern auch mit anderen Engeln, die ihr „schicksalshaft verbunden" waren. Sie schreibt: „Die mir schicksalshaft verbundenen Engel sind außer Benedicta noch Klarissa, Usebius, Sixtus, Ezenaidas und zwei Engel, deren Namen ich nicht erfahren habe. Der lenkende Engel meines ganzen Lebens aber war und ist Benedicta" (St 61).

KLARISSA

Frau Johst berichtet weiter: „In der 'Geschichte meines Wunders', habe ich schon darüber berichtet, daß der große Umbruch meines Lebens – das Erkennen der Wirklichkeit einer jenseitigen Welt – nicht mit dem Engel Klarissa begann, sondern einige Wochen vorher, mit erschreckenden Erlebnissen. Als ich schwer krank darnieder lag, machte ich damals die Erfahrung, daß es dunkle Geister gibt, lügenhafte, böse Wesen, die einen Menschen verfolgen können und das auch tun, sobald ihnen auch nur die geringste Möglichkeit dazu gegeben wird, wie es durch spielerische Anlockung oder bewußte Anrufung geschehen kann. Ich will dem nur noch hinzufügen: Was mich damals am

186

meisten mit Angst und Grauen erfüllte, war nicht der mir angekündigte Tod, sondern die Gewißheit des Weiterlebens danach in der Macht dieser Unholde, deren Wispern ich hören und deren teuflische Reden ich verstehen konnte" (St 61-62). Benedicta war es, die mir folgende Worte zurief: „Weiße Engel stehen neben dir. Mache ein Kreuzzeichen und bete zu Gott!" Ich tat es und spürte daraufhin ganz deutlich, wie mich ein warmer Lichtstrahl schützend und heilend traf und umfing" (St 62).

Usebius und Sixtus

Die hohen Engel Usebius und Sixtus offenbaren sich in besonderer Weise. Deshalb über diese Engel eine nähere Beschreibung (St 40): Usebius wird von Benedicta als ein großer Geist der schönen Künste, der Musik und Malerei, der Bildhauerei und der Architektur, der Poeten, Dichter und Schriftsteller geschildert. Er sorgt sich auch um die Bewahrung und Reinerhaltung der Erde (Juwel 67).

Auch über den hohen Engel Sixtus erhielt sie von Benedicta folgende Belehrung: „So denkt euch Sixtus von sehr männlicher Erscheinung und Erhabenheit des Ausdrucks. Seine Augen, die in glücklichen Stunden wunderbare Wärme ausstrahlen, sind von buschigen Brauen überschattet. Sein Mund zeigt eine strenge Herbheit, die im Gegensatz zum warmen Ausdruck seiner Augen steht." „Den stärksten und lebendigsten Eindruck machte auf mich aber", so Johst weiter – „der hohe Sternenengel Sixtus. Eines Abends kam er und sprach zu mir: 'Sixtus bin ich. Sei mir gegrüßt, mein Kind! Es freut mich von ganzem Herzen, daß ich zu dir sprechen kann, denn ich bin dir aufs innigste verbunden.' Er sprach so menschlich, warmherzig, so einfach und natürlich wie ein gütiger, alles verstehender, alles verzeihender Vater zu seiner geliebten Tochter bei einer Begegnung nach langer Zeit. Sixtus versprach mir, immer für mich da zu sein, jetzt in meinem Erdenleben und später in der anderen Welt. 'Rufe mich nur an, sooft du mich brauchst, ich höre dich immer'" (St 41-42). Sixtus über sich selbst: „Ich bin aus Gott, aus Gottes Liebe. Ich bin die heilende Hand des Herrn. Ich bin Weisheit und

Güte, und ich bin es gewohnt, hinwegzusehen über ein Meer von menschlicher Unvernunft und Unwissenheit" (St 133).

Benedicta über Sixtus: „Sei gewiß, Sixtus hilft. Er greift in die Hand des Chirurgen ein. Der behandelnde Arzt wird unbewußt gelenkt, die Kraft des erkrankten Menschen wird gestärkt und die Störung somit überwunden" (St 135). Sixtus ist der hohe und höchste Heilengel, der fachkundige Helfer der Kranken und der Patron der Ärzte (siehe dazu das im Juwel Seite 222 ff. über Sixtus Gesagte).

EZENAIDAS

Noch ein Engel ist von Frau Johst als ihr besonders verbunden erlebt worden: Der hohe Schicksalsengel Ezenaidas. Sie beschreibt ihn im Juwel. „Er kam im Herbst 1977 einmal zu mir. Seine ersten Worte, die er an mich richtete, rührten mich sehr, und ich gebe sie hier wieder, weil ich erfahren habe, daß alle Menschen vom Augenblick ihrer Geburt an von hochstehenden Geisteswesen in ähnlicher Weise geliebt werden, ohne es zu wissen. „Sei mir gegrüßt, du kleines Menschenherz. Ich bin dir weit mehr verbunden als du es erahnst. Du bist mir angehörig durch deine Geburt" (Juwel 71-72). Ezenaidas weiter: „Meine Welt ist die Welt der Träume und der Schönheit (...). Meine Welt ist das Wasser, ist die Tiefe des Ozeans, darin des Lebens Urkraft liegt und die Urgewalt der Natur" (Juwel 71-72).

Im Juwel steht eine interessante Bemerkung Benedictas über die Visionen der heiligen Hildegard von Bingen. „Sie (Hildegard) erblickte erregende, beseligende und erschütternde Bilder der jenseitigen Sphären, aber sie vermochte nicht alles Erschaute richtig zu deuten. Auch ihr Geist ist (wie jedes Menschen Geist) nur begrenzt aufnahmefähig gewesen. Die großen Geheimnisse der göttlichen Sternenwelt entschleiern sich euch erst nach Jahrtausenden der geistigen Reifung und Höherentwicklung" (Juwel 242). Wir können annehmen, daß mit diesen Worten darauf hingewiesen werden sollte, daß die tiefere, kosmische Erkenntnis der Engel einem späteren Zeitalter vorbehalten ist, dem „Zeitalter der Engel", das nach Rosenberg scheinbar jetzt anzubrechen beginnt, eingeleitet durch besondere Kundgebungen und Inspirationen der Engel an auserwählte Personen.

DIE WÜRDE UND STELLUNG MARIAS IM SCHÖPFUNGSPLAN

Hochinteressant und aktuell sind die Antworten, die Frau Johst auf die Frage nach der Würde und Stellung Marias erhielt, Benedicta sagte ihr einmal:

„Maria ist als reinste Blume der Erde entsprossen. Das Göttliche mußte sich mit dem Menschlichen vereinigen, damit der Sohn als Gott und Mensch geboren werden konnte" (Juwel 236). Maria selbst gab einmal folgende Belehrung: „Ich war in Gott, bevor ich irdisch lebte, und ich kehrte zurück zu ihm wie Jesus in der Verklärung des Leibes" (St 234).

Das sind Aussagen, die eine überirdische Präexistenz von Maria bezeugen. Sie führen uns hin, wie Katharina Emmerich es formulierte, zur „Ewigen Maria", letztlich zu einer Sicht Marias, wie sie uns durch die Weisheitsbücher des Alten Bundes in der Gestalt der Chokma-Sophia-Weisheit prophetisch verkündet wurde. Die ewige Maria, die Sophia, die Braut des Logos, die in Maria Mensch wird, damit aus ihr der Logos Mensch werden kann. Die Sophia, die Mitarbeiterin Gottes bei der Schöpfung, ist auch Sophia-Maria, die Mitarbeiterin Christi bei der Erlösung, und schließlich auch die in den Himmel aufgenommene und mit Christus verklärte und verherrlichte Sophia Maria Coronata (die Gekrönte).

Klarissa gab einmal auf die Frage nach dem Platz Mariens im Himmel folgende Antwort und Belehrung im Bild einer Himmelsversammlung: „Rechts an Gottes Seite steht Jesus, links neben dem Vater ist Maria, die Mutter des Herrn. Rundherum in einem Halbkreis geordnet siehst du die höchsten Engel stehen" (St 51). Neben Maria also haben die Engel ihren Platz, die ihr zu Ehr' und Dienst beigegeben sind.

DIE SIEBEN SCHICKSALSHAFT MIT DEM MENSCHEN VERBUNDENEN ENGEL – DIE SIEBEN EIGENENGEL DES MENSCHEN

Frau Johst spricht von sieben Engeln, die ihr schicksalhaft verbunden sind. Sie schreibt: „Die mir schicksalhaft verbundenen Engel sind außer Benedicta und Klarissa noch Usebius, Sixtus, Ezenaidas und zwei Engel, deren Namen ich nicht erfahren habe. Der lenkende Engel meines ganzen Lebens aber war und ist Benedicta" (ST 61). Zwischen diesen sieben schicksalhaft mit Frau Johst verbundenen Engeln und den von der SEL angenommenen sieben Eigenengeln des Menschen bestehen offensichtliche Ähnlichkeiten und können wir Zusammenhänge feststellen.

In den hohen Engeln Klarissa, Usebius, Sixtus und Ezenaidas können wir sogar frappierende Parallelen zu den vier schöpfungsbezogenen Aspekterzengeln Sophia Marias entdecken. Diese sind Amoniel, Kosmiel, Eubiel und Sigamiel. Frau Johst hörte einmal Jesus sprechen: „Ein Heer von Schutzengeln lebt nur für die Menschen allein. Sehr viele Schicksalsengel arbeiten ständig an eurer Vervollkommnung. Ja, wenn ihr sie anruft und wenn ihr sie schalten läßt, wenn sie in eurer Nähe weilen können, dann stärken sie euch" (204).

Die sieben Eigenengel des Menschen sind nach der SEL die zwei Elternengel und der Schutzengel des Menschen, weiter seine vier Lebensengel AMONELA, KOSMIELO, EUBIELO und SIGAMELA. Die der Frau Johst speziell verbundenen Engel sind auch sieben, ihre sieben „Schicksalsengel". Es sind folgende:

Benedicta: Benedicta ist ihr Schutzengel. Er spricht zu ihr: „Siehe, mein allerliebstes Herz, ich gehöre dir in einer Weise an wie kein anderer Engel, wenngleich sie alle liebevoll und zärtlich sind und dich beschützen können. Ich aber gehöre ganz allein dir an und werde dich niemals verlassen. Wie jeder Engel seinen Liebling sich erkor, so habe ich dich ausgewählt – erwählt. Ich liebe dich, mein Kind, und diese meine Liebe umschließt dich immer. Dich – das bedeutet: deine Gestalt, deinen irdischen und geistigen Körper mit der darin liegenden Ewigkeitsseele" (St 66). Das ist eine wunderbare Beschreibung, die auch genau für unseren eigenen Schutzengel zutrifft.

Klarissa: Klarissa wird als strahlender, weißer Engel geschildert. Er spricht mit Frau Johst, die darüber berichtet. Die Gespräche mit Klarissa erfreuten und interessierten mich so sehr, daß ich am liebsten den ganzen Tag mit ihr geplaudert hätte (...). Sie (Klarissa) war von einer Hoheit und Würde, die mich immer wieder auf die Knie zwang" (54).

Wir können in Klarissa (heißt wohl die Klare, die Leuchtende und Strahlende) den Führerengel SIGAMIEL sehen, den Engel, der uns klar die wunderbaren, übernatürlichen Gnaden und Geheimnisse des christlichen Glaubens und Lebens erkennen läßt und uns zum Erleben und zur himmlischen Erfüllung dieser Geheimnisse in der Hochzeit zwischen Christus und Maria, zwischen Gott und Mensch führt. Der im Menschen wirkende Helfer Sigamiels ist der Lebensengel SIGAMELA.

Usebius: Usebius wird als der große Geist der schönen Künste, der Musik und der Malerei und der Architektur, der Poeten und Dichter geschildert (Juwel 67). Wir können in ihm wohl AMONIEL, den Erzengel der himmlischen Urbilder der Schönheit, Weisheit und Liebe sehen, der uns Menschen nahe ist in unserem Lebensengel AMONELA. Amonela ist also Amoniels Helferengel, durch den er dem Menschen besonders hilft und beisteht.

Sixtus: Sixtus ist der höchste Arzt in der jenseitigen Welt. Er sagte einmal von sich selbst: „Ich bin die heilende Hand des Herrn (St 133). Ich bringe den heiligen Stern der Hoffnung zum Leuchten, wo Lebenskraft gebraucht wir. Ich ziehe alle Kräfte an, die Mut und Halt geben". Benedicta über Sixtus: „Sixtus ist der höchste Heilengel, der fachkundige Helfer der Kranken und der Patron der Ärzte" (Juwel 22). „Sei gewiß, er greift in die Hände der Chirurgen ein. Der behandelnde Arzt wird unbewußt gelenkt, die Kraft des erkrankten Menschen wird gestärkt und die Störung somit überwunden" (St 135). „Eure Ärzte stehen vielfach im Gedankenfluss dieser geistigen Helfer" (206).

Wir können somit in Sixtus den Erzengel EUBIEL erkennen, den Engel, der für das Leben, für Wohl und Gesundheit des Menschen zuständig ist und dem Menschen nahe ist und ihm hilft durch dessen Lebensengel EUBIELO.

Ezenaidas: Ezenaidas sagt von sich selbst: „Meine Welt ist das Wasser, ist die Tiefe des Ozeans, darin des Lebens Urkraft liegt und die Urgewalt der Natur" (Juwel 71). Wir können deshalb in Ezenaidas den Erzengel KOSMIEL, den hohen Engel der Mitwirkung an der Schöpfung und der Naturverbundenheit erkennen. Er ist dem Menschen nahe und hilft ihm durch dessen Lebensengel Kosmielo.

Die zwei unbenannten Engel: Dürfen wir in diesen beiden vielleicht einen Hinweis auf die zwei Elternengel des Menschen sehen?

Diese Schicksalsengel von Frau Johst entsprechen überraschend und offensichtlich den Eigenengeln des Menschen bzw. den schöpfungsbezogenen Apsekterzengeln Sophia Marias, aus deren Gefolge die dem Menschen eigenen Engel stammen. Die Lebensengel des Menschen sind ja die spezifischen Helfer dieser hohen schöpfungsbezogenen Erzengel Sophia Marias.

Die Entsprechungen dieser schicksalhaften Engel zur SEL sind folgende:

Benedicta	– Schutzengel,
Klarissa	– Sigamiel bzw. Sigamela,
Usebius	– Amoniel bzw. Amonela,
Sixtus	– Eubiel bzw. Eubielo,
Ezenaidas	– Kosmiel bzw. Kosmielo,

sowie die zwei unbenannten Engel, die beiden Elternengel, Vaterengel und Mutterengel.

Warum gerade sieben dieser dem Menschen besonders verbundenen Engel?

Die Zahl sieben hat in der geistigen und religiösen Welt eine hohe symbolische Bedeutung. Siehe die Siebenergruppen oder Heptaden der Engel in der Geheimen Offenbarung, die sieben Engel, die vor Gottes Thron stehen (Tob 12,15). Siehe auch den siebenarmigen Leuchter, die sieben Sakramente, die sieben Gaben des Heiligen Geistes. Deshalb brauchen wir uns nicht wundern über die sieben schicksalhaften Engel von Frau Johst oder über die sieben Eigenengel des Menschen, welche die SEL annimmt. Sie sind die geheimnisvolle himmlische Leibgarde, die Gott in seiner Liebe und Sorge für uns aufgestellt hat. Das ist eine große Gnade, die wir dankbar annehmen dürfen und sollen. Ja, es wäre ein Akt törichter Gedankenlosigkeit, wenn wir diese wunderbare Hilfe Gottes ungenützt und unausgewertet beiseite ließen. Davor bewahre uns unser Lebensinstinkt und unsere bessere Einsicht, letztlich Gott in seiner Güte und Weisheit selbst.

DAS WELTALL – EIN GEWALTIGER KOSMISCHER ORGANISMUS

Interessant, instruktiv und hochaktuell sind die Belehrungen der Engel, die Frau Johst über den Kosmos erhielt. Der Sternenengel Osario sagte ihr einmal: „Ein gewaltig großes Lebewesen ist der Kosmos (...). Nicht ein Atom an euch ist tote Materie, in jeder Zelle ist Geist. Und doch seid ihr, ist jeder Mensch ein Ganzes. Also ist es doch begreifbar, wenn ihr euch das ins unendlich Große übertragen vorstellt, daß das Weltall ein ungeheuer großes Lebewesen ist. Es ist ein gewaltiger Organismus, bestehend aus Körper, Geist und Seele (...). Die Seelen, die Gott erschaffen hat, sind, alle zusammengenommen, die Seele dieses großen Gotteswesens, des Universums. Und nun denkt euch diesen großen Organismus als ein Götterbild – einen Gott ganz anderer Art als es unser Gott ist, darum sage ich Götterbild – aber ein lebendiges! Dieses allergrößte Gottesbild sollt ihr als das Reich Gottes verstehen" (97-98).

Das ist eine sehr interessante und tiefe Aussage Osarios. Er sieht die Schöpfung als Reich und Abbild Gottes, als einen gewaltigen, personalen Organismus mit Leib und Seele. Und dessen Seele wird geschildert als universale Einheit aller Seelen, d. h. aller personalen Glieder dieses Wesens. Gibt es so ein Wesen, das Reich und Abbild Gottes und Seele eines kosmischen Organismus ist?

In der jüdischen Mystik wird die zehnte Sephira Malkut, d. h. Reich, genannt. Diese Sephira wird oft mit der Gemeinde Israel, der Braut Jahwes, oder mit der Schekina bzw. mit der Chokma der Sophia in und mit ihrer Schöpfung identifiziert. Siehe dazu Gershom Scholem, Die jüdische Mystik in ihren Hauptströmungen, Frankfurt 1988, Seite 232 ff; weiters Thomas Schipflinger, Sophia Maria, Eine ganzheitliche Vision der Schöpfung, München 1988, Seite 239: Die Schekina und die Sophia in der jüdischen Tradition.

Im Buch der Sprüche wird die Sophia als die Reschit, die Arché, der Anfang und Ursprung der Schöpfung und als Mitarbeiterin Jahwes bei der Schöpfung aufgezeigt (Spr 8,22 und 30). Sie wird dadurch als die Arché und Mutter der Schöpfung, die Kosmiarcha verkündet. Im Buch der Weisheit wird die Sophia der „Spiegel von Gottes Kraft und das Bild seiner Vollkommenheit" (Weish 7,26) genannt. In diesem Buch wird von Sophia weiter ausgesagt, daß sie „ihre Kraft von einem Ende der Erde bis zum anderen machtvoll entfaltet und das All gütig durchwaltet" (Weish 8,1). Es wird von Sophia noch gesagt, daß sie „alle Geister durchdringt, die denkenden, reinen und zartesten (...) und in ihrer Reinheit (Geistigkeit) alles durchdringt und erfaßt" (Weish 7,23-24; SEL Seite 29 + 60). Mit diesen Aussagen wird Sophia als die Seele der Schöpfung vorgestellt.

An diese Hinweise aus der jüdischen Mystik und an diese Stellen der Weisheitsbücher des Alten Testamentes denken wir, wenn Osario sagt: „Die Seelen, die Gott erschaffen hat, sind alle zusammengenommen die Seele dieses großen Gotteswesens".

Wollte uns Osario dadurch auf die sophianische Dimension und Deutung der Schöpfung aufmerksam machen? Oder auf ihre christogame Erfüllung in der Kirche, die der Leib Christi ist. Gerade dieses Bild vom Leib Christi zeugt von der Einheit der Glieder der Kirche, die der Leib Christi ist. Paulus sieht diesen Leib, die Kirche, in tiefer, mystischer, ehelicher Verbundenheit mit Christus (Eph 5,32). Christus ist das Haupt dieses Leibes. Wer ist dann das Herz oder die Seele dieses Leibes? Nach katholischer Deutung ist Maria das Herz oder die Mutter dieses Leibes. Sie ist ja auch die Mutter des physischen Leibes Christi. Christus ist also das Haupt oder der Kyrios, Sophia Maria das Herz oder die Mutter der Kirche, das gilt letztlich auch für die ganze Schöpfung.
So kommen wir durch diesen Ausspruch Osarios zu einer organischen,

kosmischen und personalen Sicht des Weltalls und auch zu einer sophianischen Deutung seiner tiefsten Geheimnisse.

Zu einigen von den Engeln, wie z. B. hier von Osario, gegebenen Aussagen, die bei manchen Gläubigen Aufsehen und Zweifel erregten, bat Frau Johst um Aufklärung und erhielt von Jesus selbst folgende sehr interessante Antwort: „Denkt nicht, daß das eine neue Religion ist, die euch hier mitgeteilt wird. Die Geschichte verlangt aber, daß ihr neue Einblicke erhaltet in die Wunder des Kosmos. Erregt euch deshalb nicht. Nicht verändern wollen wir unsere Religion – nur erweitern" (S. 72).

Der geheimnisvolle, zukunftsträchtige, aber auch sehr praktische Inhalt dieser sophiologischen und kosmologischen Aussagen macht die Lektüre der von Frau Johst geschilderten Kundgebungen besonders aktuell und lehrreich. Möge daraus durch die mütterliche Liebe und Macht der Mutter und Königin Sophia Maria und das Wirken ihrer heiligen Engel reicher Segen und wirksame Hilfe für die Leser/innen, ja für die ganze Welt erwachsen.

TEIL III

Jutta Ströter-Bender:
Zwei Engel fassen einen Schöpfungsgedanken
© Frau Ströter-Bender

Sophianische Deutung: Die Elternengel imaginieren und zeugen eine Idee
bzw. eine Seele.

DIE POLARITÄT IN DER SCHÖPFERKRAFT GOTTES UND IN SEINER SCHÖPFUNG

Die Sophianische Engellehre (SEL) nimmt an, daß Logos und Sophia die Engel an ihrer polaren Schöpferkraft und Wirksamkeit teilnehmen lassen, ja daß nach diesem Ur- und Vorbild alle Schöpferkraft sich polar auswirkt. Die einzelnen Engelchöre sind polar aufeinander zugeordnet und verwirklichen in dieser polaren Synergie und Zusammenarbeit die göttlichen Ideen und Pläne der Schöpfung, sowohl gemeinsam als ganze Chöre als auch individuell als einzelne Engelpaare. Die Seraphim und Cherubim sprechen in polarer Übereinstimmung und Symphonie das Ur-Ja zu den Schöpfungsideen und -möglichkeiten von Logos und Sophia, die Herrschaften und Kräfte erkennen in gemeinsamer Schau und Planung die zu verwirklichenden universalen Ideen, Systeme und Strukturen der Schöpfung, die Fürsten und die Mächte imaginieren und konkretisieren in polarer Harmonie und Synergie die einzelnen Dinge und Wesen bis hin zu deren Reife für die Somatisation und Inkarnation. Immer sind sie paarweise am Werk, getreu dem polaren und hierogamen Ur- und Vorbild von Logos und Sophia. Auch die Thronengel (Throni) stehen in ihrer Funktion als theotrope und kosmotrope Thronengel polar im Kosmos der Schöpfung (Seite 105, 117).

DIE POLARITÄT IN DER ENGELWELT

Polarität zieht sich durch die ganze Schöpfung bis hinunter zur atomaren Welt. Schon im göttlichen Bereich sehen wir polare Relationen und Proprietäten: zwischen Gottvater und dem Heiligen Geist (Gottmutter), zwischen Logos und Sophia. Sollte die Engelwelt davon eine Ausnahme bilden?

Nein, denn ausgehend von der grundsätzlichen Analogie des geschaffenen Seins zum göttlichen Sein, kann man annehmen, daß auch in der Welt der Engel die Polarität besteht. Auch die Engel sind polar angelegt und aufeinander bezogen.

So können wir in der Tat, nach dem klassischen Polaritätsbegriff von Yin und Yang, von mehr yang-betonten und von mehr yin-geprägten, von mehr männlich bestimmten und mehr weiblich geprägten Engeln und Engelgruppen sprechen. Auf der Yang-Seite stehen die Seraphim, die theotropen Throne, die Dominationes (Herren), die Principes (Fürsten), die Männer; auf der Yin-Seite stehen die Cherubim, die kosmotropen Throne, die Virtutes (Kräfte), die Potestates (Mächte), die Frauen. Bei einigen Engelchören können wir leicht die spezifisch yang-betonten, männlichen, oder die yin-betonten, weiblichen, Eigenschaften erkennen, z. B. die männlichen bei den Herrschaften und Fürsten, die weiblichen bei den Kräften und Mächten.

Im antiken Symboldenken sind die Symbole für Mächte und Kräfte fast alle weiblich, z. B. die Krone, die Stadt (z. B. Roma) oder die Sedes (Thronlehne) des Pharao bzw. des Osiris, welche in der Isis verkörpert gesehen wird. Isis trägt auf ihrem Haupt eine Thronlehne, die auch das hieroglyphische Zeichen für Isis ist. Die Anima, Seele, wird durchwegs als Frau oder in Gestalt eines weiblichen Tieres, wie z. B. der Taube, dargestellt. Im Indischen heißt Kraft shakti. Und shakti wird klar weiblich verstanden, man spricht von den Shaktis, den weiblichen Gefährtinnen der männlichen Götter.

So verstehen wir vielleicht besser, warum die Engelchöre der Kräfte und Mächte yin-betont, weiblich, gesehen werden können. Man kann allgemein sagen: Bei den yang-betonten Wesen und Gruppen herrscht mehr das Erkennen und Wollen, das Denken und Analysieren, das Befehlen, Ordnen und Schaffen vor. Bei den yin-betonten Wesen und Gruppen überwiegt mehr das Gemüthafte, Intuitive, das Wünschen und Lieben, das Aufnehmen, Empfangen, Widerspiegeln, das charismatische Anregen, Inspirieren und Mithelfen.

Sinn dieser polaren Zuordnungen

Der Sinn solcher polarer Zuordnung und synergischer Mitarbeit besteht in einer bestmöglichen Aktualisierung der Fähigkeiten der einzelnen Partner und in einer optimalen Nutzung der gemeinsamen synergischen Bemühungen. Das sieht in der Beziehung zwischen Schutzengel und Mensch praktisch so aus: Die mehr yang-geprägten Seelen (Männer) bekommen einen mehr yin-betonten Schutzengel und umgekehrt die mehr yin-geprägten (Frauen) einen mehr yang-betonten Schutzengel. Durch diese polare Beziehung zwischen Seele und Schutzengel wird eine ganzheitliche Beeinflussung und Führung gewährleistet, die eine einseitige Kumulierung oder Verkümmerung vermeidet und eine ganzheitliche Vollkommenheit fördert. Wichtig zu bemerken ist dabei aber auch, dass aus bestimmten Gründen, z. B. wenn Konstitution und Aufgabe eines Menschen es erfordern, ein Mann auch einen yang-betonten, männlichen und eine Frau einen yin-betonten, weiblichen Schutzengel bekommen kann.

Mit der Vorstellung eines polaren Verhältnisses dem eigenen Schutzengel gegenüber, vor allem eines weiblichen Engels in Polarität zur eigenen männlichen Existenz, werden manche Menschen vielleicht ihre Schwierigkeiten haben. Es wird kritische Stimmen geben, die da sagen: „Das kennt unsere christliche Tradition nicht". Diese Behauptung ist zwar auf den ersten Blick theoretisch richtig, jedoch werden die Engel in der Praxis, z. B. von Künstlern, oft sehr feminin dargestellt. In den Abhandlungen der Theologen hingegen werden die Engel gewöhnlich geschlechtslos oder als Männer gesehen. Das mag neben anderen Ursachen wohl damit zusammenhängen, daß sie Zölibatäre waren und bewußt oder unbewußt die manichäische negative Erbschaft mancher Kirchenväter (Augustinus hing längere Zeit der manichäischen Lehre an, die besagte, die Frau sei minderwertig, weil sie dem Seinspol der Materie angehöre) teilten und dadurch verständliche Hemmungen hatten, die Engel mit solch negativen Eigenschaften zu belasten. Solche Hemmungen kannten die Künstler nicht und stellten – auch ihrem natürlichen Empfinden folgend – die Engel häufig in graziös mädchenhafter, femininer Form dar.

Andere kritische Stimmen werden verlauten lassen: „Ich brauche keinen polaren Schutzengel". Eine Frau wird sich unter Umständen wie folgt ausdrücken: „Ich habe mit meinem Mann genug Probleme, ich brauche nicht noch einen". Ein Mann wird gegebenenfalls ähnliche Argumente gegen einen weiblichen Schutzengel vorbringen. Beide gehen von negativen Erfahrungen aus und transponieren diese auch auf die Engel, was auch nur allzu verständlich ist. Diese subjektive Projektion und Beurteilung ist aber nicht auf die Engel anwendbar. Gerade sie sind das ideale geistige polare Pendant, nach dem sich die Menschen oft so sehnen. So ist diese seinsmäßige polare Qualität des Schutzengels zu seinem Schützling vielleicht eine gottgeschenkte Hilfe für den Menschen, für den es nicht gut ist, daß er allein sei (Gen 2,18), vielleicht auch ein Trost und eine Stärkung in Fällen, in denen menschliche polare Partnerschaft versagt oder unbefriedigend ist. Die Gefahr einer psychopathologischen Flucht in eine imaginäre Ersatzwelt ist dadurch zwar nicht ausgeschlossen, doch sie kann durch verantwortungsbewußten, selbstkritischen, aus dem Glauben und der Offenbarung gelenkten Umgang mit diesen Problemen vermieden werden.

Die polare Mit- und Zusammenarbeit der Engel bei der Erschaffung der Seelen

Wie in den Ausführungen zu den „Elterngeln" (siehe S.39) bereits erläutert wurde, wirken bei der konkreten Erschaffung der Entelechien oder Seelen die Engel mit, und zwar gewöhnlich paarweise, wobei der eine Teil mehr yang- und der andere mehr yin-betont ist.

Der yang-betonte Engel schaut in das Meer der Ideen, Pläne und Absichten von Logos und Sophia. Er sieht darin das, was er erfassen kann und wozu er kraft seiner Wesensart sich besonders hingezogen fühlt. Je nach dieser Sensibilität und Anziehung wird er von einzelnen Ideen, Absichten und Plänen besonders berührt. Das wirkt wie ein kreativer Traum und wie ein faszinierendes Motiv auf ihn, so daß sich der lebhafte Wunsch in ihm regt, das Geschaute zu verwirklichen. Diesen strahlenden und erleuchtenden geistigen Vorgang erlebt sein yin-betonter Partner ebenso mit und läßt sich davon auch begeistern. Er nimmt die Ausstrahlung mit Freuden auf und spiegelt sie leuchtend wider. Er setzt nun alles daran, seinem Partner bei der konkreten Verwirklichung dieses Traumwunsches, dieses faszinierenden Motives in jeder Hinsicht beizustehen (siehe Bild S. 198).

Wir können uns das so vorstellen: Der Yin-Engel hilft dem Yang-Engel, die Pläne im Detail durchzubesprechen und auszuarbeiten, ein imaginatives Konzept davon zu bekommen, das Vorgestellte konkret darzustellen, das Motiv auszumalen, den Traum zu realisieren. Er bespricht mit ihm das gemeinsam Geschaute und Erlebte, gibt konkreten Rat und Zuspruch, animiert und spornt zur Verwirklichung an. Diese Beschreibung ist natürlich symbolisch und analog zu verstehen.

Es besteht hier ein Idealfall der Beziehung und Zusammenarbeit zwischen Yin und Yang, den beiden Urprinzipien des Lebens. Die Yang- und die Yin-Engel sind also die Meister und Künstler, Väter und Mütter, gleichsam die Eltern des gemeinsam erschauten Idealbildes, d. h. dieser oder jener Idee, Entelechie oder Seele. Die beiden Engel bitten nun Logos und Sophia um die Verwirklichung dieses gemeinsam geschauten Idealbildes, um dessen Erschaffung, bei der sie in der Kraft von Logos und Sophia mithelfen.

Wenn die Entelechie oder Seele nach der tatsächlichen Erschaffung in das Stadium der konkreten Verwirklichung getreten ist, dann fällt den beiden Elternengeln (wie in der irdischen Familie) die Aufgabe zu, diese Entelechie oder Seele für die Materialisation bzw. Inkarnation vorzubereiten, wobei dem yin-betonten Teil, das ist dem Mutterengel, der größte Anteil zukommt kraft seiner Sophia ähnlichen Art und seiner yinbegabten, mütterlichen Veranlagung, die in synergischer Polarität zu den mehr logosähnlichen Eigenschaften des Yang-Engels, des Vaterengels, steht. Beide, der Vater- und der Mutterengel, imaginieren oder suchen nun für ihr Seelenkind einen passenden Schutzengel aus, welcher der Seele bei ihrer Inkarnation und in ihrem irdischen Leben helfen soll, das Ziel der Inkarnation zu erreichen. Dieses Ziel ist folgendes: Die inkarnierte Seele, der Mensch mit seinem Körper, soll mit seinem Schutzengel wieder – bereichert mit den „guten Werken" der Inkarnation, d. h. mit materialisierter Geistigkeit und mit vergeistigter Materialität – in seine ursprüngliche Heimat, in den Himmel, zurückkehren: zu seinen Engeleltern, zu den übrigen Engeln und Heiligen, zu Sophia Maria, zu Jesus Christus, um dort mit ihnen die ewige Seligkeit zu genießen, d. h. am Gottesfreudenglück der Engel und Heiligen, am ewigen Hochzeitsmahl des menschgewordenen, inkarnierten und in den Himmel aufgefahrenen Logos, das ist Christus, und seiner Braut und Mutter, der menschgewordenen, in Maria inkarnierten und in den Himmel aufgenommenen Sophia Maria, teilzunehmen.

ELTERNENGEL – SEELENKINDER – SCHUTZENGEL

DIE HÖHERE POLARE VERBINDUNG ZWISCHEN GEISTIGEN WESEN.

Nehmen wir einmal folgendes an: Ein Engel aus dem Chor der Fürsten hat einen Traum von einem Menschen, er teilt diesen Traum seinem Partnerengel aus dem Chor der Mächte mit, der dieses Traumbild begeistert aufnimmt und zu dessen Verwirklichung animiert. Beide bitten Gott und Sophia um deren Segen und formen nach diesem Bild eine Menschenseele. Sie werden die Eltern dieser Seele, und diese Seele kann ihr Kind genannt werden. Man kann auch annehmen, daß die Engeleltern manchmal, vielleicht sogar öfter als wir annehmen, ein Zwillingspaar von Menschenseelen imaginieren und zeugen. Die Zeugung der Menschenseelen durch die Engel geschieht aus ihrem polaren Grund und bewirkt oft wieder eine polare Wirklichkeit, ein Zwillingspaar. Die beiden Elternengel sind ein polares Paar, wobei der eine Pol mehr yang-betont und der andere mehr yin-geprägt ist. Sie sind Vater und Mutter der Menschenseelen-Zwillinge. Diese verhalten sich wieder polar, d. h., der eine ist mehr yang- und der andere ist mehr yin-betont. Sie sind Sohn und Tochter ihrer Eltern.

Holzstich nach Zeichnung von Gustav Doré, 1861
Illustration zu Dante Alighieri: «Die Göttliche Komödie» (1265-1321).
© Bildarchiv Preußischer Kulturbesitz

Woher kommen die Schutzengel?

Die Engeleltern imaginieren oder suchen für ihre Seelenkinder, die ja in der Erdenwelt sich inkarnieren sollen, passende Schutzengel, die die Aufgabe haben, ihnen zu helfen, das Ziel ihrer Inkarnation zu erfüllen. Die Engeleltern können diese Schutzengel ihrer Seelenkinder ebenso in der Kraft von Logos und Sophia durch Imagination erzeugen.

So neu und ungewohnt diese Annahme für die christliche Tradition auch erscheinen mag – sie ist nicht von vorneherein als unmöglich von der Hand zu weisen, wenn wir die mitschöpferische Kreativität der Engel ernst nehmen. In der jüdischen Engeltradition gibt es Bene Elohim = Engelsöhne (Schar 68, DA 74), die bei genauer Betrachtung eine wunderbare Perspektive eröffnet, nämlich die, daß der Schutzengel und die Menschenseele von den gleichen Elterngeln abstammen und somit von Anfang an eine tiefe, ja familiäre Verbindung besteht.

Die duale Lebensstruktur

Was ist ein Dual?

Immer wieder wird von höheren polaren Verbindungen zwischen geistigen Wesen gesprochen, z. B. zwischen Mensch und Engel oder zwischen Mensch und Mensch. Solche höhere Verbindungen werden auch Duale genannt. Was heißt das? Das Wort „Dual" kommt aus dem lateinischen „dualis" und heißt zweiheitlich, Zweiheit (von duo, zwei). Das Wort „Dual" kann zweifach verstanden werden:

1. grammatikalisch. Manche Sprachen, z. B. Sanskrit oder Altgriechisch, hatten neben der Einzahl (Singular) und der Mehrzahl (Plural) noch eine eigene Form um auszudrücken, daß es sich beim Benannten um zwei Dinge oder Wesen handelt. Diese Zweizahlform wird Dual genannt.

2. Das Wort Dual kann aber auch seinsmäßig verstanden werden als besonders eng verbundene polare Zweiheit von geistbegabten Wesen (Menschen, Engeln). Allerdings ist die Polarität dieser Zweiheit von einer besonderen, höheren Art. Sie ist – wenn man von einem Dual spricht – eine qualitativ höhere polare Zweiheit von geistigen Wesen, die aufgrund seinsmäßiger (ontischer) Anlagen und schicksalshafter Bestimmung eine besonders enge, innige und unzertrennliche Verbindung und Einheit bilden.

Eine gewöhnliche polare Einheit liegt vor, wenn zwei entgegengesetzte, aber aufeinander angewiesene und einander ergänzende Pole vorhanden sind, z. B. Mann und Frau. Bei einer dual-polaren Einheit kommt zur gewöhnlichen polaren Grundstruktur noch die wichtige, höhere Eigenschaft hinzu, daß sie schicksalshaft ist, d. h., daß die Dualpartner aufgrund schicksalhafter Anlagen und Bestimmung (durch höhere, schöpferische Verfügungen, Abstammung, Geburt, gemeinsame Aufgaben) besonders gut zusammenpassen und zusammengehören und dadurch eine noch innigere und unzertrennlichere Verbindung und Einheit bilden. Die beiden Dualpartner sind auf Gedeih und Verderb miteinander verbunden, sie haben gemeinsame Aufgaben, ein besonders tiefes Zusammengehörigkeitsgefühl und besitzen dadurch besonders große Einflußmöglichkeiten aufeinander.

Dualpartner können sich schon hier auf Erden treffen. Es kann aber auch sein, daß sie sich erst in einem anderen Leben begegnen und sich kennenlernen. Plato meint, ein Dualpaar sei ursprünglich eine Einheit gewesen, aber später einmal getrennt worden. Die Teile suchen sich nun einander in der Trennung und werden erst wieder eins und glücklich, nachdem sie sich wiedergefunden haben. Dann aber ist diese Einheit umso tiefer, bewußter und schöner.

Viele Weisheitslehren bauen auf der Annahme der Polarität auf, z. B. in besonders klarer und konsequenter Form die chinesische Naturphilosophie, die diese polare Seins- und Wirkweise in den Grundbegriffen Yin und Yang formuliert hat. Viele Religionen haben das polare Prinzip in einer polaren Gottesgestalt gesehen, z. B. die Inder in Shiva und Shakti, die Ägypter in Isis und Osiris. Dazu paßt, daß die Hauptsymbole der meisten Religionen Polaritätssymbole sind, z. B. der Davidstern, Halbmond und Stern, auch das Kreuz ist im Grunde ein polares Symbol.

In der Heiligen Schrift ist öfters von Polarität die Rede. Gleich zu Beginn lesen wir: „Lasset uns den Menschen machen nach unserem Bild und Gleichnis! Und Gott schuf den Menschen als sein Bild. Als Gottes Bild schuf er ihn. Er schuf ihn als Mann und Frau" (Gen 1,26-27). „Schau auf jedes Werk Gottes, sie alle sind paarweise, eines entsprechend dem anderen" (Sir 33,15). „Wie lieblich sind all seine [Gottes] Werke und wie herrlich anzusehen sind sie alle. Sie sind von einander verschieden, doch keines hat er so gemacht, daß es entbehrlich wäre. Das eine entspricht in seinem Wert dem anderen. Wer wird satt, diese Schönheit zu schauen" (Sir 42,24)?

EINE DUAL-JUGALE VERBINDUNG ZWISCHEN SCHUTZENGEL UND MENSCH?

In der SEL wird grundsätzlich die Möglichkeit einer speziellen polaren, d. h. dual-polaren Verbindung zwischen dem Schutzengel und seinem Schützling angenommen, die auch mit dem Ausdruck „dual-jugal" oder einfach „jugal" bezeichnet wird. Diese dual-jugale Verbindung gründet auf folgenden Voraussetzungen:
1. auf dem Vorhandensein einer echten polaren Beziehung und
2. auf der Voraussetzung besonders gut polar zueinander passender Anlagen der Partner und einer schicksalshaften höheren Bestimmung.
Wenn diese Voraussetzungen zutreffen, können wir von einer solchen dual-polaren oder „dual-jugalen" Verbindung und Einheit sprechen.

Die dual-jugale Gemeinschaft ist also keine allgemeine Seinsform wie die Polarität, sondern eigentlich ein Sonderfall. Wo, warum und wie können wir einen solchen Sonderfall erkennen oder annehmen? Theoretisch aus der philosophischen und religiösen Tradition, die immer wieder davon spricht, praktisch aber können wir das nur erfahren aus der persönlichen weisheitlichen Intuition, mittels derer diese spezielle polare Verbindung intuitiv erkannt oder als schicksalshaft erahnt und erspürt wird.

Solch eine dual-jugale Gemeinschaft muß als besondere Gnade angesehen werden. Wer diese Gnade bekommen oder nicht bekommen hat, d. h. in wessen Leben sie von Gott eingeplant ist oder nicht, das ist ein Geheimnis, so wie es auch ein Geheimnis ist, wenn jemand zu einer besonderen, herausragenden Sendung berufen wurde.

Eine dual-jugale Gemeinschaft kann zwischen Menschen, d. h. zwischen Mann und Frau, aber auch zwischen dem Schutzengel und seinem Schützling bestehen. Wenn sich nun jemand für die Engel interessiert, sich zu ihnen – besonders zu seinem Schutzengel – hingezogen fühlt und in Gebet und Meditation, aber auch im alltäglichen Leben öfters spontan und spürbar in Kontakt mit ihnen kommt, wenn er sich gleichzeitig angetrieben fühlt, die praktischen Konsequenzen aus der Hingabe an seinen Engel zu ziehen und mit ihm zusammenzuarbeiten, z. B. auf seine Inspirationen zu hören und ihnen zu folgen, mit ihm zu sprechen, ihn zu bitten und ihm zu danken, so darf darin ein sicheres Zeichen gesehen werden, daß eine dual-jugale Verbindung zwischen Mensch und Schutzengel besteht, daß diese auch klar erkannt und konkret erfahren wird.

Je nach Anlage und Berufung wird sich auch die bewußtseinsmäßige Erfahrung einstellen. Im Falle einer echten dual-jugalen Verbindung kann diese Erfahrung bis zu einem Erleben innigster, ja hierogamer Einheit und Liebe führen. Es ist die große Chance, ja auch die Aufgabe eines angelisch jugal veranlagten und begnadeten Menschen, alles zu tun, um diese wunderbare Möglichkeit zu nutzen und deren Aktualisierung immer tiefer zu erleben. Mehr Menschen – mehr als wir vermuten – haben diese Anlage und Möglichkeit, doch sehr wenige kommen zu einer bewußtseinsmäßigen Aktualisierung und Erfahrung dieser gnadenhaften Berufung. Es ist Aufgabe der weisheitlichen Engelkunde und der sophianischen Angelologie, den Menschen diese wunderbare, gnadenhafte Möglichkeit zu verkünden und ihnen zu helfen, sie zu erkennen und zu erleben. Deshalb wird in der SEL immer wieder von der polaren und dual-jugalen Form der Engel-Mensch-Beziehung gesprochen und versucht, ihre Natur und ihr praktisches Leben aufzuzeigen.

Eine analoge, wenn auch wesentlich vollkommenere, jugale Einheit besteht schon auf der göttlichen Ebene. In der jüdischen Tradition wird eine solche jugal-polare Einheit zwischen Jahwe und Chokma (Sophia), zwischen Jahwe und Israel angenommen, in der christlichen Lehre können wir sie sehen zwischen Gott-Vater und dem Heiligen Geist (Gott-Mutter), zwischen dem Logos und der Sophia, Christus und Maria. Auch in der Engelwelt gibt es eine solch spezielle polare, d. h. dual-jugale Abgestimmtheit. In der Menschenwelt gibt es die polare Einheit von Mann und Frau sowie die Möglichkeit einer dualen Überhöhung und Sublimation. In der schon auf göttlicher Ebene bestehenden Jugal-Gemeinschaft ist also auch die archetypische Möglichkeit einer dual-jugalen Existenzform der anderen Seinsstufen, z. B. zwischen Engel und Mensch und zwischen Mensch und Mensch, begründet.

BEKANNTE SYMBOLE DER POLARITÄT, DIE TIEFE METAPHYSISCHE UND RELIGIÖSE WIRKLICHKEITEN AUSDRÜCKEN.

Das chinesische Yin-Yang-Zeichen – das klassische Symbol der Polarität: Die zwei kosmischen Urprinzipien von Yin (weiblich) und Yang (männlich), innigst verbunden und zusammengehalten im Kreis des Absoluten, in Dao.

Das Salomonsiegel – zwei polar übereinander liegende Dreiecke: Gilt als Symbol für die tiefste polare Vereinigung von Gott und Schöpfung, von Jahwe und Sophia, von Jesus Christus und Sophia Maria.

Das Christus-Monogramm im Kreis – Zeichen für Christus im Schoß Mariens: Der Kreis ist Symbol für den Schoß Mariens; Maria wird noch eigens angedeutet durch das M, das im Kreis und im X eingeschrieben ist.

DIE ENGEL – ZEICHEN DER KOSMISCHEN LIEBE GOTTES

Durch die Tatsache, daß der Engel mit dem Menschen so eng und auf so innige Weise verbunden ist, wird der kommunikative und inkarnatorische Heilswille und Ratschluß Gottes bestätigt, fortgesetzt und erfüllt. In Gott besteht der Wille zur totalen Kommunion, zur Verbindung und Einheit des Himmels mit der Erde, des Geistes mit der Materie, der Übernatur mit der Natur. In der engen und innigen Verbindung des Engels mit dem Menschen wird dieser kommunikative Wille Gottes ganz konkret, individuell und persönlich Wirklichkeit.

Die dual-jugale Verbindung des Engels mit dem Menschen ist also ein deutliches, ja unübersehbares Zeichen von Gottes universalem kommunikativen Heilswillen, das nur durch die Erschaffung und Somatisation der menschlichen Seele und vor allem durch die Inkarnation der Sophia und des Logos noch übertroffen wird, die der Höhepunkt und die Krönung dieses universalen Kommunikations- und Heilswillens Gottes ist. Diese dual-jugale Engel-Mensch-Verbindung ist also das dritte wunderbare Zeichen der Verwirklichung des liebevollen Willens Gottes zur universalen Vereinigung der Schöpfung und besonders des Menschen mit ihm.

Durch die enge und innige Verbindung des Menschen mit dem Engel wird die Erdenwelt in einer neuen, wunderbar ergänzenden Weise hineingenommen in die Himmelswelt, und zwar auf der Basis der individuell-personalen Verbindung, Kommunion und Einheit des Menschen mit seinem Engel. Da jeder Mensch einen Schutzengel hat, wird dadurch ein universales Netzwerk von kosmischer Kommunikation und Einheit geschaffen.

Diese grundsätzliche Verbindung zwischen Engel und Mensch wird ermöglicht durch die seinsmäßige Verbindung des einzelnen Menschen mit der Sophia, d. h. mit dem urentelechialen Muttergrund aller Schöpfung, und vollendet durch die sakramentale Verbindung mit Christus in der Taufe und besonders in der heiligen Kommunion.

Durch seine enge und innigste Verbindung mit dem Schutzengel erfährt und erlebt der Mensch, daß er einen Stützpunkt und das Heimatrecht im Himmel besitzt und daß er einen ganz persönlichen, himmelskundigen Vermittler, Führer und Helfer zum und im Himmel hat, der ihn in alles Himmlische bestens einführen und ihn mit himmlischer Inspiration und Kraft ausstatten kann. Sicher können Jesus und Maria das noch viel besser, sind sie doch die Krone der Schöpfung im Himmel und auf Erden. Doch gerade sie haben uns die Engel dazu erschaffen und zugewiesen, damit sie uns ganz individuell und persönlich helfen und führen. Gerade sie wollen, daß wir durch und über die Engel zu ihnen gehen und sie durch die Engel wirken lassen. Die Engel sind von Amts wegen, ganz offiziell dazu aufgestellt, und wir tun gut daran, das zu akzeptieren und zu respektieren und uns normalerweise daran zu halten und den Weg zu ihnen über und durch die Engel zu gehen.

Das besagt nicht, daß wir in besonderen Fällen nicht auch direkt zu Maria oder zu Christus gehen und uns an sie wenden dürfen und sollen. Der Engel respektiert in jeder Weise unsere persönliche Freiheit sowie individuelle Umstände. Er wirkt nur, wenn er darum gebeten wird. Sein Ziel und seine Freude ist es, uns möglichst eng mit Maria und Christus zu verbinden.

DIE SOPHIANISCHE ENGELKUNDE IN DER FÜLLE KOSMISCHER ZUSAMMENSCHAU

EINFÜHRUNG

Sowohl im Christentum als auch im Judentum gibt es eine reiche, tiefe und hochinteressante Tradition über die Engel, wenn darin auch manch Phantastisches, ja sogar Widersprüchliches enthalten ist. In der Heiligen Schrift wird die Existenz von Engeln vorausgesetzt. Sie gehören – wenn auch vielschichtig verstanden – zum jüdischen und auch zum damaligen außerjüdischen Weltbild. Im Alten Testament werden ungefähr 300 mal Engel genannt, im Neuen Testament ungefähr 240 mal.

Die Ideen und Urgestalten (Archetypen), die dieser Engeltradition zugrunde liegen, sind von großer tiefenpsychologischer Aussagekraft und heute oft geradezu frappierender Aktualität. Wurde diese Engelüberlieferung lange Zeit von einer rationalistischen Denkweise verdrängt und als nutzloses Phantasieprodukt angesehen und abgetan, so wird sie im Zuge einer ganzheitlichen Orientierung und einer dem Metaphysischen zugewandten Öffnung der Wissenschaft heute wiederentdeckt, wobei deren Schätze für das Leben der Menschen theologisch, tiefenpsychologisch und spiritualitätsbezogen gehoben und ausgewertet werden.

Unsere bekannte christliche Engeltradition gründet in jüdischen und zum Teil altorientalischen Vorstellungen, die in der neutestamentlichen Bibel weiterwirken. In zahlreichen apokryphen Schriften – von protestantischen Exegeten Pseudoepigraphen genannt – wurde sie erweitert und um viele, jedoch symbolkräftige, oft interessante Details bereichert. Die christlichen Schriftsteller und Kirchenväter haben davon wesentliche Inhalte rezipiert und erweitert.

In der Neuzeit wurde die Existenz der Engel wieder tiefer erkannt und die Lehre über die Engel unter Einbeziehung der sogenannten Naturgeister in ganzheitlicher kosmischer Zusammenschau dargestellt.

Bei der Fülle neuer Einsichten und Erkenntnisse, die man dankbar und ehrfürchtig, wenn auch mit gebotener nüchterner Unterscheidung auf- und annehmen darf, soll man die Schätze der Tradition nicht außer acht lassen, denn sie enthalten viel Gutes, das im Interesse des Ganzen gewahrt werden muß als Grundstein für eine lebensfähige Zukunft. Man darf und soll sogar die gewachsenen Traditionen anderer Religionen und Kulturen als Edelsteine in das wunderbare Mosaik oder als goldene Fäden in den herrlichen Teppich einer ganzheitlichen Sophianischen Engelkunde einweben.

DIE NATURGEISTER

DIE NATURGEISTER UND IHRE STELLUNG ZUM MENSCHEN UND ZU DEN ENGELN

Die Güte und Liebe Gottes hat dem Menschen Engel zu seinem Schutz und Dienst zugeteilt, nach der SEL sind dies die drei Familienengel und die vier persönlichen Lebensengel des Menschen. Wie in den Ausführungen zu „Die Lebensengel des Menschen und ihre Helfer" bereits dargestellt (siehe Seite 38 ff.), sind diesen Engeln vom Schöpfer noch weitere Helfer und Mitarbeiter aus dem Reich der Natur zugedacht.

Die Erfahrung und das Wissen naturverbundener Menschen und Völker spricht immer wieder davon, daß dem Menschen solche Helfer auch aus dem Reich der Natur zu Hilfe kommen können. Sie werden Naturseelen oder -geister genannt. Wir kennen sie als Elfen, Nixen, Nymphen, Zwerge u. a. Im Plan Gottes ist die ganze gute Naturgeisterwelt zum Dienst an der Natur und am Menschen geschaffen. Sie helfen je nach Zuordnung und Zuwendung den Tieren, den Pflanzen, ja dem ganzen Bereich der Natur. Sie helfen nach besonderer Wahl, Verwandtschaft, Zuwendung und Bestimmung auch dem Menschen, und zwar gewöhnlich in seinen mehr erdgebundenen Anliegen, Pflichten und Arbeiten, in den materiellen Dingen und in der natürlichen Umgebung wie Haus und Garten, Wohnung und Arbeitsplatz, Beruf sowie beim Arbeiten, Erholen und Ruhen in diesen Räumen und Gebieten. Sie bewohnen unsichtbar diese Räume, sie prägen ihnen ihre Atmosphäre auf, sie behüten die Werkzeuge und Maschinen darin und helfen auch dem Menschen dabei, damit richtig, sach- und fachgemäß umzugehen, vor allem in Harmonie mit allem zu leben – vorausgesetzt allerdings, daß man sie darum bittet und ihnen dankt. So gibt es Naturgeister des Hauses und des Gartens, aber auch der Felder und Wälder, der Gewässer und der Luft, der Berge und der Täler, der Pflanzen und Tiere, insbesondere auch der heilenden Wasser, Moore und Kräuter.

Häufig bilden diese um einen Menschen herum wesenden Naturgeister eine Art Gemeinschaft, der ein Lebensengel des Menschen – gewöhnlich ein Engel des Ortes und der Arbeit oder ein Engel der Heilung und Gesundheit – vorsteht. Dieser Engel ist dann der Führer und die Naturgeister sind seine Assistenten, sein Gefolge im Dienst am Menschen. Der Orts- und Arbeitsengel des Menschen wirkt mit den orts- und arbeitsbezogenen Naturgeistern zusammen. Da er seiner Natur entsprechend aus der Engelgruppe stammt, die dem kosmiarchischen Aspekt angehört, können wir ihn der Gruppe der KOSMIELI zuzählen. Wahrscheinlich ist er im konkreten Fall identisch mit dem persönlichen, individuellen Aspekt- oder Lebensengel des Menschen, KOSMIELO. Dieser Engel übernimmt dann auch die Führung der Naturgeister, die besonders mit der örtlichen und kosmischen Dimension der Natur verbunden sind. Wir können sie die KOSMOGENIEN nennen.

Es fragt sich weiter, ob unter den Naturgeistern auch solche zu finden sind, die sich zu einer anderen Aspektgruppe hingezogen fühlen oder dieser zugeordnet werden können. Das ist ohne Zweifel der Fall. Es gibt nämlich auch Naturgeister, die hinter den Heilkräutern und natürlichen Heilmitteln, wie z. B. Wasser, Moor u. a., stehen. Heilmittel gehören zum eubiarchischen Aspekt und ebenso die Geister, die in ihnen wirken. Sie werden sich mit Vorliebe einem eubiarchischen Aspektengel anschließen. Konkret bedeutet das: Sie begeben sich unter die Führung eines Engels, der aus der Gruppe der EUBIELI stammt. Der individuelle, persönliche eubiarchische Lebensengel eines Menschen wird EUBIELO genannt. Dieser führt dann auch die Naturgeister, die dem eubiarchischen Aspekt nahestehen, diese können wir die EUBIGENIEN nennen.

Die Römer nannten die Naturgeister Genien (genius, Mehrzahl genii, Anredeform: geni). Das Wörterbuch erklärt „Genius" als Schutzgeist, der den Menschen durch das Leben begleitet und Leid und Freud mit ihm teilt; auch jedes Ding, jeder Ort, jeder Staat hat seinen Genius. Wir kennen in unserer Sprache verschiedene Namen für diese geistigen Naturwesen: Gnomen, Elfen, Nixen, Feen, Nymphen u. a. Diese Wesen sind normalerweise für den Menschen unsichtbar. Sie sind ihm gegenüber gewöhnlich auch freundlich und gutgesinnt, wenn er sie anerkennt und ihnen nichts in den Weg legt. Sie sind auch hilfreich und zur Hilfe bereit, wenn sie darum gebeten und ihnen dafür gedankt wird. Wie oben ausgeführt, unterstellen sie sich gerne den Engeln des Menschen und helfen unter ihrer Leitung willig mit zum Wohle ihres Schützlings.

Der Mensch kann und soll eine Beziehung des Vertrauens und der Liebe zu diesen seinen Naturgeistern haben. Er soll sich ihrer Wohlgesinntheit und Hilfsbereitschaft bewußt sein, ihnen seine Zuwendung und Dankbarkeit bezeugen, sie immer wieder um ihre Hilfe anrufen und sie um ihre Mitarbeit ersuchen, denn das betrachten sie als Zeichen der Zuneigung und des Vertrauens.

So eine vertrauensvolle Beziehung sucht auch nach Namen und Ausdrucksformen. Was die Namen anbetrifft, können wir diese hilfreichen und gutgesinnten, dem Engel sich unterstellenden und ihm helfenden Naturgeister mit dem aus dem Lateinischen stammenden Wort „genius" als Genien bezeichnen. Das Wort Genien oder Eugenien, um ihre Wohlgesinntheit und Hilfsbereitschaft besonders zu betonen (eu = gr. gut), bildet nicht nur eine linguistisch plausible Ableitung des lateinischen Ausdrucks „genius", sondern auch eine überraschende, akrostichische, d. h. aus den einzelnen Buchstaben des Wortes „genius" sich ergebende Bedeutung: G = Gnomen, E = Elfen, N = Nymphen, Nixen, Naturgeister. Das I + U + S sagt etwas heute sehr Wichtiges über deren Aufgabe aus: sie sind intensiv interessiert am Umweltschutz. Sie sind demnach die idealen Umweltschützer, sie helfen dem Menschen gerne bei dieser heute so aktuellen Aufgabe.

Als Genien oder Eugenien werden also Naturgeister bezeichnet, die sich in ihrer menschenfreundlichen Wohlgesinntheit und Hilfsbereitschaft den beiden Lebensengeln Kosmielo und Eubielo in ihrem Dienst am Menschen zur Verfügung gestellt haben.

Der Engel, der dieser Genien- oder Eugenien-Gruppe vorsteht, kann deshalb PRÄGENIEL genannt werden, d. h. der Engel (el), der den Genien (gen) vorsteht (prä heißt vor, vgl. Prälat oder Präses, Vorsitzender). Prägeniel ist also der Engel, der über die Genien gestellt und ihnen vorgesetzt ist. Er ist der Prägeniel, der Führerengel der wohlgesinnten Naturgeister oder Eugenien, die sich ihm unterstellt haben in seinem Dienst am Menschen.

Bei näherer Betrachtung kann diese „Prägeniel-Führungswürde" besonders bei den beiden Lebensengeln KOSMIELO und EUBIELO gesehen werden. Somit ist Kosmielo der Prägeniel der kosmischen Eugenien, der KOSMOGENIEN, und Eubielo der Prägeniel der eubiotischen Eugenien, der EUBIGENIEN.

DIE EUGENIEN IN DER HIERARCHIE DES KOSMOS

Da die Engel, die die Prägeniel-Würde und -Aufgabe besitzen, besonders eng mit den Naturgeistern und dadurch mit der Natur verbunden sind, stehen auch die Menschen, die ihre Lebensengel Kosmielo und Eubielo als Prägenieli sehen und verehren, in einem besonders engen und innigen Kontakt mit der Natur.

Jedes Ding und jedes Wesen in der Natur hat seine Entelechie, seine Seele, seinen Geist, der sich in seinem „Genius" konkretisiert. Auch die Gruppen der einzelnen Dinge und Wesen haben ihre Seele, die Gruppenseele. Und alle Gruppenseelen haben in einer Allseele, in der Weltseele, ihren Ursprung und erhalten von dort ihre Steuerung und Führung. Die SEL sieht in der Sophia diese Weltallseele. Sophia ist die Urmutter und Urseele der Schöpfung. Wir können sie deshalb die Kosmiarcha nennen.

So können wir in einer meditativen Naturbetrachtung von einem Baum zu seiner Seele und von dieser Baumseele zur Baum-Gruppenseele und von dieser zur Seele aller Schöpfung, zur Weltallseele, d. h. zur Sophia Kosmiarcha als Mutter der Natur oder als „Mutter Natur" aufsteigen.

So kann die naturbezogene Sicht und Verehrung der Lebensengel Kosmielo und Eubielo und ihrer Genien zu einer tieferen Erkenntnis der Natur und ihrer hintergründigen geistigen Welt führen und somit eine große Hilfe zu einer richtigen Naturverbundenheit, Naturverehrung und Naturmystik sein. Man kann diese Art der „Naturverehrung" auch „Natur-Eusebie" nennen. In dem Wort Natur-Eusebie wird diese Naturverbundenheit und Naturverehrung richtig erkannt und praktiziert. Das griechische Wort „eusebeia" bedeutet nämlich Ehrfurcht und Verehrung, Frömmigkeit, aber auch schuldige Pflicht gegenüber dem „Objekt", der Person oder dem Gegenstand der Ehrfurcht und Verehrung. Und bei der Natur-Eusebie ist eben die Natur das „Objekt" der Ehrfurcht und Verehrung, die man nicht bloß dann und wann gnädig erweist, sondern die man als Pflicht schuldet.

Wir können und müssen also unterscheiden zwischen Naturreligion, die sich als eigene Religion versteht, und Natur-Eusebie, die eine ganzheitliche geistige Haltung des Menschen ist und in jedem Menschen, besonders in jedem Christen präsent und wirksam sein soll. Eine solche Natur-Eusebie ist eine integrierende Forderung und ein wesentliches Merkmal jeder ganzheitlichen Religion, deshalb besonders der katholischen, deren Name ja allumfassend, ganzheitlich bedeutet.

Durch die Hinordnung auf die Sophia und letztlich auf Gott – Sophia ist ja die mitschöpferische und synergische Braut des Logos – wird die Gefahr eines Naturpantheismus, aber auch einer nur immanenten Naturreligion vermieden.

Wir sehen hiermit auch, daß wir als Christen die Natur, ihre äußere Erscheinung und ihre geistigen Prinzipien (Ideen, Entelechien, Seelen, Geister, Engel) nicht von der Religion trennen dürfen, sondern sie in einer wahrhaft katholischen, das bedeutet universalen und ganzheitlichen Sicht und Synthese in die Theologie und religiöse Praxis voll und ganz integrieren sollen.

In diesem Zusammenhang sei eine wichtige Bemerkung gestattet: Die Theologie muß als Wissenschaft ohne Zweifel sich der Mittel der Ratio und des diskursiven Intellektes bedienen. Sie darf dabei aber nicht stehenbleiben und sich darauf beschränken oder gar alles, was die Ratio oder den Intellekt übersteigt, als nicht existent oder unwissenschaftlich betrachten, d. h. einseitig einem exklusiven und exzessiven Rationalismus verfallen. Das wäre ihr Tod. Die Theologie muß sich auch, ja vor allem, der Mittel der Intuition, der ganzheitlichen Zusammen- und Tiefenschau bedienen, in Gebet und Meditation das Mysterium und dessen Strahlen in der Offenbarung und in der Natur, aber auch in der Religionsgeschichte und Mythologie und in deren Symbolen (Symbolkunde) betrachten und erforschen. Nur das ist eine lebendige, fruchtbare Theologie. Und zu dieser wird der Theologe und der sich bemühende Christ nur kommen, wenn er den Heiligen Geist und sein vollkommenstes Abbild und Wirkmittel in der Schöpfung, die Heilige Weisheit = die Hagia Sophia, darum anfleht und in sich wirken läßt.

In Gebeten und Anmutungen, die sich im Anhang dieses Buches befinden, können wir die Beziehungen, die zwischen den Naturgeistern, den Menschen und den Engeln bestehen, betrachten und spirituell nachvollziehen.

SYMBOLGESTALTEN DES SCHUTZENGELS AUS DER RELIGIONSGESCHICHTE

DER BODHISATTVA AVALOKITESHVARA

Es sei gestattet, die bereits näher erklärte und beschriebene (siehe Seite 44 ff.) Funktion und Tätigkeit des Schutzengels dem Menschen gegenüber auch aus buddhistischer Sicht zu beleuchten:

Im Buddhismus wird der Bodhisattva Avalokiteshvara verehrt. Avalokiteshvara (sanskr.) heißt soviel wie „Der mitleidsvoll herniederblickende Herr". In Tibet wird er Tschenresi „Der Große Mitleidsvolle" genannt.

Es existiert ein Bild, auf dem der Bodhisattva auf einem Lotosthron sitzt und von einer strahlenden Mandorla umgeben ist. Er hat drei Köpfe und vier Hände. Die Hände halten als Attribute einen Dreizack, eine Lotosblüte und eine Schlinge um die Finger gewickelt, eine Hand ist frei und erhoben in der Geste der Schutzverheißung und -gewährung (sanskr. abhaya-mudra heilige Geste, die das Böse abwehrt und von Furcht befreit).

Das Wort „Bodhisattva" (sanskr.) bedeutet ein Wesen (sattva) der Erleuchtung und Weisheit (bodhi), also ein weisheitsvolles, erleuchtetes, himmlisches Wesen. Nach der buddhistischen Mythologie verzichtet der Bodhisattva auf seine himmlische Seligkeit, um den Menschen und auch den Wesen in den anderen Welten zu helfen. Die fürstliche Kleidung und der königliche Schmuck, den der Bodhisattva trägt, sowie sein strahlendes Wesen sind Zeichen der Würde, der geistigen Macht und Verklärtheit. Die drei Köpfe und vier Hände sind Symbole für göttliches, umfassendes, ganzheitliches Sinnen und Trachten, Wirken und Schaffen. Drei ist die Zahl des Himmels und der grundlegenden Synthese, vier ist die Zahl der mit dem Himmel verbundenen Erde, d. h. der vollzogenen Synthese und Integration, Ganzheitlichkeit und Vollkommenheit. Mit den drei Köpfen und den vier Händen soll die ganze, Himmel und Erde, alles umfassende Universalität des Trägers dieser Zahlenkombination und deren Symbolik gezeigt werden.

In dieser Bodhisattva-Darstellung kann symbolisch sehr gut Sein und Wirken des Schutzengels aufgezeigt werden. Auch der Schutzengel kommt aus dem Himmlischen und steigt in die Welt herab, um dem Menschen zu helfen, zu einer integrierten Vollkommenheit zu kommen. Die fürstliche Kleidung und das strahlende Wesen sind treffende Symbole für die Würde, geistige Macht, Schönheit und Verklärtheit des Schutzengels.

Näher betrachtet können wir die drei Köpfe und die vier Arme als Zeichen für die wesentlichen anthropophilen Beziehungen des Schutzengels für seine sieben hauptsächlichen Einwirkungsweisen auf den Menschen sehen: das sind die drei familiären als Archetyp, Ur- und Vorbild,

Der Bodhisattva Avalokiteshvara
Buddhistische Ikone, in Tibet Tschenresi genannt
© Akademische Druck- und Verlagsanstalt; Graz

als Adelphos, Zwilling, (Bruder oder Schwester) und als Jugamel (Braut oder Bräutigam) in hierogamer Partnerschaft und als die vier lebenspraktischen Aspekte als Archegos, Synergos, Iater und Kustodiel.

Die vier Arme mit ihren symbolischen Attributen (Lotos, Dreizack, Handhaltungsmudra, Schlinge) zeigen die einzelnen auf den Menschen gerichteten Tätigkeiten des Schutzengels an. Sie decken sich mit den aspektuellen Funktionen des vierfach guten Schutzengels.

1. Die auf dem Lotos (Symbol des reinen, himmlischen Ursprunges) ruhende Hand weist auf die archegetische Funktion des Schutzengels als Archegos hin. Er inspiriert mit himmlischer Kraft und Vollmacht, treibt an, initiiert und führt.

2. Der Dreizack als Symbol der Arbeit (des Fischfangs) und des Kampfes weist auf seine synergische Funktion als Synergos hin. Er arbeitet, kämpft und wirkt mit seinem Schützling mit.

3. Die freie Hand mit der Geste der Schutzgewährung und Furchtbefreiung (Abhaya-Mudra) weist auf die eubiotische Funktion des Schutzengels als Verheißer und Überbringer der Iatria, d. h. des Heiles und der Heilung, hin. Iatria ist ein griechisches Wort und bedeutet Heilung, Heil, Schutz, Wohlergehen (vgl. dazu das verwandte Wort Iater heißt Arzt, Heiler, Retter, z. B. Psychiater). Der Schutzengel in seiner Funktion als Iater ist Arzt und Heiler, er schützt, bringt wieder und bewahrt Heil, Gesundheit und Wohlstand.

4. Die Schlinge ist Zeichen des Gehalten- und Beschütztwerdens, womit die Funktion des Schutzengels als Kustodiel, Bewacher, angedeutet wird. Die Schlinge ist aber auch Symbol der Verbindung und der Verbundenheit und versinnbildlicht somit die hierogame Verbundenheit des Schutzengels mit dem Menschen, mit dem er auf geheimnisvolle jugale und mystogame Weise innigst verbunden ist. Als solcher heißt er Jugamel und wird mit diesem Namen auch angerufen. Er ist der große mystogame Liebhaber des Menschen. Die Hand, welche die Schlinge trägt, weist auf den Edelstein im Solarplexus der Bodhisattva-Gestalt hin. Das will hier sagen, daß diese dual-jugale hierogame Verbundenheit der große Schatz, der große Edelstein sowohl für den Engel als auch für den Menschen ist.

Der Bodhisattva ist auch von einer leuchtenden, kreisförmigen Mandorla umschlossen. Lotos und Mandorla symbolisieren den Schoß der Urmutter Sophia, aus dem er geboren und in dem er geborgen ist und aus dem heraus er im Namen und im Auftrag der Allmutter Sophia Maria, der Angelarcha, für den Menschen wirkt.

Die vier Blumen außen an der Mandorla unterstreichen die Vierzahl der menschenbezogenen Funktionen und Tätigkeiten des Schutzengels noch einmal und zeigen, daß sie wunderschöne Früchte bringen. Sonne und Mond ganz oben wollen als typische Polaritätssymbole die hierogame Stellung und Funktion des Schutzengels seinem Schützling gegenüber besonders in Erinnerung rufen.

Auf diesem buddhistischen Thanka (Bild, Ikone) dürfen wir nach der hier vorgelegten Deutung in dem Bodhisattva mit den drei Köpfen und den vier Händen ein Symbol des Schutzengels in seinen drei trinitätsbezogenen und in seinen vier menschenbezogenen also sieben Hauptbeziehungen sehen, die übrigens auch in den sieben Edelsteinen der Krone symbolisiert sind.

Eine grundsätzliche Frage: Können wir überhaupt ein Bild aus einer anderen Religion in unserem, d. h. christlichen Sinn deuten? Wir können das, weil hinter all diesen religiösen Vorstellungen und Bildern gemeinsame archetypische Urmuster liegen, die von den einzelnen Kulturen und religiösen Traditionen auf verschiedene Weise geistig vorgestellt und konkret in Bildern dargestellt werden.

Aufgrund des Wirkens der Sophia, „die, obwohl nur eine und in sich selbst stets gleichbleibend, von Volk zu Volk in heilige Seelen eingeht und Freunde Gottes und Propheten (bei allen Völkern) schafft" (Weish 7,27), dürfen wir annehmen, daß sie auch in diesen Bildern sich selbst und ihre Welt (Engel und Menschen) zeit- und volksgemäß und dem Stand der geistigen Entwicklung entsprechend ausdrücken wollte. Und so ist es auch nicht falsch, ja legitim und sehr lehrreich, Symbole und Bilder aus anderen religiösen Traditionen und Kulturen zur Deutung des christlichen Glaubensgutes heranzuziehen. Möge dieses Bild uns helfen, die Würde des Schutzengels besser und tiefer zu erahnen!

Die Ägyptische Göttin Maat als Symbol der Sophia und des Schutzengels

Unter den vor- und außerchristlichen archetypischen Darstellungen der Sophia (und des Schutzengels) gibt es eine außerordentlich eindrucksvolle: die der ägyptischen Göttin Maat.

Die ägyptische Göttin Maat wurde für die Tochter des obersten Schöpfergottes Re gehalten, die ihm bei der Schöpfung half. Sie wurde als die Göttin der Gerechtigkeit und Wahrheit, der Ordnung des Universums und der Harmonie des Kosmos, aber auch als gnädige, barmherzige Richterin verehrt. Sie ist die vorjüdische und vorchristliche archetypische mythologische Gestalt, welche die Eigenschaften und Funktionen der christlichen Sophia ahnungsvoll ausdrückt und welche bei der Darstellung der Chokma-Sophia-Weisheit, religionsgeschichtlich gesehen, das archetypische Vorbild war. Wir können deshalb die Gestalt der Maat als Symbol der Sophia sehen und sie deshalb auch zur Meditation gebrauchen und dadurch unser Bild und unsere Verehrung der Sophia (und des Schutzengels) verlebendigen und vertiefen.

Die Maat trägt ihr Hauptattribut, die Straußenfeder, auf dem Kopf. Die Straußenfeder symbolisiert Größe und Macht in hoher Geistigkeit. Sehr oft wird sie auch mit dem Anch-Zeichen, dem Henkelkreuz, als Lebenszeichen dargestellt. Das Anch-Zeichen ♀ ist das berühmte ägyptische Sinnbild für Leben, Heil, Gesundheit, Fruchtbarkeit, Wohlergehen und Wohlstand.

Die Maat beschützt hier mit ihren Armen und Flügeln in überlegener Ruhe und Majestät ein typisch ägyptisches Symbol, das aus einem Ring mit einer ovalen Medaille darauf besteht. Der Ring ist Symbol der Herrschaft und Macht, auch der Unendlichkeit und Ewigkeit. Die Zeichen auf der Medaille sind Symbole des Königs, des Reiches, der Erde, der Schöpfung. Die Maat ist hier also als die hohe Beschützerin des Königs, des Reiches, ja der ganzen Schöpfung dargestellt. Dieses Zeichen (Ring und Medaille) kann auch allgemein als Symbol des von der Göttin Maat beschützten Menschen gesehen werden.

Die Göttin Maat
Original: Grab der Nefertari im Tal der Königinnen, Ägypten
© Kompetenz Verlag

Aus den eben erwähnten Gründen kann dieses Bild zweifach gedeutet werden. Die Maat ist hier Symbol für die Mutter und Herrin Sophia. Das Zeichen, das von Maat mit ihren mächtigen Flügeln beschützt wird, kann hier als Symbol für die ihr (Maat bzw. Sophia) besonders geweihte und ergebene Person (der König, der/die Betrachtende) gesehen werden, die sie mit besonderer Liebe umgibt und mit majestätischer Ruhe und Würde beschützt. Die Maat kann hier auch als Symbol für den Schutzengel betrachtet werden, der seinen Schützling mit den Flügeln einhüllend umfängt und mächtig beschützt.

TEIL IV

DAS SPIRITUELLE VERMÄCHTNIS DER SOPHIANISCHEN ENGELLEHRE FÜR DAS RELIGIÖSE PRAKTISCHE LEBEN

DIE ADELPHIA DER ENGEL UND DER MENSCHEN

Menschen, die den Schutz und die Hilfe der Engel in ihrem Leben erfahren haben und ihnen deshalb in Liebe und Dankbarkeit verbunden sind, haben das Bedürfnis, gleichgesinnte Menschen zu treffen, um dadurch in ihrer Liebe und Verehrung der Engel bestärkt zu werden und auch, wenn möglich, um andere darin zu bestärken.

So wäre es heute, da das Interesse für die Engel groß und erfreulicherweise im Steigen ist, sicher sinnvoll und wünschenswert, engeren Kontakt zu solchen Menschen zu suchen und diesen durch Erfahrungsaustausch fruchtbar zu machen. Am besten wäre das zu verwirklichen in einer spontanen freien Gemeinschaft solcher Freunde der Engel.

Sicher wäre das auch im Sinne der Engel, die den Verkehr und die Freundschaft mit den Menschen suchen, die in ihrer ihnen von Gott zugewiesenen Aufgabe, den Menschen zu helfen und sie in Gefahren zu beschützen, sich bestätigt fühlten und sich freuten, wenn die Menschen sich ihrer erinnern und sie anrufen würden.

Eine solche Gemeinschaft von Engeln und Menschen scheint heutzutage geradezu eine Notwendigkeit zu sein. Sie müßte auch einen schönen sinnvollen Namen haben, in dem bereits ihr Wesen enthalten ist.

Eine solche Gemeinschaft von Engeln und Menschen, getragen von ihrer Mutter und Königin SOPHIA MARIA, scheint heutzutage geradezu ein Erfordernis unserer Zeit zu sein. Sie müßte auch einen Namen tragen, in dem bereits ihr Wesen ausgesprochen wird. In Hinblick auf Sinn und Ziel dieser Gemeinschaft wird der schöne und passende Name „ADELPHIA" oder „SOPHIANISCHE ENGEL-MENSCHEN-ADELPHIA" vorgeschlagen.

SINN, WESEN UND ZIEL DER
SOPHIANSCHEN ENGEL - MENSCHEN-ADELPHIA

Die Sophiansche Engel-Menschen-Adelphia ist eine adelphische, d. h. geschwisterliche Gemeinschaft von Engeln und Menschen, die durch eine besondere Gnade Jesu Christi, des Königs der Engel, und der Sophia Maria, der Königin der Engel, zusammengeführt in engster geistiger Verbundenheit miteinander leben und wirken.

DER NAME „ADELPHIA"

Das Wort Adelphia (gr. adelphia) besteht aus „a", d. h. zusammen, gemeinsam, und „delphys", d. h. Mutterschoß. Adelphia bedeutet also „gemeinsam im Mutterschoß entstanden und gewachsen. Die Adelphia ist demnach eine Gemeinschaft von Geschwistern, d. h. von Kindern ein und derselben Mutter. Engel und Menschen sind ja im Mutterschoß Sophias, der Braut und Mitarbeiterin des Logos beim Schöpfungswerk, entstanden, sie leben und wirken in und aus diesem Mutterschoß. Sophia Maria ist also ihr gemeinsamer Ursprung, ihre gemeinsame Mutter und Königin, die Angelarcha, und Jesus Christus ist ihr Herr und König, der Angelarchon.

Diese geschwisterliche Gemeinschaft von Engeln und Menschen, in und aus dem Mutterschoß der Sophia lebend und wirkend, heißt deshalb Sophianische Engel-Menschen-Adelphia (SEMA) oder einfach Adelphia bzw. Adelphie. Das Kurzwort SEMA bildet ein Akrostichon (Akronym) mit der Bedeutung „Sophianische Engel-Menschen-Adelphia".

So gelesen zeigt es an, wer die Mutter und wer die Mitglieder dieser Adelphia sind: Die Mutter ist die Sophia und die geschwisterlichen Mitglieder dieser Adelphia sind die Engel und die Menschen, vereint als Adelphia, als eine Familie im Schoß der Sophia. Das Wort Sema kann deshalb auch gelesen werden: In Sophia sind Engel und Mensch eine Adelphia.

Andrea del Verrochio: Der Erzengel Raphael und Tobias
© *National Gallery, London*

Die so in der Adelphia zusammengeführten Menschen werden Adelphen genannt (Einzahl: Adelph, männliches, und Adelphe, weibliches Mitglied / Mehrzahl: Adelphen). Sie verehren Jesus Christus als ihren Heiland und König, als den Angelarchon, und Sophia Maria als ihre Mutter und Königin, als Angelarcha. Die Adelphen stellen sich ihnen für ihr Königreich mit allen Kräften ganz und gar zu Dienst und Verfügung. Dieser Dienst der Adelphia am Reich Gottes wird geleistet und verwirklicht durch eine tiefere Verbindung und Zusammenarbeit von Engel und Mensch, welche durch eine spezielle Anvertrauung und Hingabe, das ist die Weihe des Menschen an die Engel, besonders an seinen Schutzengel und an seine persönlichen Engel, grundgelegt ist.

DIE WEIHE AN DIE ENGEL

Nach dem Gesagten und nach den gnadenvollen Erfahrungen so vieler Menschen mit den Engeln werden manche das Bedürfnis verspüren, sich den Engeln in besonderer Weise anzuempfehlen, anzuvertrauen und zu übergeben, kurz gesagt, zu weihen und ihrer geistigen Gemeinschaft sich ausdrücklich und bewußt anzuschließen, evtl. auch, wenn es ratsam und möglich ist, einer Gemeinschaft von Engelfreunden beizutreten. Dieses Sich-Anvertrauen und diese Hingabe an die Engel können wir auch Weihe an die Engel, Engelweihe nennen. Das Wort „Weihe" ist hier nicht im strengen theologischen Sinn zu verstehen.

Bei dem Wort Weihe müssen wir einen dreifachen Sinn unterscheiden:
1. den kirchenrechtlichen und sakramenthaften, wie z. B. bei einer Priesterweihe, d. h. Ordination;
2. den sakramentalen im Sinne von Weihe eines Gegenstandes, wie z. B. einer Statue oder Medaille, d. h. Benediktion oder Segnung;
3. den volkssprachlichen Sinn, wie z. B. sich jemandem anvertrauen, sich ihm übergeben und sich in seinen Dienst stellen, sich seiner Aufgabe zur Verfügung stellen.

Wenn das Sich-Anvertrauen mit reiner Absicht und klarem Bewußtsein geschieht, kann im volkstümlichen Sinn auch von einer Weihe

Russische Ikone: „Sophia, die Weisheit Gottes"
© Ikonen-Museum, Recklinghausen

gesprochen werden. So kann man die bewußte und ausdrückliche Anvertrauung an die Engel als Engelweihe bezeichnen, so wie wir z. B. die Hingabe und Weihe an Maria allgemein und traditionell Marienweihe nennen.

Diese Angelobung und Hingabe an die Engel soll in einer eigenen Weihe-Andacht bei brennenden Kerzen vor einem Bild des Angelarchon und der Angelarcha inmitten ihrer Engel vollzogen werden, z. B. vor einer Ikone oder vor einem Bild des Altares der Marienkirche in Birkenstein. Form und Ritus dieser Engelweihe wird der Konfessions- und Religionszugehörigkeit der Weihekandidaten entsprechend gestaltet.

Für Katholiken wird folgende Form vorgeschlagen: Eine dreitägige Vorbereitung darauf durch Gebet, Meditation, Fasten und gute Werke wird empfohlen. In einem freundlichen Raum und zu einer ruhigen Zeit – am besten abends – werden auf dem Tisch oder auf dem Hausaltar vor einer Ikone oder vor einer Darstellung des Altares der Marienkirche von Birkenstein Kerzen entzündet und Weihrauchkegel angeglüht. Der Raum wird mit Weihwasser besprengt.

RITUS DER WEIHE

Zu Beginn der Weihe stellt sich der/die sich Weihende in die heilige Gegenwart Gottes und des ganzen himmlischen Hofes, besonders der Engel und ihrer Königin Sophia Maria. In tiefer Ehrfurcht verharrt er/sie darin einige Zeit auf dem Boden kniend. Dann steht er/sie auf, macht das Kreuzzeichen und beginnt die eigentliche Weihehandlung.

Zuerst betet er/sie das apostolische Glaubensbekenntnis, dem fügt er/sie einige besondere Glaubensbeteuerungen in bezug auf die Engel hinzu, wie z. B.:

„Ich glaube an die Welt der Engel, die Gott erschaffen und berufen hat zu seiner Ehre und zur Mitwirkung an der Schöpfung und ihrer Vollendung.

Ich glaube, daß Gott in seiner großen Liebe und Vorsorge die Engel auch zur besonderen Hilfe und Begleitung der Menschen berufen hat, damit diese leichter und sicherer ihre Aufgabe auf Erden erfüllen und ihr Ziel, das ewige Leben im Himmel, erreichen.

Ich glaube deshalb und dafür bin ich sehr dankbar, daß auch mich Engel in meinem Leben begleiten, führen und behüten.

Ich glaube auch, daß Engel und Mensch eine gemeinsame Aufgabe haben und daß beide – Engel und Mensch – sich gegenseitig dabei helfen können und dafür Verantwortung tragen.

Ich glaube, affirmiere und bekräftige all das mit vollem Bewußtsein." Hier einige Augenblicke Stille, dann weiter:

„Ich verspreche deshalb, mit bestem Wissen und Gewissen, mit allen Kräften und Mitteln an dieser gemeinsamen Beziehung und Aufgabe mitzuwirken und mitzuarbeiten.

Ich verspreche auch, das Wissen um die Engel und ihre Verehrung klug und tatkräftig zu fördern. Amen."

Nach diesem Glaubensbekenntnis und diesem Versprechen wird das eigentliche Weihegebet gesprochen, das speziell an den persönlichen Schutzengel oder an alle Eigenengel gerichtet ist.

WEIHEGEBET AN DEN HEILIGEN SCHUTZENGEL

(Falls die Weihe speziell und hauptsächlich für den Schutzengel gelten soll; womöglich auch vor einem Bild des Altares von Birkenstein oder vor einem Bild des Schutzengels mit seinem Schützling, z. B. Raphael und Tobias oder einem anderen passenden Schutzengelbild).

„Heilige Gottesmutter Maria, vor dir mit dem Jesuskind und deinen Engeln und Heiligen weihe und übergebe ich mich heute meinem heiligen Schutzengel, den du mir in deiner mütterlichen Liebe zu mir so lieb und gnädig auserwählt und zugeteilt hast. Ich danke dir dafür aus ganzem Herzen und freue mich über diesen wunderbaren Engel, den du mir erwählt und als Schutzengel geschenkt hast."

„Mein lieber heiliger Schutzengel: Ich übergebe und weihe mich heute dir mit allem, was ich bin und habe. Innig und demütig bitte ich dich, nimm diese meine Weihe gnädig an und hilf mir, diese Weihe in meinem

Leben zu deiner Ehr' und Freude zu verwirklichen. Hilf mir besonders, vereint und in Mitarbeit mit dir die Aufgabe zu erfüllen, die Gott uns beiden miteinander zugewiesen hat zu unser beider Freude und Erfüllung und zum Heil der Menschen und der Welt für Zeit und Ewigkeit. Amen."

WEIHEGEBET AN DIE SIEBEN HEILIGEN EIGENENGEL

(Womöglich vor einem Bild des Altares in Birkenstein oder vor der Ikone der Dreifaltigkeit oder der Ikone „Über dich freut sich die ganze Welt".)

„Heilige Gottesmutter Maria, vor dir mit dem Jesuskind und deinen Engeln und Heiligen weihe und übergebe ich mich heute den heiligen Engeln, namentlich denen, die du mir so gnädig auserwählt und zugeteilt hast.

Unter diesen weihe ich mich besonders meinem Schutzengel, meinen zwei Eltern- und meinen vier Lebensengeln."

„Mein lieber Schutzengel, meine lieben Eltern- und Lebensengel: Ich übergebe und weihe mich heute euch mit allem, was ich bin und habe. Innig und demütig bitte ich euch, nehmt diese meine Weihe gnädig an und helft mir, diese Weihe in meinem Leben zu verwirklichen. Helft mir besonders, vereint und in Mitarbeit mit euch die Aufgabe zu erfüllen, die Gott mir und euch zugewiesen hat zum Heil der Menschen und der Welt für Zeit und Ewigkeit. Amen."

Zum Abschluß kann noch folgendes Gebet zu Maria gesprochen werden:

„Liebe himmlische Mutter Maria, Angelarcha, Königin der Engel, ich bin glücklich, daß du mich aufgenommen hast in die Gemeinschaft deiner Engel, die dir nahe und im besonderen Dienst deiner hohen Pläne zum Heil der Menschen und der ganzen Welt stehen.

Schenke mir die große Gnade und die Kraft, mit den Engeln an diesen deinen Plänen mitzuwirken und mitzuarbeiten. Mit den Engeln weihe und übergebe ich mich ganz und gar dir und stelle mich mit all meinen Kräften dir zur Verfügung. Gib mir bitte die Kraft und die Gnade, diese Weihe an dich und deine heiligen Engel zu leben und zu

verwirklichen zu deiner und der Engel Freude, zu meinem Heil und zum Wohl der ganzen Schöpfung und zur größeren Ehre Gottes. Amen."
Zum Schluß Kreuzzeichen und tiefe Verneigung.

WIRKUNG UND FRÜCHTE DIESER WEIHE

Durch diese Weihe an die Engel werden wir die besondere Hilfe der Gottesmutter und ihrer Engel erhalten in allen Arbeiten und Unternehmungen, in allen Nöten und Anliegen. Durch diese Weihe werden unsere Engel, die sonst grundsätzlich nichts ohne unsere Bitte machen, sich ermächtigt fühlen, auch ohne unsere ausdrücklichen Bitten das Beste für uns zu tun. Sie erhalten durch diese Weihe besondere Möglichkeiten und Vollmachten unserer Beeinflussung, z. B. der Inspiration und Führung der ihnen geweihten Menschen und der Mitarbeit mit ihnen. Aber auch der Mensch hat durch diese Weihe von sich aus alles getan, um die Hindernisse und Blockaden im Verkehr mit den Engeln hinwegzuräumen und die besten Voraussetzungen geschaffen für die Kommunikation und Zusammenarbeit mit ihnen. Aufgrund dieser Weihe besteht ein einzigartiges Verhältnis der Mitarbeit, der Liebe und der Einheit mit den Engeln, das seine wunderbaren Früchte tragen wird.

Deshalb ist der Tag dieser Engelweihe ein außerordentlich bedeutender und gnadenreicher Tag im Leben eines Menschen. Mögen viele Menschen das erkennen und diese Weihe vollziehen zu ihrem Heil für Leib und Seele, zur Freude der Engel und ihrer Königin Sophia Maria und zur größeren Ehre Gottes, des Allmächtigen und Allgütigen.

TIEFERER SINN DER WEIHE AN DIE ENGEL

Diese Weihe an die Engel hat die Bekräftigung der schon bestehenden seinsmäßigen Beziehung zwischen Mensch und Engel und die Aktualisierung und Realisierung der potentiell darin vorhandenen tieferen Bezüge zwischen Engel und Mensch zum Ziel, welche da sind:
1) Anlage und Fähigkeit zu einer bewußten, tieferen, herzlichen Freundschaft mit den Engeln, besonders mit dem Schutzengel.

2) Anlage zu einer polaren Synusie (Zusammenleben) und Partnerschaft (Zusammenarbeit), ja die Möglichkeit einer Festigung und Erhöhung dieser Synusie und Partnerschaft mit dem Schutzengel zu einer hierogamen Verbindung und Einheit mit ihm.

3) die Kraft und Fähigkeit, in dieser innigsten hierogamen Gemeinschaft mit dem Schutzengel und mit seiner besonderen, höherführenden (anagogischen) Hilfe das hohe, letzte Ziel dieser Verbindung, das ist die Teilhabe an der Hierogamie Jesu Christi und Sophia Marias, zu erreichen und sie mitzufeiern.

Auch der Engel bindet sich durch diese Weihe besonders an den Menschen und wird durch diese Weihe ermächtigt und befähigt, seine gesamte hohe Energie und Liebe zum Menschen voll und ganz zum Wohl und Heil des Menschen zum Fließen und Wirken zu bringen.

Der Mensch verpflichtet sich durch diese Weihe, diesem Fließen und Wirken der Engelkraft und -liebe keine Hindernisse und Blockaden entgegenzusetzen, z. B. durch Nichtbeachtung seiner Inspirationen und Eingebungen, durch Ungehorsam gegenüber den Geboten Gottes und den Naturgesetzen, durch Verdrängung und Übergehen des eigenen Gewissens. Positiv kann dieses Fließen und Wirken der Engelenergie und -liebe beeinflußt und gefördert werden durch Gebet und Meditation, durch Erfüllung der Aufgaben und Pflichten gegenüber Gott, dem Kosmos, gegenüber sich selbst und seiner besonderen religiösen Situation, z. B. im bewußten und aufrichtigen Bemühen, die Ideale des Glaubens und seiner besonderen religiösen Gemeinschaft zu erfüllen.

Als spezifische spirituelle Übung wird den Adelphen empfohlen, die besondere durch die Weihe erlangte Verbindung mit den Engeln auch bewußtseinsmäßig zu pflegen und zu aktualisieren. Hier einige Vorschläge, wie das praktisch geschehen kann:

1) durch Gebet und Erneuerung der Weihe gleich zum Beginn jeden Tages beim Morgengebet.

2) durch öftere Anrufung der Engel untertags, besonders vor größeren Arbeiten und Entscheidungen, bei Zweifeln und Unsicherheit, in Not

238

und Schwierigkeiten. Danken nicht vergessen! Dies geschieht am besten durch kurze Stoßgebete. Siehe Gebete.

3) durch Rückbesinnung und Danksagung zum Abschluß des Tages beim Abendgebet, durch Bitte um Verzeihung für Nachlässigkeit im Dienste Gottes und der Engel und ihrer Königin Sophia Maria.

4) durch Meditation und Lektüre von guten Engelbüchern. Das Studium der Sophianischen Engellehre (SEL) wird empfohlen.

5) durch eine natürliche, gesunde, eubiotische Lebensweise.

6) durch Mitarbeit an den Aufgaben und Werken der Adelphia.

7) durch Pflege und Förderung freundschaftlicher Beziehungen zu allen engelinteressierten Menschen, besonders zu den Freunden und Mitgliedern der Adelphia.

FREUNDE, MITGLIEDER, WERKE DER ADELPHIA (SEMA)

In Bezug auf die Einstellung und das Verhältnis der Menschen zur Adelphia können wir drei Gruppen unterscheiden:

1) die Sympathisanten, d. h. die Menschen, die Interesse und Sympathie für die SEMA und ihre Engellehre und -verehrung bekunden;

2) die Freunde, d. h. die Menschen, die transzendenzoffen das Wesen und die Ziele der SEMA ausdrücklich bejahen und sie in ihrem Leben zu verwirklichen suchen;

3) die Mitglieder, die sich in besonderer Weise den Engeln geweiht haben und sich ihnen zur Verfügung gestellt haben, um mit ihnen in der Adelphia zur Ehre Jesu Christi und der Sophia Maria noch besser zur größeren Ehre Gottes und zum Heil der Menschen wirken zu können.

Mitglied der Sophianischen Engel-Menschen-Adelphia (SEMA oder einfach Adelphia) wird man durch die bereits beschriebene Engelweihe. Diese Form der Engelweihe kann aus wichtigen persönlichen oder gemeinschaftlichen Gründen den Umständen entsprechend geändert oder angepaßt werden.

Wirken der Adelphia

Die Verbindung, der Kontakt und die Weiterführung der Adelphen geschieht durch persönliche Bekanntschaft und Freundschaft, durch gemeinsame Gottesdienste, durch Rundbriefe, gemeinsame Treffen und Kurse.

Wenn die Zeit dafür gekommen, kann und soll die Adelphia eigene Arbeiten und Werke starten, z. B. die Übernahme und Betreuung eines speziell den Engeln geweihten Heiligtums, das auch das organisatorische, spirituelle und geistige Zentrum der Gemeinschaft sein soll. Weitere Aufgaben wären ein Verlag, ein ganzheitlich geführtes Kur- und Erholungsheim, ein ökologisch bewirtschafteter Bauernhof oder aber ein Tagungs- und Schulungsheim, vorstellbar wäre auch ein Jugend- und ein Altenheim.

Die ökumenische Offenheit der Adelphia

Die Adelphia steht engelinteressierten Menschen aus allen Konfessionen und Religionen offen. Sie ist eine der Natur und der gesamten Schöpfung und Menschheit verbundene internationale, ökumenische, geschwisterliche Gemeinschaft, ja sophianische Familie.

Alle sollen sich darin wirklich adelphisch zu Hause und daheim fühlen, d. h., wie es der Name sagt, als Kinder Sophia Marias, der Mutter und Frau aller Völker, und als wahre Geschwister gemeinsam in und aus dem einen Schoß der Mutter Sophia Maria leben und wirken.

Wenn Sie sich von der Idee einer adelphischen Gemeinschaft angesprochen fühlen, finden Sie am Ende des Buches eine Kontaktadresse.

DIE MARIEN-WALLFAHRTSKIRCHE IN
BIRKENSTEIN – EINE KIRCHE DER ADELPHIA

In Birkenstein bei Fischbachau in den bayerischen Alpen zu Füßen des Wendelsteines steht in einer stillen heimeligen Berglandschaft die kleine Marienwallfahrtskirche Birkenstein, die zu den lieblichsten und schönsten unseres Landes gehört und immer mehr besucht wird, nicht nur wegen ihrer landschaftlichen Schönheit, sondern vor allem wegen ihrer großen Gnadenwirksamkeit und ihrer spirituellen für unsere Zeit so aktuellen und anziehenden theologischen Bedeutung und Botschaft.

Als Loretoheiligtum vor ca. 300 Jahren errichtet, wurde sie als Wallfahrts- und Gnadenstätte immer bekannter und beliebter.

In der Lehrtafel im Vorraum und auf dem Altar in der Kirche selbst wird uns Maria, und das wird neu und tiefer erkannt, in ihrer sophianischen Dimension, Würde und Aufgabe dargestellt: als Chokma-Sophia-Weisheit der Vorzeit, wie in den Weisheitsbüchern des Alten Testamentes und in den Lesungen der Marienfeste beschrieben, und als Sophia Maria in der Zeit erschienen und wirksam als gnadenvolle Mutter und Mitarbeiterin Jesu Christi, als Königin der Engel und als barmherzige Mutter und Allhelferin der Menschen. Diese Deutung stützt sich auf zwei Gründe, die in der Kirche selbst liegen und dort sichtbar und klar zum Ausdruck kommen (siehe Thomas Schipflinger, Die Loreto-Wallfahrtskirche in Birkenstein bei Fischbachau, Ein Sophia-Heiligtum in den Alpen, Seite 200-207, in: Tausend Jahre Marienverehrung in Rußland und in Bayern"):

1. Sie ist eine Loretokirche, weswegen ein Bezug zu den Anrufungen und Titeln Marias in der Lauretanischen Litanei besteht, die zu einem großen Teil aus dem Akathistos Hymnus, letztlich aus den Weisheitsbüchern des Alten Testamentes stammen und damit weisheitliche, d. h. sophianische, Bedeutung haben.

2. Dieser Loretobezug, d. h. dieser sophianische Tenor und Charakter der Kirche, wird im Vorraum in einer eigenen Bild- und Lehrtafel ikonographisch ausgeführt und dargestellt. Die Innenausstattung der Kirche erhellt und erfüllt die Aussagen dieser Lehrtafel.

Die Lehrtafel in der Wallfahrtskirche zu Birkenstein

Im Vorraum, der in die innere Kirche führt, ist eine große Tafel angebracht, die für das tiefere Verständnis dieser Wallfahrtskirche von wesentlicher Bedeutung ist. Sie wird deshalb auch „Lehrtafel" genannt. Die Tafel wurde gemalt von Josef Franz Graß, einem Künstler der dortigen Gegend, im Jahre 1761, also ca. 30 Jahre nachdem Cosmas Damian Asam sein berühmtes Sophia-Gemälde in der Kongregations-Saalkirche in Ingolstadt geschaffen hatte.

Eine Erklärung dieser Tafel ist deshalb zum Verständnis dieser Kirche wichtig und angebracht.

1. Das Mittelstück

Im Mittelstück schwebt zu oberst majestätisch in weißem Kleid und blauem Mantel die himmlische Sophia, umgeben von Engeln und tiefen Symbolen. Sie breitet unter sich einen großen weiten roten Schutzmantel aus, in dem wichtige Bilder und Symbole abgebildet sind. Zuoberst, genau unter der himmlischen Sophia, steht Maria, die irdische Sophia.

Daß damit die sophianische Dimension Marias, d. h. Maria als Sophia und Sophia als Maria also Sophia-Maria, gemeint ist, wird durch die Hauptüberschrift des Mittelstückes ausgewiesen, die lautet: „Ich will den Himmel, das ist Mariam, erhören und Maria wird die Erde erhören". Hier wir der Himmel mit Maria gleichgestellt. Dieser Himmel Gottes ist nach dem heiligen Augustinus die Sapientia creata, das ist die geschaffene Sapientia (Weisheit Sophia).

In diesem Zusammenhang klingt die Frage, warum in der Überschrift nicht gleich der Name Sophia erscheint, berechtigt. Zur Begründung sei angemerkt, daß der Name Sophia für das Volk zu wenig bekannt ist, die Autoren dieser Tafel Sophia jedoch in ihrer ganzen Existenzfülle darstellen wollten. Der Name Maria beinhaltet sowohl Sophia in ihrer

Lehrtafel in Birkenstein,
Bild von Josef Franz Graß, 1761
© *Thomas Schipflinger*

vorzeitlichen, äonischen Existenz als auch in ihrer zeitlichen, irdischen Existenz, wo sie in Maria sichtbar erschien und die Mutter und Mitarbeiterin des aus ihr menschgewordenen Logos, des Sohn Gottes – Jesus Christus, wurde. Der Name Sophia allein würde nicht die ganze Fülle dieser wunderbaren Gestalt der Heilsgeschichte ausdrücken, wohl aber der Name Maria. Nur müssen wir Maria auch in ihrer sophianischen Herkunft und Fülle sehen. Deshalb gebrauchen wir den Doppelnamen Sophia Maria, der die ganze äonische und zeitliche Größe Marias ausdrückt, wie wir auch bei Jesus den Namen Christus hinzufügen, um die ganze Fülle seines Wesens auszudrücken.

Die oben aufgeführte Hauptüberschrift ist ganz im Sinne der Selbstaussage Sophias. „Als er (Gott) die Fundamente der Erde legte, war ich bei ihm als seine Geliebte. Ich war seine Wonne Tag für Tag und spielte vor ihm allezeit" (Spr 8.30).

Unter Maria mit dem Kind steht wieder eine sophianische Selbstaussage: „Ich bin eine Mutter der schönen Liebe und der Forcht, der Erkenntnis und der heiligen Hoffnung" (wie auch Sir 24,18). Dieser Ausspruch, der als Hauptargument für den sophianischen Sinn der Lehrtafel gilt, ist auf der Lehrtafel dreimal, zweimal sogar in roter Schrift eingezeichnet.

Der sophianische Charakter und Tenor der Lehrtafel wird auch noch bestätigt durch die Darstellung auf den Sockeln der beiden Obelisken. Auf dem einen links wird König Salomo gezeigt, der große Verehrer und Liebhaber Sophias, wie er vertrauensvoll und liebend zu ihr aufschaut, dargestellt durch eine junge Frau, die ihn umarmt und ihm eine Schale voll Früchte reicht. Auf dem rechten Sockel ist ebenso ein König zu sehen, der sich aber von Sophia abwendet. Mit diesen beiden Sockelbildern wird die Verheißung Sophias symbolisch zur Kenntnis gebracht: „Selig der Mensch, der auf mich hört. Kommet alle zu mir, die ihr mich begehrt, und sättigt euch an meinen Früchten. Weil ihr meinen Rat geringgeschätzt habt, werdet ihr untergehen" (Spr 1,24 ff.). Die Schrift sagt von Sophia weiter: „Sie bringt dich zu Ehren, wenn du sie umarmst. Sie wird dir eine herrliche Krone auf dein Haupt setzen" (Spr 4,8).

244

2. Das rechte und linke Seitenstück

Sehr klar und eindrucksvoll wird der sophianische Sinn auf dem rechten und linken Seitenstück der Tafel aufgezeigt. Dies geschieht durch die Darstellung der biblischen Begebenheiten, bei denen nach dem Zeugnis der Heiligen Schrift Sophia selbst eingegriffen und ihren Verehrern geholfen hat als Mutter der schönen Liebe, der Erkenntnis und der (nicht enttäuschten) Hoffnung auf Rettung und Heil. So z. B. Noah, Abraham und Lot, Moses, Josef und Elias, die Hilfe und Gesundheit suchenden armen und kranken Menschen. Gegenständliche Symbole, die in der Bibel beheimatet sind – wie Buch, Anker, Brunnen, Löwen, Vögel, Bäume usw. – unterstreichen und bestätigen die sophianischen Aussagen.

Zusammenfassung

Sophia-Maria wird auf dieser Tafel in ihrer vollen Liebe und Macht und in der ganzen Fülle ihres Wirkens aufgezeigt:

1. Als Mutter der schönen Liebe und der Ehrfurcht, der Erkenntnis und der heiligen Hoffnung (Inschriften, Bernhardgebet).
2. Als die von Gott selbst beauftragte und bevollmächtigte Fürsprecherin und Erhörerin (Hauptüberschrift).
3. Als wundermächtige Helferin in allen Nöten und Anliegen (Bittschriften, Bittsteller auf der Notwiese).
4. Als Bewahrerin und Retterin vor aller Gefahr und vor Not und Verderben: Noah vor der Sintflut, Josef vor Hungersnot, Mose vor Knechtschaft und Sklaverei, David vor Niederlage im Krieg, Esther vor Ausrottung des Volkes, Elias vor Dürre und Trockenheit, vor Schiffbruch und vor dem Labyrinth.
5. Als Heilerin der Krankheiten und Gebrechen (Bittschriften, Notwiese).
6. Als Mittlerin und Austeilerin der Gnaden (Brunnenbild, Hochzeit zu Kana).
7. Als Erfüllerin – sie erfüllt die Bitten der Kranken, die Hoffnung und Sehnsucht der Menschen nach Liebe und Glück (Es geschehe!).

Warum werden in Birkenstein gerade diese Gestalten und Symbole dargestellt? Weil die Autoren dieser Tafel eben in besonderer Weise mit Sophia verbunden waren und dadurch die Intention dieser Tafel, nämlich Maria in ihrer Verbindung mit Sophia besonders aufzuzeigen, verwirklicht werden konnte. Mit anderen Worten, so konnte die Absicht, Maria in ihrer vollen Existenz als Sophia-Maria darzustellen, am besten ganz auf biblischer Grundlage bewerkstelligt werden. Und wenn den Autoren diese Absicht vielleicht nicht voll bewußt war, so hat es Gott so gefügt, daß sie die Tafel gerade so gestaltet haben zur Ehre Sophia-Marias. Und wenn der sophianische Sinn der Tafel bis jetzt nicht erkannt wurde, so ist jetzt die Zeit dafür, da die sophianische Dimension der Schöpfung und der Kirche allenthalben den Theologen und Naturwissenschaftlern bewußt wird.

Eine Kirche der Sophia Maria und ihrer Engel

Wir haben in der Marien-Wallfahrtskirche in Birkenstein eine Kirche kennengelernt, die uns Maria in ihrer sophianischen Dimension als Sophia Maria, d. h. als Mittlerin aller Gnaden und als Königin der Engel, als Angelarcha, inmitten ihrer Engel zeigt. Wir staunen, welch tiefe, theologische, sophianische und angelische Aussagen (ganz im Sinne der SEL) darin verborgen liegen. Wie kaum in einer anderen Kirche wird uns hier eine sophianische Mariologie und Angelologie vorgestellt.

Wir betrachten diese Kirche deshalb als qualifiziertes, spezielles Heiligtum der Sophianischen Engellehre und erküren das Altarbild dieser Kirche als besonderes Andachts- und Weihebild der Adelphia, vor dem wir unsere Andacht zu Maria Angelarcha und ihren Engeln in besonders gnadenbringender Weise verrichten können und sollen.

DIE ENGEL IN DER LOGGIA DES ALTARES DER MARIEN-KIRCHE IN BIRKENSTEIN

Die Loretokirche in Birkenstein ist die Kirche der Adelphia, denn sie ist eine Kirche Sophia Marias und ihrer Engel. In der Loggia des Altares ist

Zeichnung von Sr. Eresta

um die Madonna mit dem Jesuskind in thematisch zusammenfassender Weise die gesamte Engelhierarchie dargestellt. Wir sehen die neun traditionellen Engelchöre und die sieben Aspektengelgruppen der Madonna. Es sind darin auch die sieben Eigenengel des Menschen vorgestellt.

I. DIE NEUN ENGELCHÖRE UND IHRE ERZENGEL:
1 Seraphim, Seraphiel, Michael,
2 Cherubim, Cherubiel, Uriel,
3 Throne, Throniel, Metatron,
4 Herrschaften, Dominationes, Gabriel,
5 Kräfte, Virtutes, Jophiel,
6 Fürsten, Principes-Archai, Raphael,
7 Mächte, Potestates, Haniel,
8 „Erzengel", kosm. Schutzengel, Amfiel,
9 „Engel", persönliche Schutzengel, Eumiel.

II. DIE SIEBEN HAUPTASPEKTE DER SOPHIA MARIA UND IHRE EIGENENGEL:
a) die drei trinitarischen = als der
Tochter des Vaters = Eugenia – Eugeniel (hier Seraphiel - 1).
Ikone des Hl. Geistes = Ikona – Ikoniel (hier Cherubiel- 2).
Braut des Sohnes = Sponsa – Sponsael (hier Throniel - 3).
b) die vier schöpfungsbezogenen = als der
Amon Jahwe = Amonia - Amoniel, Am.
Eubiarcha = Eubimia - Eubiel, Eb.
Kosmiarcha = Kosimia - Kosmiel, Kos.
Sigamarcha = Sigamia – Sigamiel, Sig.

III. DIE SIEBEN EIGENENGEL DES MENSCHEN:
a) die drei Familienengel, symbolisiert und repräsentiert durch
Raphael = Archetyp der Väterengel, 6.
Haniel = Archetyp der Mütterengel, 7.
Eumiel = Archetyp der persönlichen Schutzengel, 9.
b) die vier Lebensengel, repräsentiert durch die vier Kerzenengel
Amonela 11 / Eubielo 12 / Kosmielo 13 / Sigamela 14.

IV. DIE FÜNF ENGEL DER ADELPHIA:
Der Hauptschutzengel der Adelphia = Adelphiel, 10.
Adelphiels Helfer 11, 12, 13, 14 (verwandt mit den 4 Lebensengeln des Menschen: Amonela, Eubielo, Kosmielo und Sigamela).

Die neun traditionellen Engelchöre

Neben und über dem gekrönten Haupt der Madonna die drei Kronengel:
Der Seraph und Feuerengel = SERAPHIEL, Vertreter Michaels, Führerengel (FE) der Seraphim,
der Cherub mit dem Flammendreieck = CHERUBIEL, Vertreter Uriels, FE der Cherubim,
der Baldachinträger THRONIEL = Metatron, FE der Thronengel.
Zu den Füßen der Madonna sechs festlich gekleidete Chorengel:
der Engel mit der Rose auf der Vase, JOPHIEL, FE der Kräfte,
der Engel mit dem Zepter (abgebrochen), GABRIEL, FE der Herrschaften,
der Engel mit Helm, Schwert und Feuerschale, RAPHAEL, FE der Fürsten,
der Engel mit der Halskette und Krone in den Händen, HANIEL, FE der Mächte,
der Engel mit der Krone auf dem Polster, AMFIEL, FE der universalen Schutzengel,
der Engel mit dem Kind, der Schutzengel EUMIEL, FE der persönlichen Schutzengel.

Die neun traditionellen Engelchöre sind also auf diesem Altar dargestellt in den Kronengeln um das Haupt der Madonna und in den sechs festlich gekleideten Engeln zu Füßen der Madonna.

Die sieben Aspektengelgruppen der Sophia Maria

Die sieben Aspekterzengel der Sophia Maria sind dargestellt in den drei Kronengeln und in den vier Baldachinengeln über dem Haupt der Madonna. Die drei Kronengel können hier auch als die drei trinitätsbezogenen Aspekterzengel der Sophia Maria gesehen werden: SERAPHIEL als EUGENIEL, CHERUBIEL als IKONIEL und THRONIEL als SPONSAEL.

Neben und über dem Baldachin mit dem Marienmonogramm schweben die vier schöpfungsbezogenen Aspekterzengel der Sophia Maria:
Die zwei unteren Engel mit Inschriften sind KOSMIEL, der FE der KOSMIELI, und EUBIEL, der FE der EUBIELI;

249

die zwei oberen Engel ohne Inschriften sind AMONIEL, der FE der AMO-NIELI, und SIGAMIEL, der FE der SIGAMIELI.

DIE SIEBEN EIGENENGEL DES MENSCHEN

Auch die sieben Eigenengel des Menschen (die zwei Elternengel, der Schutzengel und die vier Lebensengel) sind auf dem Altar dargestellt und zwar unten zu Füßen der Madonna in den zwei festlich gekleideten Erzengeln RAPHAEL und HANIEL und in dem Engel EUMIEL mit dem Kind und in den vier Kerzenengeln um den Engel mit dem Rosenkranz. Raphael und Haniel stehen hier als Archetypen für die beiden Elternengel, der Engel Eumiel mit dem Kind für den Schutzengel und die vier Kerzenengel für die vier Lebensengel AMONELA, SIGAMELA, KOSMIELO und EUBIELO (siehe dazu Seite 47 ff.).

Die vier Kerzenengel stehen in der Funktion der Lebensengel und zwar für AMONELA, den Engel der Liebe, der Weisheit und der Freude; für KOSMIELO als den Engel der Arbeit und des Berufes; für EUBIELO als den Engel für Heil, Gesundheit, Glück und Segen; für SIGAMELA als den Engel des Sieges, der Krönung und der Hochzeit (vgl. zur Symbolik der brennenden Kerzen z. B. die leuchtenden Lampen bei der Hochzeit, die flammende Fackel der Gesundheit, die strahlende Energie der Arbeitskraft, das Feuer der Liebe, das Licht der Weisheit und der helle Schimmer der Freude).

Die vier Kerzenengel können auch als die vier hauptsächlichen aspektuellen Helferfunktionen des Schutzengels und zwar als die des Archegos, Synergos, Iater und Kustodiel gedeutet werden. Mit diesen seinen Kerzen schenkt er in der Funktion des Archegos seinem Schützling das Licht der Inspiration und Erleuchtung, den Strahl neuer Chancen und des Mutes, sie zu nützen; in der Funktion als Synergos geht er voran mit der Fackel der Hilfsbereitschaft und Mitarbeit; als Iater schützt und fördert er das Feuer des Lebens, der Gesundheit und Kraft; als Kustodiel erleuchtet, bewacht und beschützt er den Weg seines Schützlings (siehe dazu Seite 44 ff.).

DER ROSENKRANZENGEL UND DIE VIER LEUCHTERENGEL

Um die Madonna schweben 15 Puttenengel: ihr zu Füßen drei, ihr zu jeder Seite fünf und über dem Baldachin zwei, das sind im ganzen 15. Sie erinnern an die 15 Geheimnisse des Rosenkranzes, auf den der mit den Rosen und Perlen des Rosenkranzes geschmückte Engel ohne Zweifel ganz besonders hinweist und empfiehlt, ihn zu beten.

Der Kranz schmückt, bindet und hält zusammen. So bindet und hält hier der Rosenkranz die Eigenengel des Menschen zusammen, sein Kreuz gibt Kraft zum Tragen des eigenen Kreuzes und zum Ertragen der Kreuze der Mitmenschen.

Der Rosenkranz besteht aus 58 Perlen. Die Zahlensumme von 58 ist 13, und 13 ist seit Fatima die besondere Zahl Marias. Der Rosenkranzengel weist also nicht bloß durch den Rosenkranz, welcher das Hauptgebet der Gottesmutter ist, auf Maria und ihr Hauptgebet hin, sondern auch durch die Zahlensumme 13 seiner Perlen. Er ist der Engel, der in besonderer Weise mit Maria verbunden ist und seinen Schützling zu Maria hinführt und ihn lehrt, sie zu verehren und zu lieben, besonders durch das Beten des Rosenkranzes.

Aufgrund dieser Deutung und Erklärung wird es uns leichter fallen, den Altar dieser Marien- und Engelkirche in Birkenstein besser zu verstehen. In diesem Sinne können die Adelphen diese Marien- und Engelkirche in Birkenstein als die Kirche der Adelphia betrachten.

Zu weiterer Information siehe: Dr. Sixtus Lampl, Birkenstein, 1994; Thomas Schipflinger, Sophia Maria. Eine ganzheitliche Vision der Schöpfung. 1988, Seite 117 – 120; Sr. Eresta Mayr, Die Wallfahrtskapelle Birkenstein, 1993.

Die Weihe der Wochentage an Maria und ihre Engel

Als besonderer Akt der Verehrung der Angelarcha und ihrer Engel wird die Weihe der Wochentage an die Engel empfohlen. In dieser Andacht werden die hauptsächlichen Aussagen der SEL über Sophia Maria und ihre Engel in lebenspraktischer Form, verteilt auf die einzelnen Tage der Woche, zur Betrachtung vorgestellt.

Sonntag – Tag der Hlst. Dreifaltigkeit sowie aller Engel und Heiligen

Am Sonntag
pilgern wir im Geiste nach Birkenstein und betrachten diese Kirche, besonders ihren Altar: Die Hlst. Dreifaltigkeit, die Gnadenmutter Sophia Maria mit dem Jesuskind inmitten ihrer Engel in meditativer Gesamtschau und lassen alles auf uns wirken.

Die Dreifaltigkeitsikone

Am Sonntag können wir als Betrachtungsvorlage auch die hier abgebildete sehr inhaltsträchtige russische Dreifaltigkeitsikone nehmen.
Auf dieser sehr bedeutenden Ikone werden wesentliche theologische Erkenntnisse und Aussagen der Sophianischen Engellehre in einer faszinierenden Komposition und Synthese dargestellt.
Die Hlst. Dreifaltigkeit in gewohnter Form: Gott-Vater, Gott-Sohn, Gott-Heiliger Geist in Gestalt einer Taube. Ein Cherub mit drei geflügelten Rädern zu Füßen des Vaters und des Sohnes. Über dem Cherub die Weltkugel mit russischem Kreuz. Um diese Mitte herum ein Kreis, in dem fünf Engelköpfe zu sehen sind. Vor diesem Kreis drei Gestalten: eine Frau, ein Mann und ein Engel, alle mit einer Schriftrolle in der Hand. Darüber in einem Halbkreis sieben Engel.
Das Ganze wird von einer Mandorla umschlossen, auf der in den Ecken vier Wesen: ein Engel, ein Mensch, ein Löwe und ein Stier dargestellt sind.

Russische Dreifaltigkeitsikone „Die Göttliche Dreieinigkeit"
© EBM Service für Verleger, Luzern

253

Gebet zur Hlst. Dreifaltigkeit

Ehre sei dem Vater und der Mutter und dem Sohne,
dem drei-einen Gott auf einem Throne
von der ganzen Schöpfung durch ihr Herz Sophia,
Frau und Mutter aller Völker, menschgeworden in Maria.

Montag – Tag der neun Engelchöre und ihrer Haupterzengel

Am Montag
schauen und verehren wir die höchsten Erzengel mit ihren Chören und bitten innig jeden einzelnen und alle miteinander, daß sie gnädig auf uns schauen, uns erhören.

Der Montag ist den neun Engelchören und ihren Führern geweiht: den Seraphim und ihrem und der ganzen Engelwelt Führer Michael, den Cherubim und ihrem Führer Uriel, den Thronen und ihrem Führer Throniel, den Herrschaften und ihrem Führer Gabriel; den Kräften und ihrem Führer Jophiel, den Fürsten und ihrem Führer Raphael, den Mächten und ihrem Führer Haniel, den kosmischen universalen Schutz- und Helferengeln und ihrem Führer Amfiel und schließlich den individuellen persönlichen Schutzengeln und ihrem Führer Eumiel.

Gebet zu den hohen Erzengeln

St. Michael, „Wer ist wie Gott?", dies war dein Ruf im Kampf für ihn,
der alle Engel schuf. Gesiegt hast du für Gottes Lob und Ehr',
o gegen meine Feinde mir auch deinen Schutz gewähr'!

St. Uriel, dein Nam' bedeutet „Gottes Licht",
du strahlst so herrlich hell vor Gottes Angesicht.
Die Gottesschau erfüllt dich ganz mit Weisheit, Freude, Lieb'.
O einen Funken, einen Strahl davon mir täglich gib!

Metatron, ja dein Nam' bedeutet „bei dem Thron",
auf dem da sitzt der Vater und die Mutter und der Sohn.
Mit deinen Engeln laß auch mich das „Heilig heilig" singen
und der Dreieinigkeit auf ewig Lob und Dank darbringen.

St. Gabriel, dein Nam' bedeutet „Gottes Kraft und Macht".
Du lieber Engel, der Maria hat die Botschaft 'bracht,
o künd' auch mir, was jeweils Gottes Wille ist,
o hilf, daß ich erfüll' ihn alle Tag' zu jeder Frist.

St. Jophiel, dein Nam' bedeutet „Gottes Schönheit, Charme",
o bitte, meiner Mängel, meiner Fehler gnädig dich erbarm',
o hilf mir, daß in jeder Weis' ich immer Gott gefall'
schön strahlend rein wie du – du Gottes Goldkristall.

St. Raphael, dein Nam' bedeutet „Gottes Heil",
du gabst davon Tobias einen wunderbaren Teil.
O führ' auch mich und gnädig hilf auch mir!
Du Gottes Heiler, mein Vertrauen schenk' ich dir.

St. Haniel, dein Nam' bedeutet „Gottes Gnad' und Huld",
wie eine Mutter hilf mir, hab mit mir Geduld,
daß ich in meiner Schwachheit nicht verlier' den Mut,
damit in meinem Leben alles werde immer wieder gut.

O Amfiel, dein Nam' bedeutet „Gottes Arm",
das tröstet mich und macht mein Herz ganz warm,
denn durch dich erhält und führt der Schöpfer mit Sophia alle Wesen
zu ihrem hohen Lohn und Ziel, in Lieb' und Gnade auserlesen.

O Eumiel, dein Nam' bedeutet „Guter Engel mein",
wie schön, denn das willst du auch wirklich sein,
das bist du auch, denn du bist immer gut zu mir,
deshalb lieb' ich dich und übergebe mich für immer dir.

DIENSTAG – TAG DER SIEBEN HAUPTWÜRDEN SOPHIA MARIAS UND IHRER SIEBEN HAUPTENGEL

Throniel – Sponsael, Seraphiel – Eugeniel, Cherubiel – Ikoniel sowie
Amoniel der Liebes-, Weisheits- und Freudenengel,
Sigamiel der Sieges-, Hochzeits- und Krönungsengel,
Kosmiel der Schöpfungs-, Werk- und Weltenengel,
Eubiel der Heil-, Gesundheits- und Segensengel.

Am Dienstag
gedenken wir der sieben Eigenengel der Sophia, der sieben Engel, eigens zugedacht der Angelarcha Sigmaria: der drei höchsten ihrer Einheit mit der Hlst. Dreifaltigkeit, die Sigmarias Liebe zum dreifalt'gen
Gott lobpreisen in all Ewigkeit, und der vier, die ihr im Himmel und
auf Erden sind gegeben zu ihrer Ehre und zum Dienst für unser Sein
und Leben.

GEBET ZU DEN SIEBEN EIGENENGELN SOPHIA MARIAS

Sieben höchste Engel sind davon besonders dir zu Ehr' und Dienst gegeben:
Drei von diesen sieben sind für deine drei Dreifaltigkeitsaspekte, Würden
auserwählt und auserkoren: Eugeniel, dir als Vaters Tochter wohlgeboren,
Sponsael, dir als Logosbraut auf deinem Throne,
Ikoniel, dir als höchste Geistikone.
Vier von diesen sieben sind den weit'ren höchsten Würden und Aspek-
ten dir geweiht, sie steh'n mit ihren Engelscharen stets zu deinem Dienst
bereit:
Amoniel, der dir in deinem Spiel und Tanz vor Jahwe assistiert, Kosmiel,
der dir in deiner Schöpfungsmitarbeit kooperiert,
Eubiel, durch den du deine Lebenskraft dem Menschen schenkst, Heil,
Glück und Segen reichlich zu ihm lenkst,
Sigamiel, der deiner Logoshochzeit freudig assistiert, und die Menschen
gern zum ewigen Hochzeitsmahl im Himmel führt.

Russische Ikone „ Aller Leidenden Freude“
© *Ikonenmuseum, Recklinghausen*

Sigmaria, Angelarcha, diese deine sieben Engel sind mir innigst lieb und teuer. Unermüdlich wirken sie in deinem Auftrag wohl gestärkt von deinem Liebesfeuer. Voll Bewund'rung schau ich staunend auf zu ihnen und zu dir. Bitte, schenkt mir einen Blick der Gnade, helft in eurer Macht und Lieb' auch mir!

MITTWOCH – TAG DER SIEBEN EIGENENGEL DES MENSCHEN

Am Mittwoch
schauen und betrachten wir die sieben Eigenengel, uns persönlich zugeteilt, ganz uns selbst zu eigen, von Gottes Lieb' und Gnade uns geschenkt, um uns zu zeigen, wie er uns liebt und durch die Engel führt zu allem Glück und Heil und daß wir einst an ihrer Himmelsfreude nehmen teil.

Der Mittwoch ist den sieben Eigenengeln des Menschen geweiht, d. h. den drei Familienengeln Vater-El, Mutter-El und Eumiel, dem Schutzengel, weiters den vier Lebensengeln Amonela, Kosmielo, Eubielo und Sigamela.

GEBET ZU DEN SIEBEN EIGENENGELN

Ihr lieben sieben Eigenengel mein,
laßt mich auch heute wieder euch besonders anempfohlen sein.
Ihr steht zu meinem Schutz und Dienst allzeit bereit,
mir gewährt von eurer Königin allsorgend Lieb' und Freundlichkeit:

Vater-El und Mutter-El, Engeleltern meiner Seele,
euch ich mich besonders innig anempfehle.
Meine Seele habt ihr schöpferisch erdacht,
mich zu eurem lieben Engelkind gemacht.
Euch vertrau' ich all mein Leben, Streben an,
ihr vollbringt auch das, was ich nicht kann.
Unter euren Flügeln fühl' ich mich daheim und wohl geborgen, jederzeit

all überall gestärkt und sicher ohne Sorgen.
Ehre, Lob und Dank sei euch dafür,
o seid weiterhin wie Vater Mutter lieb und gut zu mir.

O liebe Elternengel,
einen Engel habt ihr mir als Helfer mitgegeben,
der in eurem Auftrag liebt und schützt mein Leben.

Vier besond're Engel sind mir weiter noch gegeben
als Berater, Meister, Führer, Fachexperten für mein Leben,
Protektoren, hohe Förderer und Gönner meines Strebens,
Erzpatrone, Mitgestalter und Erfüller meines Lebens.
Dieser weisen, klugen, starken Freunde hab' ich vier,
die mit ihren wunderbaren Gaben und Talenten eigens helfen mir:

Amonela, schenk mir Liebe, Freundschaft, Lebensglück,
bringe, wenn verloren, es zurück!
Kosmielo, zeig mir meinen Auftrag, meine Sendung in der Welt,
schütze Arbeitsplatz, Beruf und Wirkungsfeld!
Eubielo schenke Heil, Gesundheit, Wohlbefinden,
mache Krankheit, Angst und Unruh ganz verschwinden!
Sigamela, bringe guter Wünsch' Erfüllung, Freude, Himmelswonne,
laß erstrahlen mir auch Christi und Sophias ew'ge Hochzeitssonne!

DONNERSTAG – TAG DES PERSÖNLICHEN SCHUTZENGELS DES
MENSCHEN

Am Donnerstag
betrachten wir den Schutzengel, der uns persönlich ist gegeben,
zu helfen uns, daß wir erreichen unser Ziel, das ew'ge Leben.
Er ist aller Liebe Gottes Inbild, Bote und Vertreter,
Gnadengegenwart.

Er steht für seinen Schützling stets bereit auf siebenfache gute Art.
Wir danken Gott für diesen wunderbaren Helfer und Begleiter,

der mit seinen Worten, Händen, Flügeln uns beschützt und führt durch unser Leben in den Himmel, immer höher, immer weiter.

Der Donnerstag ist dem eigenen persönlichen Schutzengel speziell geweiht in seinen sieben Aspekten als Archetyp, Adelphos, Jugamel, Archegos, Synergos, Iaterel und Kustodiel.

GEBET ZUM SCHUTZENGEL

O Schutzengel,
als Archetyp, Adelphiel und Jugamel bist engstens mir verbunden,
das bereitet mir viel Freude, schenkt mir hohe Gnadenstunden.
Hab' Dank für diese wunderbare Jugal-Lieb,
o immer mehr ihr Wachstum und Erfüllung gib!
Als Archegos erwecke, inspirier' und führe mich.
ich bin bereit und hör' auf dich.
Als Synergos, o wirk' und schaff' im Bund mit mir,
ich arbeit' gerne mit und folge dir.
Als Iater bist du Retter, Arzt und Heiler mir,
o rette, heile mich, ich danke dir.
Als mein Kustodiel, da wachst du immer über mich,
o dein bin ich und ewig lieb' ich dich.

FREITAG – TAG DER ENGEL JESU CHRISTI

Am Freitag
da gedenken wir der Engel Jesu Christi unsres Herrn,
die hier auf Erden und im Himmel oben dienen ihm so treu und gern.
Am Freitag wollen wir die Engel suchen, sehen,
die dem Leben Jesu eigens ganz zu Diensten stehen,
die ihm halfen hier auf dieser undankbaren Welt,
wo er als Heiland, guter Hirt und Leidensheld
uns Gnad' und Kraft verdienet hat mit seinem Blut,
womit er uns erlöste, alles machte wieder gut.

Rembrandt: Jakob ringt mit seinem Schutzengel
© *Bildarchiv Preußischer Kulturbesitz*

Diese Engel sind die großen Helfer auch in unserer Not,
sie helfen immer, wenn uns Tod und Leiden droht.

Der Freitag ist den Engeln Jesu Christi, d. h. den Engeln seines Lebens und
Sterbens, seiner Auferstehung und Himmelfahrt, aber auch den Engeln seiner Herrlichkeit, wie in der Geheimen Offenbarung verkündet, geweiht.

GEBET ZU DEN ENGELN JESU CHRISTI

O Engel Gabriel, du hast Maria die Menschwerdung des Sohnes Gottes verkündet, erflehe uns die Gnade, dieses Geheimnis tiefer zu erkennen.

O Engel, die ihr die Geburt Jesu den Hirten verkündet habt, führet auch uns zum göttlichen Kind in der Krippe.

O Engel, die ihr Jesus in seinem öffentlichen Leben so treu gedient habt, lehrt auch uns Jesus zu dienen und helft auch uns in unsrem Leben.

O Engel, der du Jesus am Ölberg getröstet hast, tröste und stärke auch uns in schweren Stunden.

O Engel, die ihr Jesus auf seinem Kreuzweg und im Tode am Kreuze beigestanden seid, verlaßt auch uns nicht in Kreuz und Leid und in der Todesstunde.

O Engel, die ihr Jesu Auferstehung und Himmelfahrt verkündet habt, führt uns zur Auferstehung und zum Eintritt in den Himmel.

O Engel, die ihr Jesu Christi Herrlichkeit und Freude im Himmel seid, helft uns, die wir noch auf Erden weilen, daß auch wir an seiner himmlischen Herrlichkeit und Freude, an seinem Hochzeitsmahl mit Sophia Maria und allen Heiligen teilnehmen dürfen.

Samstag – Tag der Engel Sophia Marias

Am Samstag
da gedenken wir der Engel von Marias Freud' und Leid und
Herrlichkeit. O ihr Gedächtnis bring' uns Friede, Kraft und Seligkeit!

Der Samstag ist den Engeln Sophia Marias geweiht, besonders den Engeln ihrer 3 x 7 = 21 großen Lebensereignisse, d. s. die sieben Freuden, die sieben Schmerzen und die sieben Herrlichkeiten Marias. Siehe auch ihre 21 hohen Eigenschaften im Buch der Weisheit (Weish 7,22-24). In diesen Engeln vom Samstag sind auch die sieben Eigenengel Sophia Marias vom Dienstag noch einmal miteingeschlossen.

Gebet zu den Engeln Sophias

O ihr Engel der Freuden Mariens, laßt uns teilnehmen an den Freuden Mariens im Himmel und auf Erden.
O ihr Engel der Schmerzen Mariens, erfleht uns Trost und Kraft in Kreuz und Leid.
O Engel der Herrlichkeiten Mariens, führet uns zur Teilnahme an der Herrlichkeit Sophia Marias im Himmel, an ihrer Hochzeit mit Jesus Christus, dem Messias.
O Engel der 21 Eigenschaften der Weisheit Sophia Sigmaria, laßt uns teilhaben an diesen wunderbaren Eigenschaften und Gaben eurer Königin.
O ihr Eigenengel der Sophia Maria, o ihr Engel der sieben höchsten Würden eurer Königin, laßt uns ihre Herrlichkeit erkennen und lobpreisen.
O ihr Engel Sophia Marias, der Frau aller Völker, helft uns, Maria als die Frau aller Völker zu erkennen und an ihrem Werk, wie sie gebeten hat, mitzuarbeiten.

Herr Jesus Christus, Sohn des Vaters,
sende JETZT Deinen Geist über die Erde.
Laß den Heiligen Geist wohnen in den Herzen ALLER Völker,
damit sie bewahrt bleiben mögen vor Verfall, Unheil und Krieg.
Möge die FRAU ALLER VÖLKER, die einst Maria war,
unsere Fürsprecherin sein. AMEN.

Die Heilige Schrift nennt Maria 'FRAU', sooft auf ihre vermittelnde Aufgabe hingewiesen wird (Genesis, Kana, Kalvaria, Apokalypse). In den Jahren 1945-1959 erhielt in Amsterdam eine Frau, namens Ida Peerdeman, Botschaften. Darin wünscht Maria, gerade jetzt „in dieser Zeit, die unsere Zeit ist", 'FRAU ALLER VÖLKER' genannt zu werden.

Sie bittet um die offizielle Anerkennung ihrer Sendung als „Miterlöserin, Mittlerin und Fürsprecherin". „Dann wird die Frau aller Völker der Welt den Frieden, den wahren Frieden schenken" Sie zeigt sich vor dem Kreuz stehend, mit dem sie untrennbar und schmerzvoll verbunden ist, und gibt der Seherin das obenstehende Gebet. Aus Marias offenen Händen kommen drei Strahlen, die „Gnade, Erlösung und Friede" für alle Völker bedeuten.

Diese Gaben, die am Kreuz Christi entspringen, verspricht sie, all denen zu schenken, die dieses Gebet täglich vor einem Kreuz oder vor diesem Bild beten.

... die einst Maria war" erklärt Maria selbst: „Viele haben Maria als Maria gekannt ... Nun aber will ich in diesem neuen Zeitabschnitt, der anbricht, die Frau aller Völker sein. Das versteht jeder" (2. 7. 1951).

„*Die Mutter und Frau aller Völker*"

Imprimatur: Regensburg 3. 1. 1963

265

Anhang

Gebete für den Alltag

Zum Schutzengel

Das Mysterium des Schutzengels ist eines der tröstlichsten
Geheimnisse der Gottesliebe, das aber viel zu wenig wird erkannt,
o daß das nicht in Zukunft auch so weiter bliebe!
O nein, es kommt die Zeit, sie bricht schon an, sie ist schon da,
wo dies Geheimnis wird erkannt und ausgewertet fern und nah.

O Schutzengel lieb und fein,
Beschützer, bester Freund und Helfer mein,
o Sonnen-, Licht- und Strahlenwesen lieb,
mir Licht und Sonnenschein im Leben gib!
Für alles Gute, Schöne dank' ich dir,
durch dich kommt Weisheit, Liebe, Freude mir.
Erleuchte, führe, inspiriere mich
und immer wieder himmlisch zu mir sprich!
An Leib und Seele zärtlich mich berühr',
daß allseits ich dein himmlisch Lieben spür'.
Mit deinen Flügeln hüll' mich ringsum ein,
darunter werd' ich sicher, heil und selig sein.

O welch' ein Glück und Segen, welche Gnad',
daß einen solchen Himmelsfreund ich hab',
so lieb und mächtig, weise, schön und gut,
das macht mich glücklich, schenkt mir Freud' und Mut.
Du bist die himmlisch' bess're Hälft' von mir
und ich dein Zwilling, urgezeugt mit dir.
O Engel, Liebster, auserwählt für mich:
Ein himmlisch' Dual wir, o du und ich.
Ich liebe und verehre dich,

266

o lieb' auch du mich inniglich.
Die Elternengel haben mich erdacht
und dir ihr Kind zu Schutz und Hilf' vermacht,
daß du es führest heil durch diese Zeit
zum Gottesfreudenglück mit dir in Ewigkeit.

O ENGEL, MIR VOM HIMMEL WUNDERBAR GESCHENKT

O Engel, mir vom Himmel wunderbar bereitet und geschenkt,
nur eine Bitt' und Sorge hab' ich, die mich sehr bedrängt:
Wenn einsam, arm ich bin und ohne Mut,
dann nimm in deine Arme mich, in deine Hut!
Wenn schwach und krank ich bin und Sorge mich bedrückt,
dann gib mir wieder Kraft und Freud, die mich beglückt!
Wenn meine Kräfte schwinden und ich nicht mehr kann,
dann bete du für mich und flehe Gott inständig an.
Wenn alles um mich dunkel wird, zusammenbricht,
dann sei bei mir mit deiner Kraft, mit deinem Licht!
Dann tröst' und stärke mich in meiner großen Not
und schenke mir auch einen leichten, frohen Tod.
O nimm mich fest in deine gute, starke Hand
und führ' mich lieb in unser aller Heimatland. Amen.

O ENGEL, DEINE PRACHT UND SCHÖNHEIT

O deine Pracht und Schönheit, laß sie einmal schauen mich,
bezaubernd bist du, Engel, nur bewundern kann ich dich.
Und deine tiefe Weisheit laß erfahren und erleben mich,
ich sehne mich danach, o Engel mein, ich brauche dich.
In dir ist Gottes Vaterlieb' zu mir Gestalt geworden,
in dir ließ seine Muttergüt' er überborden.
In dir sind alle guten Gaben für mich ausgegossen,
in dir ist all mein Glück und Heil von Anbeginn beschlossen.

SCHUTZENGEL MEIN, ICH BIN DEIN

Schutzengel mein, ich bin dein,
ich gehöre dir und du bist ganz zu eigen mir,
denn ich hab' mich einst in einer Gnadenstunde selig dir geweiht
und so bin ich heut' und immer wieder gern mit dir bereit,
Gott und seinem Plan zu dienen in der Welt,
wozu wir beide sind mitsammen auserwählt.
Schutzengel, verbind' mich auch mit allen and'ren Engeln mein,
daß wir gemeinsam Gottes Freudenboten, Lebenshelfer sei'n.

MORGENGEBETE

Schutzengel, Dank sei dir für diese Nacht,
du hast mich wieder gut beschützt und lieb bewacht.
Mit deinem Segen fang' ich an den neuen Tag,
hilf mir, daß es ein guter Tag sein mag.

Ein neuer Tag fängt wieder an
auf meiner gottgeschenkten Lebensbahn.
Schutzengel, hilf und steh mir bei,
daß es ein Tag voll Glück und Segen sei.

WÄHREND DES TAGES

Schutzengel, unter deinen Flügeln fühl' ich mich geborgen,
da leb' ich sicher, froh und ohne Sorgen.
So hab' ich keine Angst und keine Bange,
weil ich von dir heut alle Lieb' und Hilf' empfange.

Schutzengel, gib der Arbeit, die ich nun beginn',
schenk ihr deinen Segen, gib ihr Kraft und Sinn,
woll'st dazu mir gnädig stehen bei,
daß sie ein Segen auch für meine Umwelt sei.

ABENDGEBETE

Schutzengel, ein Tag geht nun zu Ende,
ich leg' ihn ganz in deine Hände.
Verzeih', wenn ich nicht folgte dir
und das nicht tat, was du geraten mir.
Für alles Gute, Schöne danke ich dir,
du warst auch heut' so gut und lieb zu mir.

Schutzengel, Dank sei dir für alles Gute, Schöne heut',
du hast mich wieder gut beschützt und lieb betreut.
Jetzt geh' ich schlafen – schlaf' in deinen Armen ein,
laß auch im Schlafen mich bei dir geborgen sein.

KURZ- UND STOßGEBETE ZUM SCHUTZENGEL

Schutzengel, tröste, stärke mich in jeder Not,
hilf mir, wenn Unheil, Unglück, Krankheit droht.

Schutzengel, ich weiß nicht mehr, wo aus und ein,
woll'st gnädig du in dieser Not mir bester Rat und Helfer sein.

Schutzengel, ich verehre dich und hab' dich lieb,
mir heute wieder Kraft, Gesundheit, Glück und Segen gib.

Schutzengel mein, o hilf bei dieser Therapie,
daß alles Kranke von mir weiche, flieh
und niemals wiederkomme, niemals, nie.

ZU MEINEN ENGELELTERN

Engelvater, Engelmutter, Eltern meiner Seele,
all mein Leben ich euch innigst anempfehle.
Die Idee, nach der ihr mich erdacht, gemacht,
werde Wirklichkeit durch euch zu meinem Heil,
zu eurer Freud und Pracht.

KURZE ANRUFUNG DER VIER LEBENSENGEL

O Amonela,
schenk mir Weisheit, Liebe, Freundschaft, Lebensglück,
bring' – wenn verloren – alles wieder gut zurück!
O Kosmielo,
zeig mir Auftrag, Sendung in der Welt,
schütz Arbeitsplatz, Beruf und Wirkungsfeld!
O Eubielo,
schenk mir Heil, Gesundheit, Wohlbefinden,
bring' Krankheit, Angst und Unruh zum Verschwinden!
O Sigamela,
schenk mir Sieg und Siegeskrone,
stets laß scheinen tiefen Glückes Sonne,
erfreue und erfülle mich mit Christi und Marias
ew'ger Hochzeits-Liebeswonne!

GEBET ZU DEN SIEBEN EIGENENGELN DES MENSCHEN

Ihr sieben hohen Engel mein,
wollt über, neben, hinter, vor mir sein!
O hüllt mich ein 'mit eurer Lieb' und Macht,
dann wird an allen Orten immer alles gut vollbracht.
O Elternengel schaut vom Himmel aus auf euer Kind
und laßt es nicht verloren geh'n im Erdenlabyrinth.
O Schutz- und Liebesengel nimm mich bei der Hand
und führ' mich heil durch dieses irdisch' Prüfungsland.
O Kosmielo hilf mir heute bei der Arbeit, im Beruf,

damit die Sendung ich erfüll', für die mich Gott erschuf.
O Eubielo aufgestellt zum Heil für Leib und Seele mein,
bewahre mich vor Krankheit, Unglück, Leid und Pein,
dann werd' ich dankbar heil, gesund und glücklich sein.
O Amonela mir von deiner Herrin Amonia huldvoll zugedacht,
mach glücklich, was so lieb du hast zusammen 'bracht.
O Sigamela führe mich zum Gottessohn, zu Jesus Christ,
der um den Menschen zu vergöttlichen, ganz menschgeworden ist,
weise meinen Platz mir zu bei seinem Hochzeitsmahl,
das er mit Sigamia feiert und den Heil'gen all im Himmelssaal.
Ihr wunderbaren sieben Engel Gottes mein,
wollt über, neben, hinter, vor mir sein!
Nur so wird alles Böse von mir weichen,
nur so werd' ich mein Ziel erreichen.

LITANEI ZUM HEILIGEN SCHUTZENGEL

Herr, erbarme dich meiner/unser.
Christus, erbarme dich meiner/unser.
Herr, erbarme dich meiner/unser.
Gott Vater im Himmel, erbarme dich meiner/unser.
Gott Sohn, Erlöser der Welt, erbarme dich meiner/unser.
Gott Heiliger Geist, erbarme dich meiner/unser.
Heiliger dreifaltiger Gott, erbarme dich meiner/unser.
Christus, Herr und König der Schöpfung, erbarme dich meiner/unser.
Christus, Herr und König der Engel, erbarme dich meiner/unser.
Christus, Erlöser und Heiland der Menschen, erbarme dich meiner/unser.
Sophia Maria, Mutter und Hohe Frau der Schöpfung, bitte für mich/uns.
Sophia Maria, Herrin und Königin der Engel, bitte für mich/uns.
Sophia Maria, Mutter und Königin der Menschen, bitte für mich/uns.
Erzengel Michael, bitte für mich/uns.
Erzengel Gabriel, bitte für mich/uns.
Erzengel Raphael, bitte für mich/uns.
Erzengel Uriel, bitte für mich/uns.
Erzengel Throniel, bitte für mich/uns.

Erzengel Jophiel, bitte für mich/uns.
Erzengel Haniel, bitte für mich/uns.
Erzengel Amfiel, bitte für mich/uns.
Erzengel Eumiel, bitte für mich/uns.
All ihr hohen Erzengel der neun Chöre, bittet für mich/uns.
All ihr hohen Erzengel der sieben Aspekte Sophia Marias, bittet für mich/uns.
All ihr sieben persönlichen Eigenengel, bittet für mich/uns.
Ihr beiden Elternengel und du Schutzengel, ihr drei Familienengel, bittet für mich/uns.
Ihr vier Aspekt- und Lebensengel, bittet für mich/uns.
All ihr herrlichen Engel Gottes, bittet für mich/uns.

Heiliger Schutzengel, bitte für mich/uns.
Du stehst in den Reihen der himmlischen Hierarchie vor Gottes Angesicht, bitte für mich/uns.
Du schaust Gottes Macht und Größe, Schönheit und Liebe, bitte für mich/uns.
Du verehrest, lobest und preisest ihn hoch und unaufhörlich, bitte für mich/uns.
Du bist der Arm Gottes, mit dem er mir hilft, bitte für mich/uns.
Du bist das Flügelpaar Gottes, in dem ich geborgen bin, bitte für mich/uns.
Du bist mir von Gott als steter Begleiter und Helfer geschenkt, bitte für mich/uns.
O Schutzengel, durch dich sorgt Gott für mich und schenkt mir seine Liebe, bitte für mich/uns.
Du bist der Heilsgesandte Jesu Christi und der Liebesbote Sophia Marias, bitte für mich/uns.
Du bist der Vertreter aller Engel in ihrer Sorge und Hilfe für mich, bitte für mich/uns.
Du bist die persönliche Gegenwart ihrer Schutz- und Liebeskräfte für mich, bitte für mich/uns.
Du stehst auf siebenfache hilfsbereite Weise zu meinem Schutz und Beistand stets bereit, bitte für mich/uns.
Komm mir in jeder Not und Gefahr zu Hilfe und rette mich, bitte für mich/uns.

Schutzengel, ein Kind behütend
Gemälde von Joseph Karl Stieler, o.J.
© Bildarchiv Preußischer Kulturbesitz
Original: Mainz, Mittelrheinisches Landesmuseum

O Schutzengel, du bist mein Archetyp, mein Ur- und Vorbild, gib mir Licht und Kraft, daß ich dich als mein Ur- und Vorbild erkenne und danach lebe, bitte für mich/uns.

Du bist mein Adelphiel, mein Bruder/meine Schwester, mein Zwilling, laß mich immer dein Bruder/deine Schwester sein, bitte für mich/uns.

Du bist auch mein Jugamel, mein Bräutigam/meine Braut, laß mich immer in deiner jugalen hierogamen Liebe angenommen und geborgen sein, bitte für mich/uns.

O Jugamela/o, du bist mir zu hierogamer Gemeinschaft der Liebe geschenkt, bitte für mich/uns.

Du bist mein Engel-Dual, von Gott und Sophia mir zugedacht und anvertraut, bitte für mich/uns.

Du bist mein Engel-Jugal, von Sophia mir auserwählt und angetraut, bitte für mich/uns.

Du bist mein Bruder/meine Schwester, mein Zwilling, urgezeugt mit mir, bitte für mich/uns.

Du führst mich durch alle Fährnisse dieses Lebens zur ewigen Freude und Erfüllung, bitte für mich/uns.

O Schutzengel, du bist mein Archegos, mein Aufwecker, Inspirator und Motivator, bitte für mich/uns.

O Archegela/o, du inspirierst mir gute, hohe und schöne Gedanken, bitte für mich/uns.

Du erwirkest mir die Bereitschaft und die Kraft, diesen Inspirationen zu folgen, bitte für mich/uns.

Du ebnest mir neue Wege und öffnest mir Türen und Tore, bitte für mich/uns.

Du schaffst Voraussetzungen und Grundlagen für einen neuen Anfang und gutes Gelingen, bitte für mich/uns.

Du hilfst mir, falsche und negative Lebensmuster zu ändern, bitte für mich/uns.

O Schutzengel, du bist mein Synergos, mein bester Helfer und Mitarbeiter, bitte für mich/uns.

O Synergela/o, du weißt um unsere gemeinsame Aufgabe, die uns Gott zugewiesen hat, bitte für mich/uns.

Du führst und stärkst mich in dieser gemeisamen Arbeit, bitte für mich/uns.

Stefan Lochner: Muttergottes in der Rosenlaube
© Wallraf-Richartz Museum, Köln

Du bist mein bester Freund und Helfer in diesem gemeinsamen Dienst, bitte für mich/uns.

Du bist mein starker Gefährte und Mitarbeiter, bitte für mich/uns.

Du bist mein kluger, weiser Kompagnon und Partner, bitte für mich/uns.

O Schutzengel, du bist auch mein Iater, mein bester Retter, Heil-, Glücks- und Segensengel, bitte für mich/uns.

O Iaterela/o, du bist mein machtvoller Retter aus jeder Not und Gefahr, bitte für mich/uns.

Du bist mein Erlöser aus Abhängigkeit von bösen Gewohnheiten und Süchten, bitte für mich/uns.

Du zeigst mir Wege und Mittel für Gesundheit an Leib und Seele, bitte für mich/uns.

Du hilfst mir, daß meine Sehnsucht nach Liebe und Geborgenheit Erfüllung finde, bitte für mich/uns.

Du tröstest mich in schweren Stunden und wandelst sie in Freude, bitte für mich/uns.

O Schutzengel, du bist auch mein Kustodiel, der über mich wacht bei Tag und bei Nacht, bitte für mich/uns.

O Kustodiela/o, du beschützest mich in jeder Lebenslage, bitte für mich/uns.

Du verteidigst mich bei Attacken und Angriffen des Bösen, bitte für mich/uns.

Du stärkest mich in Versuchungen und rätst mir in Zweifeln, bitte für mich/uns.

Du bist mein tapferster Kampfgefährte und treuester Bundesgenosse, bitte für mich.

O heiliger Schutzengel, mit deiner siebenfachen Macht und Güte, all ihr heiligen Engel und Erzengel, bittet für mich/uns. All ihr Heiligen und Seligen, bittet für mich/uns.

Beschützt mich in allen Gefahren des Leibes und der Seele. Helft mir, meine Aufgaben auf Erden zu erfüllen. Belehrt und führt mich, damit ich Maria Sophia und Jesus Christus wohlgefalle und würdig diene und dadurch mein ewiges Ziel im Himmel bei euch und allen Heiligen erreiche, durch Christus, unsern Herrn. Amen.

GEBETE ZU SOPHIA MARIA

MARIA, HIMMELMUTTER, ALLER ENGEL KÖNIGIN

Maria, Himmelmutter, aller Engel Königin,
du bist auch meine Mutter, beste Helferin:
O sende deine Engel heute, schick' sie mir,
daß hilfsbereit und mächtig, stets geführt von dir,
am heut'gen Tag' sie treu zur Seite mir steh'n,
an ihrer Hand mich halten, mit mir geh'n,
mir raten, helfen und mich führen,
immer mich zum Guten inspirieren,
daß den ganzen Tag stets wunderbar
deine Lieb' und Macht werd' offenbar,
daß an allen Orten und zu jeder Zeit
du und deine Engel sei'n gebenedeit.

SIGAMIA, MITERLÖSERIN UND MITTLERIN

Sigamia, Miterlöserin und Mittlerin, o aller Völker Frau,
in deiner Gnadenmacht auf die ganze Welt und uns allgnädig schau.
Als Sigamarcha-Omegarcha wurdest du von deinem Sohn,
dem Sigamarchon-Omegarchon in den Himmel aufgenommen und gekrönt,
darob die ganze Schöpfung all zu deinem Ruhm nun singt und tönt.

Sophia, Mutter, Herz der Schöpfung, Amon auch genannt,
bist von Vater, Mutter, Sohn umgeben, Gott verwandt,
strahlst in ihrer Mitte wie ein dreifach heller Diamant,
leuchtest, spielst vor ihnen, bist von Liebe ganz entbrannt.

Chokmaria, Heptamia, beste Mutter mein,
in deiner Heptamacht und Liebe laß mich ganz geborgen sein.
O hilf durch deine HEPTAELI mir in jeder Not und Pein
und unter ihren Flügeln laß mich stets beschützt, getröstet sein.

Hl. Hildegard von Bingen: Kosmovision
© *Otto Müller Verlag, Salzburg*

*Zum Abschluß sei hier die visionäre Schau der heiligen Hildegard von
Bingen gebracht, in der das in der SEL über die Sophia und die Engel
Gesagte eindrucksvoll bildlich dargestellt ist.*

DANKSAGUNG

David Steindl-Rast schreibt in seinem inspirierenden Buch „Grateful-ness – the Heart of Prayer" (deutsche Ausgabe „Fülle und Nichts", 1985): „Wir alle sind das, was wir sind, nicht ohne unsere Eltern, Leh-rer und Freunde. Jeder von uns braucht den anderen. Fülle wächst aus der Dankbarkeit. Die Freude ist Ausdruck der Dankbarkeit".

Das habe ich in meinem Leben immer wieder erfahren dürfen, beson-ders auch beim Schreiben dieses Buches „Wunderwelt der Engel – Welt der Liebe und der Weisheit". Deshalb ist es mir ein großes Bedürfnis, all jenen, die mir bei diesem Buch geholfen haben, meinen tiefempfunde-nen Dank auszusprechen.

Mein tiefster und ehrfurchtvoller Dank gebührt vor allem Jesus Chri-stus, dem Angelarchon, und Sophia Maria, der Angelarcha, und ihren heiligen Engeln, die mich anregten, dieses Buch zu beginnen und mir auch die Kraft gaben, es zu vollenden.

Meinen herzlichen Dank möchte ich aussprechen Frau Luise Wittmann und Herrn Georg Schmertzing, die die Herausgabe dieses Engelbuches angeregt und dem Kompetenz Verlag empfohlen haben.

Ein spezieller Dank gilt auch dem Direktor des Ostkirchlichen Instituts in Regensburg, dem Hwst. Herrn Prälat Dr. Albert Rauch, für seine fachkundige Beratung und besonders für sein einführendes Begleitwort, das den Sinn dieses Engelbuches in seinem Wesen zusammenfaßt und wiedergibt.

Mein besonderer Dank gilt dem Kompetenz Verlag und vor allem sei-ner Leiterin, Frau Maria Becker und der Lektorin, Frau Isabella Müller, die sich durch ihre engagierte Mitarbeit bei der Endredaktion so gekonnt mit Sachverstand und Herz einsetzten.

Danken möchte ich auch Frau Theresa Schalch für die vielen Schreib- und Korrekturarbeiten, die für die Herausgabe des Buches erforderlich waren.

Mein weiterer großer Dank gebührt auch allen, die bei diesem Buch mit Rat und Tat mitgewirkt und mitgeholfen haben. Besonders danke ich den Autoren und Verlagen, aus deren Schriften ich mit ihrer freundlichen Genehmigung Texte und Bilder übernommen habe.

Möge die Königin der Engel Sophia Maria, die Angelarcha, mit ihren seligen hohen Heerscharen all jenen, denen ich Dank schulde, helfen und ihnen alles reichlich aus dem Schatz ihrer Liebe und Weisheit lohnen und vergelten.

Lenggries, im Herbst 2000

G. R. Thomas Schipflinger

AE = Antwort der Engel (auf den Seiten 157-169); AE = Aspektengel; Apg = Apostelgeschichte; Apok = Apokalypse, Am = Amonia, Amoniel; AT = Altes Testament; Bd. = Band; Bald. E. = Baldachin-Engel; Cherub = Cherubiel; DA = Dictionary of Angels; d. h. = das heißt; d. s. = das sind; Dionys.Ar. = Dionysios Areopagita; E = Elfen; Eb = Eubimia, Eubiel; EE = Engel erlebt; En = Engel; Eph = Brief an die Epheser; FE = Führerengel z.B. eines Chores oder einer Gruppe; G = Gollwitzer; gam = vermählt; Gen = Genesis; GM = Gruppenmitglied; gr. = griechisch; Hg. = Herausgeber; Jes. = Das Buch Jesaja; Joh = Evang. nach Johannes; Km = Kommentatorin; Kol. = Brief an die Kolosser; Kos = Kosimia, Kosmiel; M = Maria; lat. = lateinisch; Mk = Markus (Evang.); Metth. = Mettenheim; N = Nymphe; NT = Neues Testament; Offb = Offenbarung des Johannes; OSA = Opus Sanctorum Angelorum; S = Sophia; SEK = Sophianische Engelkunde; SEMA = Sophianische-Engel-Mensch-Adelphia; sansk. = Sanskrit; SEL = Sophianische Engellehre; Sig = Sigamia, Sigamiel; Sir = Buch Jesus Sirach; Spr = Buch der Sprüche; S. Th. = Summa Theologica von Thomas von Aquin; SU = Sprung ins Unbekannte; W = Alfred Wikenhauser; Weish = Buch der Weisheit.

Adelphia (gr., a = zusammen, gemeinsam + delphys = Mutterschoß = gemeinsam in einem Mutterschoß geworden = Geschwister) = Geschwisterschaft. Name für die geschwisterliche Gemeinschaft von Engel und Mensch, von Engeln und Menschen, im Mutterschoß Sophia Marias geworden und in und aus ihm lebend.

Adelphie = deutsche Form von Adelphia.

adelphisch = geschwisterlich, brüderlich und schwesterlich.

adelphianisch = auf die Adelphia bezogen, der Adelphia eigen, gehörig, sie betreffend.

Adelph = männliches Mitglied der Adelphia, Adelphe = weibl. Mitglied der Adelphia.

Adelphen = Mehrzahl von Adelph bzw. Adelphe, Mitglieder der Adelphia.

Adoniel = Engel des Adon (adon hebr. = Herr) = Engel des Herrn, anderer Name für Kyriel, hoher Herrschaftsengel, identisch oder verwandt mit Gabriel.

Akrostichon (gr.) = Wort, dessen Buchstaben wieder die Anfangsbuchstaben eines neuen Wortes bilden, z B. Ichthys (gr. Fisch) ist so ein Akrostichon und wird gelesen: Jesus Christus Theou = Gottes Yios = Sohn, Soter = Erlöser, Retter = Jesus Christus Gottes Sohn und Retter.

Akroname = ein durch ein Akrostichon gebildeter Name, Akronym

Amfiel (Anafiel, hebr. Zweig, Arm Gottes) = Schöpfungshelferengel, Engel der Somatisation = Verleiblichung. Er wird deshalb auch Somaturgiel genannt. Er ist in Birkenstein dargestellt als der Engel mit dem Polster (Polsterengel). Das viereckige Polster ist Symbol für die Materie, den Leib = Körper. Die Krone darauf ist Symbol für die Seele, für welche Amfiel den Leib bereitet. Amfiel ist der Führer der kosmotropen Thronengel. Amfiel ist die leichter aussprechbare Form von Anpiel = Anafiel (DA 17).

Amon: Das hebräische Wort "Amon" hat nach Spr 8,30 mehrere Bedeutungen: 1. geliebtes Kind, Liebling, Geliebte, Getreue, ander Jahwe (Gott) seine Freude und Wonne hat; 2. Künstlerin, Werkmeisterin =

Beraterin und Mitarbeiterin Jahwes bei der Schöpfung. Der diesbezügliche wichtigste Text lautet: „Als er (Jahwe) die Himmel baute, da war ich (die Sophia) dabei (...), als er die Fundamente der Erde legte, da war ich bei ihm als seine Amon. Ich war seine Freude Tag für Tag und spielte vor ihm allezeit" (Spr 8,27 und 30). Dieses Wort „Amon" des hebräischen Textes der Bibel wurde übersetzt: Von der Septuaginta mit „Harmozousa"; harmozousa kommt von „harmozein" (gr.) und bedeutet zusammenfügen, Harmonie schaffen, in Harmonie bringen. Die Sophia ist also diejenige, die mit Jahwe alles in Harmonie zusammenfügte, die kein Chaos schuf, sondern Harmonie, d. h. die alles harmonisch ordnete. Sie ist die Harmonisierende, die Harmonie in Person.
Von der Vulgata wird Amon mit „Cuncta Componens", d. h. alles harmonisch ordnend, übertragen. Luther übersetzt Amon mit Werkmeister(in). Der Exeget Arndt übersetzt in Biblia Sacra nach der Vulgata mit „alles ordnend" und erklärt in der Anmerkung: Nach dem hebräischen Text als „Werkmeisterin".
Die deutsche Einheitsübersetzung hat für Amon „Geliebtes Kind"; die Echter-Bibel übersetzt Amon mit „Beraterin". Alle Übersetzungen sind richtig und bringen wichtige Teilbedeutungen dieses hebräischen Wortes „Amon" zum Ausdruck. Eine Zusammenschau und Synthese dieser Übersetzungen kann uns eine Ahnung von der wunderbaren Größe und Herrlichkeit, Hoheit und Würde, Aufgabe und Macht der Sophia vermitteln. Siehe dazu: Ludwig Koehler, Wörterbuch zum Hebräischen Alten Testament, Leiden 1985, S. 59 ff. Der lateinische Ausdruck „componens" läßt uns an das Wort „Komponist" denken, das ist ein künstlerisch tätiger, schöpferischer Musiker. Der griechische Ausdruck „harmozousa" erinnert an das Wort „Harmonie". Die Göttin Harmonia galt in der griechischen Mythologie als die Mutter der neun Musen. Beide Übersetzungen, die griechische wie die lateinische, weisen darauf hin, daß die Amon eine eminent künstlerische Begabung und Fähigkeit besitzt. Das finden wir auch im Buch der Weisheit bestätigt, wo die Sophia ausdrücklich Artifex, Technitis = Meisterin, Künstlerin genannt wird. Salomo bekennt von ihr: „Die Künstlerin von allem, die Sophia, hat mich das alles gelehrt" (Weish 7,21).

Amonia = Kurzname für Amon Jahwe = Geliebte, Vertraute, Mitarbeiterin Jahwes (Spr 8,30); Aspektname Sophias in ihrem amonialen Aspekt.

amonial = der Amonia gehörig, sie betreffend, mit ihr übereinstimmend.

Amoniel = Erz- und Hauptengel der Amonia in ihrem amonialen Aspekt, Führer der Amonieli = jener Engel, die der Sophia als Amonia besonders zugeteilt sind. Amoniel ist identisch oder nahe verwandt mit Uriel. Amonieli = Engel des amonialen Aspektes der Sophia.

Amonela = der eigene, aus der Gruppe der Amonieli stammende Lebensengel des Menschen, der sich besonders um die amoniale Aufgabe des Menschen kümmert.

Anagoga (gr.) = Höherführerin; Anagogé = Höherführung; anagogisch = höherführend.

Angelarcha = Arché / Archa = Anfang, Ursprung, Herrin, Herrscherin, Königin der Engel.

Angelarchon = Name für Jesus Christus als Herr und König der Engel.

Angelologie = Lehre über die Engel, Engelkunde, Engellehre.

Apokalypse (gr. Enthüllung, Offenbarung). Apokalypse = das biblische Buch der „Geheimen Offenbarung", Abkürzung = Apok oder Offb.

apokalyptisch = endgültig enthüllend, offenbarend und erfüllend.

Archa = Herrin, Herrscherin, z. B. Kosmiarcha = Urheberin, Herrin des Kosmos.

Arché (gr.) = Anfang, Ursprung, Beginn, lat. Initium = hebr. Reschit.

Archegela = einer der vier Funktionsnamen für den Schutzengel. Das Wort Archegela kommt von archegos (gr.) = Urheber, Oberhaupt, erster Veranlasser. Archegela kann der Schutzengel genannt werden in seiner archegetischen Funktion als Initiator, Motivator, Chef, Bahnbrecher und Wegbereiter, Aufzeiger, Offenbarer von Chancen und Gelegenheiten.

archegetisch = vom Archegetes kommend, auf ihn bezogen, ihm eigen.

Archegos, Archegetes (gr.) = Urheber, Oberhaupt, Gründer, Begründer, die erste Veranlassung gebend, den Anfang setzend.

Ariel = der löwengleiche, löwenstarke Engel, mit Raphael der Führer der

Principes = Fürstengel, Helfer Raphaels als Heilengel. Nicht zu verwechseln mit Uriel!

Aspekt (lat. aspectus = Anblick) = Sicht, Gesichtspunkt, Relation, Beziehung, Eigenschaft, Funktion, Dimension einer Sache bzw. einer Person. Die Sophia zeigt sich in 7 Hauptaspekten, das ist in den 3 trinitarischen als Eugenia, Ikona und Sponsa und in ihren 4 schöpfungsbezogenen als Amonia, Kosmiarcha (Kosimia), Eubiarcha (Eubimia) und Sigamarcha (Sigamia).

Aspektengel = Engel einem dieser Aspekte der Sophia zugehörig und ihm dienend.

Astamangala-Devi = „Acht Glückszeichen Devi" = buddhistische Glück- und Segensgöttin; hat 4 Köpfe und 8 Arme als Zeichen ihrer allseitigen Macht und Hilfsbereitschaft.

Avalokiteshvara = Name eines hohen Bodhisattva. Avalokiteshvara (sanskr.) = „Der mitleidsvoll herniederschauende Herr". Er wird in Tibet Tschenresi = „Der mit mitleidigen Augen Schauende", in China Guan-yin = „Der / die den flehenden Ton Hörende" und in Japan Kwannon genannt. Er wird oft mit vier, acht oder tausend Armen dargestellt.

Barachiel, Erzengel (Mettenheim) – anderer Name für Haniel.

Baldachinträger = Engel, der in Birkenstein auf dem Gnadenaltar den Baldachin der Madonna trägt. Er heißt auch Throniel (Engel des Thrones) oder Metatron, das ist der Engel, der bei dem Throne steht. Er wird auch Metathroniel genannt.

Birkenstein bei Fischbachau in Oberbayern, Wallfahrtsort mit Kirche, in der Maria in ihrer sophianischen Dimension als Sophia Maria und als Königin der Engel = Angelarcha dargestellt ist und verehrt wird.

Bodhi (sanskr.) = Erleuchtung, Erkenntnis, Weisheit, verwirklichte Weisheit.

Bodhisattva (sanskr.) = Sattva (Wesen), das die Bodhi (Erkenntnis, Erleuchtung, Weisheit) erhalten hat und verwirklicht.

Im Mahayana Buddhismus ist Bodhisattva ein himmlisches, hilfsbereites Wesen, das auf das Eingehen oder das Bleiben in der Seligkeit (Nirvana) verzichtet, um den Wesen der 6 Reiche der Wandelwelt

(Samsara), wozu auch die Menschenwelt zählt, zu helfen. Die Bodhisattvas werden von den Gläubigen verehrt, die in ihnen Wegweiser und Helfer in der Not sehen. Wichtige und besonders verehrte Bodhisattvas sind Avalokiteshvara und Manjusri (sanskr. = der Edle und Sanfte). Der Bodhisattva kann auch als Symbol für den Schutzengel verstanden werden.

Bundeslade = tragbarer, kostbarer Schrein aus Akazienholz, innen und außen mit Gold überzogen, in dem die zwei Gesetzestafeln hinterlegt und aufbewahrt waren. Auf ihr waren zwei Cherube angebracht in Anbetung Jahwes, der über diesem Heiligen schwebend vorgestellt wurde. Die Bundeslade war ursprünglich im Heiligen Zelt, später im Allerheiligsten des Tempels aufgestellt. Nur der Hohepriester durfte es einmal im Jahr, am Versöhnungstag, betreten, um dort den Entsündigungsritus zu vollziehen. Die Bundeslade galt als das hohe Heiligtum des Volkes Israel. Sie war der heilige Schrein der Offenbarung und Gegenwart Jahwes. Durch die Gesetzestafeln, die in ihr hinterlegt waren, war die Bundeslade auch ein besonderer Ort der Offenbarung und der Gegenwart der Thora, die in der mystischen Auslegung der Heiligen Schrift mit Sophia identisch gesehen wurde.

„Brennender Dornbusch" = Name einer berühmten Ikone, die exemplarisch wesentliche Punkte der sophianischen Spiritualität darstellt.

Chamuel = (DA 84) identisch mit Haniel.

Cherubiel = hoher Engel aus dem Chor der Cherubim.

Cherubim (hebr. = die Betenden) = zweithöchster Engelchor.

Chokma (hebr.) = Weisheit, Sophia, Sapientia.

christogam (gr.) = Christus vermählt (gam = vermählt, ehelich verbunden); christosigam (akrostich.) = Christus, dem inkarnierten Sohn Gottes vermählt.

christosynergisch = mit Christus mitarbeitend.

conjugal = miteinander ehelich verbunden durch das gemeinsame Jugum = Jochholz der gemeinsamen Aufgabe und Arbeit. Das verbundene Wesen heißt Jugal, vgl. dazu den Ausdruck Dual.

Devi (skr. Göttin) = hohes weibliches Geistwesen.

Dienstgruppen. Es gibt Gruppierungen von Engeln, die bestimmte

Dienste an den Menschen und in der Welt versehen, z. B. den Schutzengel-Dienst an dem einem Engel zugewiesenen Menschen. Diese Schutzengel kommen nicht nur aus einem Chor, sondern sie können verschiedenen Chören angehören. Sicher gibt es Gruppen von Engeln, die bestimmten Orten, Institutionen, Gemeinschaften, Werken und Verantwortungsträgern zugeordnet sind, wie z. B. die Engel eines Heiligtums oder eines Ordens, einer Gemeinschaft oder die Engel eines Landes. Sie gehören den universalen Dienst- und Schutzengeln der Schöpfung an.

Dominationes (lat.) = Herrschaften, gr. Kyriotetes = Chor der Herrschaftsengel. Ihr Führerengel ist Gabriel, auch Kyriel = Engel des Herrn genannt.

Dual (lat.) = Zweizahl, im philosophischen Sinn = Zwei-Einheit von Mensch und Mensch bzw. von Engel und Mensch, die durch höhere Bestimmung oder „Schicksal" zweisam verbunden sind. Siehe dazu den ähnlichen Begriff „jugal", der auch zweisame Verbundenheit bedeutet.

Eigenengel, das sind die sieben Engel, die dem Menschen in besonderer Weise persönlich beigegeben sind: die drei Familienengel und die vier Lebensengel.

El (hebr.) = Engel, höheres geistiges Wesen, Gott. Elim = Mehrzahl von El.

Eloah (hebr. weibliche Form von El) = höheres weibliches Geistwesen, hoher weiblicher Engel, Aramäische Form für Eloah = Ela.

Elohim (hebr.) = Mehrzahl von Eloah. Hat doppelte Bedeutung: Kann für höhere Engel bzw. für den Chor der Kräfteengel = Virtutes, aber auch für Gott = Jahwe stehen. In diesem Fall steht das Zeitwort in der Einzahl.

Elternengel = das Paar von Engeln, die in gemeinsamer polarer Vorstellung und Zusammenarbeit die Ideen, Entelechien und Seelen der Dinge und Wesen im Auftrag und in Übereinstimmung mit Logos und Sophia erkennen, bejahen und imaginieren und zeugen. Ein solches Engelpaar ist z. B. Gabriel und Jophiel aus den polaren Chören der Herrschaften und Kräfte. Sie können Vater und Mutter = Eltern der allgemeinen und universalen Ideen, Entelechien = der System- und Gruppenseelen werden. Ein weiteres solches Engelpaar ist z. B. auch Raphael und Haniel aus den polaren Chören der Fürsten und Mächte. Sie können Vater und Mutter = Eltern von Einzelwesen werden, z. B. von individuellen Menschenseelen oder auch von einzelnen Engeln, z. B. von Schutzengeln. Die Elternengel, d. h. der Engelvater und die Engelmutter bleiben seinsmäßig immer mit ihren Seelenkindern verbunden, sie bilden mit ihnen eine himmlische Familie.

Engelchöre sind hierarchisch geordnete Engelgruppen mit je bestimmten Gaben und Aufgaben. Die Bibel zählt sieben solcher Gruppen auf: Seraphim, Cherubim, Throne, Herrschaften, Kräfte, Fürsten und Mächte. Die Tradition spricht oft von neun Chören, wo zu den schon genannten sieben noch ein Chor der „Erzengel" und ein Chor der „Engel" hinzukommt. Diese Zählung stammt von Dionysios Areopagita, hat aber auch ihre Schwierigkeiten. In der Neunerzählung stehen die „Erzengel" und „Engel" an letzter Stelle dieser hierarchischen Stufenleiter. Erzengel gibt es aber in allen Chören, und Engel sind auch die Mitglieder der anderen Chöre. Man nennt deshalb diese zwei letzten Chöre deutlicher universale, kosmische bzw. individuelle Dienst- und Schutzengel.

Engelweihe = besondere Hingabe oder Angelobung an den Engel, gewöhnlich an den Schutzengel, wodurch die tiefere Lebens- und Arbeitsgemeinschaft mit ihm aktualisiert wird. Das Wort „Weihe" ist hier nicht im strengen theologischen, sondern im allgemeinen, volkssprachlichen Sinn zu verstehen, d. h. nicht als Consecratio sondern als Devotio, Oblatio oder Commendatio ähnlich wie bei der Marienweihe.

Erzengel = hohe führende Engel, die nicht auf einen Chor – noch dazu auf einen niedrigen Chor beschränkt, sondern in allen Chören mit Führungsaufgaben betraut sind. Die höchsten Erzengel sind die Führer der neun Engelchöre und der sieben Engelgruppen, die den sieben Hauptwürden der Sophia Maria zugeteilt sind. Es gibt aber noch viele andere Erzengel, die den verschiedenen Engelchören angehören und darin hohe Ämter innehaben und verwalten.

eschatologisch = auf die eschata = die Letzten Dinge bezogen, sie betreffend, z. B. Tod und Leben danach = ewiges Leben.

Eubia (gr.) = gute, starke Lebenskraft, Eubio = ganzheitlich gesundes, heiles Leben.

Eubiarcha = Herrin und Urheberin der Eubia und des Eubio = Sophia in ihrem lebensfördernden eubiarchischen Aspekt. Sophia als Spenderin von Gesundheit und ganzheitlichem Heil.

eubiarchisch = auf die Eubiarcha bezogen bzw. von ihr ausgehend bzw. zu ihr hinführend.

Eubiel = Engel der Eubia bzw. des Eubio, Hauptengel des eubiarchischen Aspektes der Sophia = der Eubiarcha, identisch oder nahe verwandt mit Raphael.

Eubieli = Engel des eubiarchischen Aspektes.

Eubielo = der eubiarchische Eigenengel eines Menschen.

Eubimama oder Eubimia = anderer Name für Eubiarcha.

Eubio = ganzheitlich gesundes, heiles Leben.

Eubiotik = Lehre über alles, was zu Eubio führt.

eubiotisch = das Eubio betreffend und fördernd, z. B. eubiotische Lebensweise.

Eugeniel = Engel der Sophia als Tochter des Vaters = Eugenia = Wohlgeborene.

Eumiel = Name für den Schutzengel. Bedeutung: eu = gut, mi = mein, el = Engel, also mein guter Engel. Eumiela/o = Name des weiblichen bzw. männlichen Eumiel.

Evangelisten-Symbole, Symbole für die vier Verfasser der vier Evangelien. Matthäus – Mensch oder Engel, Markus – Löwe, Lukas – Rind, Johannes – Adler.

Familienengel = die drei seinsmäßig = genetisch engstens mit dem Menschen verbundenen Engel, das sind die zwei Elternengel und der auch von ihnen gezeugte und dem Menschen zugewiesene Schutzengel.

Fürsten, sechster Engelchor, lat. Principes oder Principatus, gr. Archai, ihr Führerengel ist Raphael.

Gabriel (hebr. Kraft Gottes), Erzengel, Führerengel des Chores der Dominationes = Herrschaften, der „Engel des Herrn", der Maria die

Botschaft brachte, identisch oder nahe verwandt mit Kyriel oder Adoniel. Hauptengel des christogamen Aspektes, sein spezieller aspektbezogener Name = Sigamiel.

Galathiel, der Engel „mit dem blutroten Gewand".

Genetis (gr. Gebärerin, Erzeugerin, Urheberin). Sophia ist nach Weish 7,11-12 die „Genetis" = die Urheberin und Mutter aller Schätze und Reichtümer, alles Guten und Schönen.

Genien = Naturgeister wie Elfen, Nixen, Gnomen u. a. Wie uns bedeutende und glaubwürdige Sensitive aus eigener Erfahrung berichten, gibt es solche Wesenheiten, ja die ganze Natur ist von ihnen belebt und beseelt. Sie wirken in ihrer Weise am Wachsen und Gedeihen, Blühen und Fruchtbringen, auch am Vergehen und Neuwerden der Dinge der Natur mit. Gewöhnlich werden sie mit den Elementen und den Kräften, den Räumen, Zeiten und Zuständen der Natur in Verbindung gesehen. Es gibt die Gnomen der Erde, die Nixen des Wassers und die Sylphen (Elfen) der Luft, um nur die bekanntesten zu nennen. Adelphianische Meinung ist, daß die meisten Naturgeister unter gewissen Voraussetzungen dem Menschen positiv gegenüberstehen und freundlich gesinnt sind. Ja, daß manche dieser Naturwesen es als Ehre betrachten und daß es ihnen Freude macht, den Menschen zu helfen, besonders unter der Führung der naturbezogenen Lebensengel des Menschen.

Haniel (hebr. Gnade und Barmherzigkeit Gottes, Engel der Gnade und Barmherzigkeit), Erzengel, Führer des Chores der Mächte (Potestates), die mit dem Chor der Fürsten (Principes) die einzelnen Ideen oder Seelen imaginieren und zeugen. Als solcher ist Haniel der Archetyp der Mütterengel und Raphael (sein polarer Jugalengel) der Archetyp der Väterengel. Haniel trägt (in Birkenstein) eine Krone in der Hand, die das Symbol für die königliche Würde des Seelenkindes ist, das er mit Raphael imaginiert und gezeugt hat.

Heptade (hepta, gr. = sieben) = Siebenheit, Siebenzahl.

Heptaeumiel = Name für den Schutzengel in seinen sieben anthropophilen Funktionen als Archetyp, Adelphos, Jugamel, Archegos, Synergos, Iater und Kustodiel.

290

Heptamantel des Schutzengels, Symbol für seine siebenfache Hilfe.

Herrschaften, der vierte Engelchor, lat. Dominationes, gr. Kyriotetes. Ihr Führerengel ist Gabriel (Kyriel).

Hierachia coelestis (lat.) = himmlische Hierarchie, Himmelshierarchie.

hierogam = die Hierogamie betreffend.

Hierogamie = der heilige hochzeitliche Ehestand; kommt von

hieros gamos (gr.) = heilige Hochzeit, religionsgeschichtlicher Ausdruck für mystische, heilige Vermählung und Ehe.

Ikone (gr. eikon) = verehrungswürdiges, heiliges Bild, das in geheimnisvoller Weise vergegenwärtigt und bewirkt, was es abbildet. In der Adelphia werden besonders folgende Ikonen verehrt: „Die Dreifaltigkeitsikone", die Ikone „Über dich freut sich die ganze Welt" und die „Sophia-Ikonen", z. B. von Novgorod und Kiew.

Ikoniel = Engel der Sophia als Abbild = Ikone des Hl. Geistes = der Gottmutter.

Immanenz (von lat. immanere = darinbleiben, darinwohnen) = Einwohnung, Darinsein, Gegensatz dazu = Transzendenz.

Inkarnation (lat. incarnatio) = Fleischwerdung, Menschwerdung. „Das Wort ist Fleisch geworden" (Joh 1,14). Sophia ist Mensch geworden in Maria, der Logos ist Mensch geworden in Christus aus der menschgewordenen Sophia = Sigmaria.

inkarnatorisch = mit der Inkarnation verbunden, sie betreffend, auf sie bezogen.

Iater, gr. = Arzt, Heiler, vergl. Psychiater. Der Schutzengel in seiner Funktion als Iater ist Arzt und Heiler, er schützt, bringt wieder und bewahrt Heil, Gesundheit und Wohlstand.

Iaterel kann der Schutzengel genannt und als solcher angerufen werden in seiner eubiotischen = Leben erhaltenden und fördernden Funktion als Engel der Hilfe, als Arztengel, Engel der Rettung aus Not und Gefahr und als Engel des Heiles = Heilengel, der gesund und heil macht an Leib und Seele. Iaterela/ o ist neben Archegela/ o, Synergela/ o und Kustodiela/ o einer der vier Funktionsnamen des Schutzengels als Lebensengel.

Jehudiel = Remunerator, der Belohnerengel.

Jophiel (hebr. Schönheit Gottes), Erzengel, Führer des Chores der Kräfteengel = Virtutes. Jophiel wird in Birkenstein mit einer Vase, auf der eine Rose liegt, dargestellt. Deshalb wird Jophiel dort Rosael genannt.

jugal (lat. jugalis = durch ein Jugum = Joch verbunden zu gemeinsamer Arbeit). Jugal bedeutet als Eigenschaftswort „eng zu gemeinsamer Arbeit verbunden", als Hauptwort bedeutet es ein Wesen, das mit einem anderen Wesen durch ein Jugum = das Jochholz der gemeinsamen Aufgabe und Arbeit engstens verbunden ist. Es kann dadurch das „Jugal" des anderen genannt werden. Vgl. dazu den Begriff „Dual", der ähnliche Bedeutung hat.

Jugamel, Jugamela/ o = weiterer Name des Schutzengels in seiner Eigenschaft als Jugal bzw. Dual des Menschen. In dem Wort „Jugamel" sind die Begriffe jugal und gam = vermählt, ehelich verbunden, enthalten. Jugamel = der Schutzengel, der in seiner hierogamen Verbindung mit dem Menschen sein Jugal ist, d. h. mit ihm mystogam vermählt und innigst verbunden ist.

Kabbala (hebr. = Überlieferung, Tradition). Die Kabbala ist eine mystische Richtung der jüdischen Theologie.

Kievskaja = Ikone der Gottesmutter in der Sophienkathedrale in Kiew: Maria (stehend) mit dem Kind in einem Tempel mit sieben Säulen, vor ihr sieben Gestalten des Alten Bundes (Moses, Könige und Propheten), über dem Tempel der Hl. Geist und Gottvater, rechts und links davon die sieben Erzengel.

Kosmiarcha = Urheberin, Mitschöpferin des Kosmos, Aspekt der Sophia in ihrer sophianischen, kosmischen, schöpferischen Beziehung zur Welt, zum Kosmos und zum ganzen Universum.

kosmiarchisch = auf die Kosmiarcha bezogen, von ihr ausgehend oder zu ihr hinführend. Anderes Wort für Kosmiarcha = Kosimia.

Kosmiel = Hauptengel der Sophia in ihrem kosmischen Aspekt als Kosmiarcha. Haupt und Führer der Kosmieli, d. s. die Engel, die der Sophia als Kosmiarcha dienen; Kosmiel ist identisch oder verwandt mit Throniel/ Metatron/ Amfiel.

Kosmielo = kosmiarchischer Eigenengel des Menschen, Arbeits-, Werk- und Welten- oder Schöpfungsengel.

Kosmieli = Engel des kosmiarchischen Aspektes der Sophia.

Kosmos (gr. kosmos = Ordnung, schöne Gestalt und Form) = die Schöpfung, das Universum als schön und sinnvoll geformte Wirklichkeit.

kosmotrop (gr.) = dem Kosmos zugewandt, z. B. die kosmotropen Thronengel.

Kräfte, 5. Engelchor, lat. Virtutes, gr. Dynameis, Kräfteengel, ihr Führerengel ist Jophiel.

Ktisieli = (ktisis gr. = Schöpfung), die schöpfungsbezogenen Engel oder Engelgruppen.

ktiseologisch = auf die Schöpfung bezogen.

Lebensengel = Engel für die vier Lebensbereiche des Menschen. Sie werden auch Lebensaspekt-Engel genannt und kommen aus den vier Gruppen der Aspektengel, d. h. aus den Amonieli, Kosmieli, Eubieli und Sigamieli. Sie heißen Amonela, Kosmielo, Eubielo und Sigamela.

Lebewesen, die angelischen vier Lebewesen, die bei Ezechiel (Ez 1,5) und in der Geheimen Offenbarung (Apok 4,7) als Mensch, Löwe, Rind und Adler aufscheinen. Sie dienen auch als Symbole für die vier Evangelisten und die vier schöpfungsbezogenen Aspekte Sophia Marias. Der Adler für den amonialen Aspekt, der Löwe für den kosmiarchischen, das Rind für den eubiarchischen und der Engel für den sigamarchischen Aspekt.

Logos (gr., lat. Verbum = Wort). Von Johannes (Ev.) dem Sohn Gottes gegebener Name (Joh 1,1), vgl. dazu den Begriff „Logos" der damaligen hellenistischen Philosophie.

Maat = ägyptische Göttin der Wahrheit und Weisheit, Ordnung und Gerechtigkeit, Symbol für Maria und auch für den Schutzengel.

Mächte, der siebte Engelchor, lat. Potestates, gr. Exusiai, Mächteengel, ihr Führerengel ist Haniel.

Mandala (skr. Kreis) ist die Bezeichnung für ein Meditationsbild, in dem vier, sechs oder acht entsprechende Symbole symmetrisch angeordnet sind. Es sollen dadurch geistige Zusammenhänge dargestellt und zum Bewußtsein gebracht werden. Das Mandala wurde durch C. G. Jung als klassisches Symbol der Ganzheit und Ganzheitlichkeit in die westliche Psychologie eingeführt.

Mandorla = ovaler Nimbus oder Heiligenschein.

Mantra (skr.) = heilige Silbe, heiliges Wort oder kurzer religiöser Text als Grundlage für Gebet und Meditation gebraucht.

Metatron (anderer Name ist Metathroniel oder Throniel) = „der neben dem Thron steht", Erzengel, Führer der Thronengel, besonders der theotropen. Nahe verwandt und in engster Zusammenarbeit mit Amfiel (Ophaniel), dem Führer der kosmotropen Thronengel.

Michael (hebr. Wer ist wie Gott?), höchster Erzengel, Führer der ganzen Engelwelt. Oft mit Waage oder Schwert und Drachen dargestellt. Als sein Vertreter wird Seraphiel angesehen, der Führerengel der Seraphim.

Mutterengel = Engel als Mutter = Engelmutter. Ein yin-geprägter = weiblicher Engel kann in polarer Verbindung mit einem yang-geprägten = männlichen Engel Mutter werden, indem sie mit ihm Ideen, Entelechien und Seelen von Dingen und Wesen schaut, imaginiert und im Auftrag Gottes verwirklicht, zeugt, z. B. die Seele eines Menschenkindes oder den Schutzengel für dieses Kind. Die Engelmutter und der Engelvater = die Engeleltern oder Elternengel bleiben seinsmäßig immer mit ihren Kindern verbunden, sie sorgen auch für sie, indem sie ihnen weitere Engel = den Schutzengel und die vier Lebensengel zur Seite stellen. Der Archetyp des Mutterengels ist der Erzengel Haniel.

Mystagoge = Lehrer, Eingeweihter, der in das Mysterium (Geheimnis) einführt.

mystagogisch = zum Mysterium hinführend, in das Mysterium einführend. mystogam = auf geheimnisvolle Weise vermählt und ehelich verbunden.

Naturgeister, siehe Genien.

Ökumene (gr. oikumene = die ganze bewohnte Welt) = die Gesamtheit der Christen bzw. der an Gott Glaubenden.

ökumenisch = Eigenschaftswort zu Ökumene. Die Gesamtheit der Christen bzw. der Glaubenden betreffend, auf sie bezogen, sie berücksichtigend.

ontisch = seinsmäßig, seinsbezogen.

Ophaniel= hoher Engel aus der Gruppe der kosmotropen Thronengel, identisch oder verwandt mit Amfiel.

Ophanim = (hebr. Mehrzahl von ophan = Rad). Ophanim = die kosmotropen Thronengel, die es mit der Schöpfung zu tun haben. Ihre Attribute: Räder, Augen. Ihr Führer ist Ophaniel (anderer Name dafür ist Amfiel). Aus den Ophanim stammen die kosmischen Aspektengel der Sophia Kosmiarcha, d. s. die Kosmieli.

Ophaniel (hebr. Engel des Rades) ist mit Metatron ein führender Erzengel der Thronwagenengel. Er ist identisch oder verwandt mit Amfiel. Nach einer jüdischen Tradition sind Ophaniel und Metatron Zwillinge und knien als die beiden Engel auf der Bundeslade. Ophaniel wird hier auch Sandalphon genannt (DA Seite 192, 200, 257).

Philangelus = den Engel liebend, Engelliebhaber, Mehrzahl = Philangeli.

Philia (gr.) = Liebe, Zuneigung, Freundschaft.

Pleroma (gr.) = Fülle, Erfüllung, Vollkommenheit.

Polarität = Aufeinander-Bezogensein, Angewiesensein, gegenseitiges Angelegtsein auf Ergänzung, Komplementarität. Formen der Polarität: Yin und Yang (in der chinesischen Naturphilosophie), männlich und weiblich, Himmel und Erde usw. Die ganze Schöpfung ist nach dem Urbild Gottes polar strukturiert, auch die Engelwelt, d. h. es gibt männliche und weibliche Engel.

Polsterengel = in Birkenstein der Engel mit dem Polster, auf dem eine Krone liegt. Das Polster ist Symbol für den Körper (Leib), die Krone symbolisiert die Seele. Er wird Amfiel (Anafiel) oder Somaturgiel genannt, weil er der Seele den Körper = Leib bereitet. Er gehört der kosmotropen Gruppe der Thronengel (Ophanim) an. Er ist mit Ophaniel verwandt oder identisch.

Potestates = Chor der Mächte-Engel, gr. Exusiai. Ihr Führer ist Haniel.

Principes bzw. Principatus = Fürsten, gr. Archai. Ihr Führer ist Raphael, welcher auch der Fürst der Schutzengel ist, siehe DA 228.

Quaternität = Vierheit, Vierfaltigkeit (in Anlehnung an den Begriff Dreifaltigkeit), Symbolzahl für erfüllte Ganzheit.

Raguel, hebr. Freund Gottes, (s. DA 236).

Raphael = (hebr. Medizin Gottes oder Engel der Medizin), Erzengel,

Führer des Chores der Fürsten = Principes, die mit dem Chor der Mächte = Potestates die einzelnen Ideen oder Seelen imaginieren und zeugen. Als solcher ist er der Archetyp der Väterengel und Haniel (sein polarer Jugalengel) der Archetyp der Mütterengel. Raphael begleitete den Tobias. Er ist auch der Führer der Dienstgruppe der Schutzengel.

Raziel = (hebr. Geheimnis Gottes, Engel der Geheimnisse) ist ein hoher Erzengel. Er schrieb der Legende nach im Auftrag der Sophia ein Buch über die Geheimnisse Gottes, das er dem Salomo übergab, der daraus seine überragende Weisheit schöpfte (DA 242). Raziel wird deshalb auch mit einem Buch dargestellt. In diesem Buch ist auch das Leben des Menschen aufgezeichnet. Er läßt die Elternengel (deren Archetypen Raphael und Haniel sind) bei ihrer Imagination und Zeugung der Menschenseele einen Blick in dieses Lebensbuch werfen. Raziels Buch und die Krone, die Haniel in der Hand hält (siehe Birkenstein), sind auch Symbole der Menschenseele in ihrer himmlisch bestimmten Würde und Lebensaufgabe.

Remiel, hoher Engel, Erzengel.

Ruach (hebr., weiblichen Geschlechtes!) = Hauch, Geist, Atem. „Die Ruach Gottes brütete über den Wassern" (Gen 1,2). Die Ruach Gottes erschien bei der Taufe Jesu in Gestalt einer Taube (Mk 1,8-11). In diesen Texten erscheint der Hl. Geist in weiblicher Gestalt. Das gibt uns einen Hinweis darauf, im Hl. Geist das mütterliche Urprinzip, d. h. die Gottmutter zu sehen.

Sadiel, „Der Goldschimmernde", hoher Engel.

Sandalphon. Nach einer jüdischen Interpretation können die beiden Engel auf der Bundeslade als die Engel Metatron und Sandalphon gesehen werden. Sandolphon wird auch als der „left-hand feminine Cherub of the Arch" = der linke, feminine Cherub der Bundeslade gedeutet. Demnach ist Sandalphon neben dem männlichen Metatron der weibliche Thronengel, der auch mit Ophaniel/ Amfiel identisch oder nahe verwandt gesehen werden kann (DA 192, 200, 257).

Sapientia (lat.) = Weisheit = Sophia (gr.) = Chokma (hebr.).

Schutzengel = Allgemeiner Name des besonderen Engels, der einem bestimmten Menschen ganz individuell zugewiesen ist. Dieser Engel hat

aber nicht bloß die Aufgabe, den Menschen zu begleiten und zu beschützen, ihm beizustehen und zu helfen, sondern seine Bestimmung ist eine noch tiefere. Er ist der ganz individuell auf ihn abgestimmte und für ihn auserwählte ständige Engel-Partner. Beide, der Schutzengel und sein Schützling, bilden eine Dual- oder Jugal-Gemeinschaft bleibender, ja ewiger Synousie und Synergie. Beide sind also zu ewiger innigster, hierogamer Gemeinschaft und Zusammenarbeit bestimmt, in der sie, füreinander verantwortlich, ihre Vollkommenheit und ihr volles komplementäres Glück erlangen. Der Schutzengel wird von den angelischen Eltern, das ist vom Engelvater und von der Engelmutter, eigens für die Menschenseele erdacht und geschaffen, so wie auch die Menschenseele eigens für den Schutzengel von den Engeleltern imaginiert und gezeugt wird. So sind die beiden, der Engel und sein Schützling, der Mensch und sein Schutzengel, auch Geschwister, also Bruder und Schwester. Nach adelphianischem Brauch kann jeder Mensch für seinen Schutzengel einen eigenen Namen bilden bzw. aussuchen, mit dem er ihn vorzugsweise anruft. Es gibt aber zwei Namen für den Schutzengel, die jeder Mensch zur Anrufung gebrauchen kann. Diese Namen lauten Eumiel und Jugamel. Eumiel = „Mein guter Engel". Da der Schutzengel eines Menschen gewöhnlich polar-geschlechtlich ist, kann ein Mann seinen Schutzengel Eumiela und eine Frau den ihren Eumielo rufen. Die Form Eumiel gilt für beide Geschlechter. Jugamel, Jugamela/ o = „mir vermählter Jugalengel".
Seelenkinder = Ideen, die aus dem Ideenschoß von Logos und Sophia und im Auftrag und in Übereinstimmung mit ihnen vom Engelpaar widergespiegelt und gezeugt werden. Die Ideen treten dadurch aus dem Zustand der ideellen Möglichkeit in den Zustand der ideellen Wirklichkeit, d. h. sie werden dadurch zu aktuellen Entelechien und Seelen der Dinge und Wesen. Sie sind dadurch bereitet worden zur Inkarnation = Somatisation oder Verleiblichung in der stofflichen Welt. Dabei haben die kosmotropen Thronengel unter der Führung Amfiels eine wichtige Aufgabe zu erfüllen, d. h. sie helfen bei der „Einkleidung" dieser geistigen Seelenkinder in ihre entsprechende Stofflichkeit. Wir unterscheiden hier die allgemeinen, universalen Ideen,

die von den Engeln aus den Chören der Herrschaften und Kräfte, und die individuellen Einzelideen und Seelen der Wesen und Dinge, die von den Engeln aus den Chören der Fürsten und Mächte imaginiert und gezeugt werden.

Seelenkrone = Krone in der Hand Haniels (in Birkenstein). Sie symbolisiert die menschliche Seele, die Haniel mit ihrem Jugalengel Raphael imaginiert und gezeugt hat und nun zur Inkarnation übergibt.

SEK = Abkürzung für Sophianische Engelkunde.

SEL = Abkürzung für Sophianische Engellehre.

SEMA = Abkürzung für „Sophianische Engel-Mensch-Adelphia" bzw. „Sophianische Engel-Menschen-Adelphie".

Sephirot (hebr. = Plural von Sephira) sind nach der jüdischen Tradition die zehn archetypischen, idealen Grundmächte und –kräfte des Seins. Sie wirken im Azilut = in der Welt, in der die Ideen der Schöpfung bereitet werden.

Septuaginta = Name für die offizielle griechische Übersetzung des Alten Testamentes. Sie wurde (der Legende nach) von 70 jüdischen Gelehrten um circa 300 v. Chr. in Alexandrien geschaffen.

Seraphiel = hoher Engel aus dem Chor der Seraphim, Verwandter und Vertreter Michaels. Seraphiel ist mit Michael der Führerengel der Seraphim.

Seraphim (hebr. die Brennenden) = der oberste, Gott am nächsten stehende Engelchor. Ihr Führer ist der Erzengel Seraphiel/ Michael.

Siga Maria = in Maria menschgewordene Sophia, Abkürzung: Sigmaria bzw. Sigma.

Siga (Akrostichon) bedeutet: Sophia Incarnata Gottes Amon = Sophia inkarnierte Gottes Amon oder auch Sophia inkarnierte Gynarcha = Hohe Frau. Siga ist so der Kurztitel und Akroname für Sophia Maria. Er dient als Grundlage für weitere Bezeichnungen Sophia Marias. Er klingt phonetisch gut und impliziert im Deutschen auch die Assoziation mit den Worten „Sieg" und „Siegerin".

Sigamia (aus den Silben sig, gam und mia gebildeter Akroname) ist die Bezeichnung für Sophia Maria in ihrem christosynergischen und christosigamen Aspekt, d. h. in ihrer Beziehung zu Christus und seinem

Werk als siegreiche Braut, Mutter und Mitarbeiterin. Das Wort Sigamia ist also ein Akroname mit der Bedeutung: „Die inkarnierte Hohe Frau Sophia - die dem inkarnierten Sohn Gottes vermählte, siegreiche Mutter und Mitarbeiterin". Das gibt überraschend exakt die Bedeutung und Würde wieder, die Sophia Maria in diesem christosynergischen, christogamen = christosigamen Aspekt besitzt.

Sigamiel = Engel der Sigamia. Er ist der Aspekterzengel der Sigamia und der Führer der Aspektengelgruppe der Sigamieli.

Sigamieli heißen die Engel, die Sophia Maria in ihrem christosynergischen und christogamen oder christosigamen Aspekt zu Ehr' und Diensten zugeteilt sind.

Sigamela heißt der persönliche Lebensengel des einzelnen Menschen. Er wird dem Menschen zugeteilt als spezieller Lebenshelfer in seiner Sendung und Aufgabe, als Jünger Christi das göttliche Leben, das er, von Christus bewirkt und geschenkt, in der Taufe empfangen hat, zu realisieren und zu erfüllen. Dieser ganz auf das christliche Leben bezogene Lebensengel stammt aus der Aspektengelgruppe der Sigamieli.

sigamer Aspekt = der Aspekt Sophia Marias als Sigamia.

Sophia (gr.) = Weisheit, lat. Sapientia, hebr. Chokma, russisch Premudrost, engl. wisdom, sanskrit Prajna, tibetisch Sherab, chinesisch Zhihuei.

sophianisch = auf die Sophia bezogen, von ihr kommend, sie betreffend.

Somaturgiel (gr. soma = Leib, urgos = Macher, Bildner) = der Engel, der den Leib bildet, d. h. der bei der Somatisation = der Verleiblichung = Inkarnation hilft. In Birkenstein als Polsterengel dargestellt und Amfiel (Somaturgiel) genannt.

Soter = (gr.), Retter, Erlöser, Helfer, Heiland. Hauptname für Jesus Christus.

Sponsa (lat.) = Braut, Sophia = Sponsa Verbi = Braut des Wortes = des Logos = des Sohnes Gottes.

Sponsael = Engel der Sophia Maria als Braut des Sohnes Gottes.

Symbologramm = eine graphische, sinnzentrierte Zusammenstellung von Symbolen eines bestimmten Themenkreises. Hat Ähnlichkeit mit einem Mandala.

Synergela/ o = Engel, der mit dem Menschen zusammenarbeitet. Name des Schutzengels in seiner synergischen Funktion den Menschen gegenüber. Das Wort kommt von synergos (gr.). Mithelfer, Helfer, Mitwerker. (syn = mit, ergon = Werk, Arbeit).

Synergie (gr.) = Zusammenwirken, Zusammenarbeit.

Synusie (gr.) = Zusammenleben, Beisammensein (syn = mit, usia = Sein, Leben).

theotrop (gr.) = Gott zugewandt, z. B. die theotropen Thronengel. So werden die Thronengel genannt, denen besonders der Lobpreis Gottes obliegt, die z. B. das ewige „Dreimal heilig" singen. Die anderen sind die kosmotropen

Thronengel, die besonders dem Kosmos, der Schöpfung zugewiesen, die ja der Thron Gottes ist. Thora (hebr. = Gesetz, Weisung, Belehrung).

Thora (hebr. = Gesetz) wurden die an Mose ergangenen Weisungen, aber auch die Belehrungen des ganzen Alten Testamentes genannt. In der jüdischen Bibelauslegung, besonders in der mystischen Richtung der Kabbala, wurde die Thora mit der Chokma = Sophia identifiziert. Im Buch Sirach wird von der Thora gesagt: „Dies alles (d. h. was gerade von der Chokma = Sophia verkündet wurde) ist das Bundesbuch, die Thora, die Mose uns gegeben hat" (Sir 24, 23).

Transzendenz (von lat. transzendere = übersteigen) = (Übersteigung, Darübersein. Gegensatz dazu ist Immanenz.

Trinamata (lat.) = vom Dreifaltigen Geliebte.

Trinimia = des Dreifaltigen Vertraute und Mitarbeiterin.

Trinieli = Engel der Sophia als der Trinamata und Trinimia.

Trinität (lat. trinitas = Dreiheit) = Dreifaltigkeit, der dreifaltige, dreieinige Gott.

trinitarisch = die Dreifaltigkeit betreffend, ihr zugehörig, von ihr kommend.

Throne = (lat. Throni, gr. Thronoi) = Chor der Thronengel, die den Thron Gottes bilden und bewachen. Es gibt davon zwei Gruppen, d. s. die theotropen = die besonders Gott zugewandten und die kosmotropen, d. s. die besonders dem Kosmos = der Schöpfung zugewandten Thronengel (Ophanim). Ihre Führer sind Throniel (Metatron) und Amfiel (Anafiel). Siehe dazu DA 17 und 192.

Throniel = Engel des Thrones. Throniel ist der allgemeine Name für den Führer der Thronengel. Er schwebt auf dem Altar in Birkenstein unter dem Baldachin über dem gekrönten Haupt der Madonna. Throniel hat in der Engeltradition verschiedene Namen. In der jüdischen trägt er hauptsächlich den Namen Metatron (DA 192).

Uriel (hebr.) = Licht Gottes, Widerspiegelung des Lichtes Gottes, Erzengel, Führer des Chores der Cherubim, identisch oder nahe verwandt mit Cherubiel. Als Hauptengel der Sophia in ihrem Aspekt als Amonia heißt er Amoniel, und die ihm zugehörigen Engel werden Amonieli genannt.

Vaterengel = Engel als Vater = Engelvater, Vater-El. Ein yang-geprägter männlicher Engel kann Vater werden in Verbindung und Zusammenwirken mit seinem yin-geprägten weiblichen Jugalengel, indem er mit ihr die Idee, Urgestalt, Entelechie und Seele der Wesen in Gott schaut, sie begeistert bejaht und sie dadurch in Übereinstimmung mit Gottes Kraft und Willen zeugt. Archetyp für den Vaterengel ist der Erzengel Raphael. Archetyp für den Mutterengel ist der Erzengel Haniel. Symbol für die vom Vaterengel mit dem Mutterengel gemeinsam gezeugte Idee, Seele ist die Krone, die Haniel (auf dem Altar in Birkenstein) in der Hand trägt, bzw. das Buch, das Raziel (in Mettenheim) mit hocherhobener Hand vorzeigt. Raziel gilt als enge verwandt bzw. identisch mit Haniel.

Virtutes (lat. Kräfte, gr. dynameis) = Chor der Kräfteengel, ihr Führerengel ist Jophiel, siehe DA 150.

Vulgata = Name für die vom hl. Hieronymus angefertigte lateinische Übersetzung der Hl. Schrift.

Yang (chin.) = das himmlische, schöpferische, männliche, aktive väterliche Seins- und Werdeprinzip in der chinesischen Naturphilosophie, das in Verbindung mit dem polaren Yin in allen Dingen und Wesen das Sein und Werden, Leben und Wandeln bewirkt.

Yin (chin.) = das irdische, empfangende, rezeptive, passive, weibliche, mütterliche Seins- und Werdeprinzip in der chinesischen Naturphilosophie.

Yin oder Yang = beide zusammen sind die polaren Urgründe und Urkräfte von allem Sein und Werden. Sie existieren und wirken in allem. Symbol dafür ist das Tai-Ji-Tu (sprich Taidschitu) = das Yin-Yang-Zeichen = das Zeichen des Großen Urgrundes (Tai-Ji= Großer Urgrund. Tu = Zeichen, Symbol, Tafel).

Yang- und yin- geprägt: Es gibt Dinge und Wesenheiten, die in ihrem Grund entweder mehr Yang- oder mehr Yineigenschaften besitzen. Wir können sie deshalb als yang- oder yin-geprägt bezeichnen, Männer sind z. B. yang- und Frauen yin-geprägt. Auch im angelischen Bereich gibt es yang- und yin-geprägte = männliche und weibliche Engel.

LITERATURVERZEICHNIS

Adler Gerhard, Erinnerung an die Engel, Freiburg 1986. Augsburg P. Gabriele, Engelvisionen, Grafing 1995.

Benz Ernst, Die Vision, Erfahrungsform und Bilderwelt, Stuttgart 1969.

Berger Peter, Auf den Spuren der Engel, Die moderne Gesellschaft und die Wiederentdeckung der Transzendenz, Frankfurt 1972.

(Die) Bibel, Altes und Neues Testament, Einheitsübersetzung, Freiburg 1980.

Biblia Sacra Vulgata, lateinisch und deutsch, ed. Arndt, Regensburg 1910.

Biblia Graeca Septuaginta, ed. Rahlfs, Stuttgart 1935.

Biblia Hebraica, ed. Kittel, Stuttgart 1937.

Bitterlich Gabriele, Die Ersterschaffenen Gottes, St.Petersberg 1972.

Bitterlich Gabriele, Das Reich der Engel, Das Reich der Dämonen, Das Zusammenwirken der beiden Reiche, St.Petersberg 1956.

Bitterlich Hansjörg, Sie schaute die Engel, Mutter Gabriele Bitterlich, Goldach 1990.

Danielou Jean, Die Sendung der Engel, Salzburg 1963 (Vätertheologie 30).

Davidson Gustav, A Dictionary of Angels, New York und London 1967.

(Des hl.) Dionysios Areopagita angebliche Schriften über die beiden Hierarchien, Kempten und München 1911 (Bibliothek der Kirchenväter).

Echter Bibel, Die Hl. Schrift in deutscher Übersetzung, Würzburg Darin Vinzenz Hamp in Bd 4, Seite 418 und 568.

Endres-Schimmel, Das Mysterium der Zahl, Zahlensymbolik im Kulturvergleich, Köln 1984.

Florenskij Pavel A., Eine deutsche Teilübersetzung des Hauptwerkes in: N. Bubnow/ H. Ehrenberg Hg., Östliches Christentum, München 1925.

Giovetti Paola, Die unsichtbaren Helfer, München 1991.

Hark H., Mit den Engeln gehen, Die Botschaft unserer spirituellen Begleiter, München 1993.

Hawken Paul, Der Zauber von Findhorn, Freiburg o. J.

Heim Burkhard, Der kosmische Erlebnisraum des Menschen, 1988.

Heim Burkhard, Die Struktur der physikalischen Welt und ihrer nicht-materiellen Seiten, 1995.

Hildegard von Bingen, Scivias (Übers. Boeckeler, Wisse die Wege) Salzburg 1981.

Hildegard von Bingen, De operatione Dei (Übers. Schipperges, Welt und Mensch) Salzburg 1965.

Holböck F., Vereint mit den Engeln und Heiligen, Stein/Rhein, 1986.

Hophan Otto, Die Engel, Luzern 1956.

Huber Georges, Mein Engel wird vor dir herziehen, Stein am Rhein 1969.

Johst Gerda, Das ungeschliffene Juwel, Buschhoven 1983.

Johst Gerda, Im Sternenglanz der Ewigkeit, St. Goar 1993.

Kaltenbrunner Gerd-Klaus, Dionysius vom Areopag, D-72125 Kusterdingen 1996.

Koehler Ludwig, WB zum Hebräischen Testament, Leiden 1985.

König Franz, Christus und die Religionen der Erde, Ein Handbuch der Religionsgeschichte, 3 Bände, Freiburg 1961.

Krause Johann Ulrich, Biblisches Engel- und Kunstwerk; alles dasjenige was in Heiliger Göttlicher Schrift von den Heiligen Engeln Gottes zu finden ist. Mit Fleiß zusammengetragen und in Kupfer gestochen und verlegt von Johann Ulrich Krause, Augsburg 1694.

Kriele Alexa, Wie im Himmel so auf Erden, Einführung in die christliche Engelkunde, Seeon 1998, 2 Bände.

Langer Georg, Die Erotik der Kabbala, München 1989.

Lampl Sixtus Dr., Birkenstein, Selbstverlag, 1994.

Läpple Alfred, Engel und Teufel, Augsburg 1993.

Lauf Detlef Ingo, Die Ikonographie des tibetischen Buddhismus, Graz 1979.

Lovelock Jim, Gaia – Unsere Erde wird überleben, München 1979.

Lüthold-Minder Ida, Von Gott geführt, Mutter Gabriele Bitterlich, Goldach 1992.

Lurker Manfred, Botschaft der Symbole in Mythen und Religionen, München 1990.

Malcolm Godwin, Engel – Eine bedrohte Art, Frankfurt 1990.

Mallasz Gitta, Die Antwort der Engel, Zürich 1983.
Mallasz Gitta, Die Engel erlebt, Zürich 1983.
Mallasz Gitta, Weltenmorgen, Zürich 1986.
Mayr Eresta Sr., Die Wallfahrtskapelle Birkenstein, Manuskript 1193.
Maurhoff Marlene, Sulamith Wülfing, Eine Lebensgeschichte, Grafing o. J.
Mettenheim, Die Erzengel von Mettenheim, Marian. Schriftenwerk, Trimbach 1988.
Mircea Eliade, Geschichte der religiösen Ideen, 3 Bände, Freiburg 1976.
Moolenburg H. C., Die Engel als Beschützer und Helfer der Menschen,Freiburg 1985.
Moolenburg H. C., Die Engel, Helfer auf leisen Sohlen, Freiburg 1992.
Newhouse A. Flower, Engel und Devas, Grafirg 1982.
Newman John Henry, Summe christlichen Denkens, Freiburg 1965.
Nigg W. und Gröning K., Bleibt ihr Engel, bleibt bei mir, Berlin 1981.
Peterson Erik, Das Buch von den Engeln, Stellung und Bedeutung der hl. Engel im Kultus, Leipzig 1935.
Rahlfs Alfred, Hgb., Septuaginta, Griechische Ausgabe des Alten Testamentes, Stuttgart 1935.
Regamey Pie-Raymond, Die Welt der Engel, Aschaffenburg 1961.
Rießler Paul, Altjüdisches Schrifttum außerhalb der Bibel, Freiburg 1979.
Rießler Paul und Storr Rupert, Die Hl. Schrift des Alten und Neuen Bundes, Mainz 1962.
Rodewyk Adolf, Sie stehen ganz im Licht, Von den hl. Engeln, Stein/Rhein 1980.
Rosenberg Alfons, Engel und Dämonen, München 1967.
Rosenberg Alfons, Michael und der Drache, Freiburg 1956.
Rosenberg Alfons, Durchbruch zur Zukunft, Bietigheim 1971.
Rosenberg Alfons (Hrg.), Begegnung mit Engeln, München- Planegg 1956.
Schaup Susanna, Sophia, Das Weibliche in Gott, München 1994.
Schick Erich, Die Botschaft der Engel im Neuen Testament, Stuttgart 1940.
Schipflinger Thomas, Sophia Maria, Eine ganzheitliche Vision der Schöpfung. München 1988.

Schipperges Heinrich, Die Welt der Engel bei Hildegard v. Bingen, Salzburg 1963.

Schlink Basilea, Reich der Engel und Dämonen, Darmstadt-Eberstadt 1972.

Schmertzing Georg, Geheimnis Maria, Dorfen 1998.

Schmertzing Georg, Aufbruch zur inneren Erfahrung, Dorfen 1996.

Scholem Gershom, Die jüdische Mystik in ihren Hauptströmungen, Frankfurt 1957.

Seiler Susanna (Hrg), Gaia – Das Erwachen der Erde, Freiburg 1991.

Sheldrake Rupert, Das schöpferische Universum, München 1983.

Silberer Michael, Die Trinitätsidee im Werk von Pavel A. Florenskij, Versuch einer systematischen Darstellung in Begegnung mit Thomas von Aquin, Würzburg 1984.

Snell Joe, Der Dienst der Engel, Erlebnisse einer Krankenschwester, Bietigheim o.J.

Steiner Rudolf, Die Sendung Michaels, Dornach 1962.

Steiner Rudolf, Vom Wirken der Engel, Hg. W.U. Klünker, Stuttgart 1991.

Ströter-Bender Jutta, Engel – ihre Stimme, ihr Gewand und ihr Tanz, Stuttgart 1988.

Swedenborg Emanuel, Sämtliche Werke, Zürich 1952.

Swedenborg Emanuel, Himmel, Hölle, Geisterwelt, Eine Auswahl von Walter Hasenclever, Berlin 1925.

Swedenborg / Golllwitzer, Der Mensch als Mann und Frau, Zürich 1973.

Tavard Georges, Die Engel, in: Handbuch der Dogmengeschichte Bd II, Basel 1968.

Teilhard de Chardin, siehe unter Lexika: Teilhard de Chardin – Lexikon.

Tomberg Valentin, Die Großen Arkana des Tarot, Basel 1989.

Tomberg Valentin, Lazarus, komm heraus!, Basel 1985.

Völker Ingrid (Hrg), Hilfe von dort nach hier, Frankfurt 1992.

Vorgrimmler Herbert, Wiederkehr der Engel? Kevelaer 1991.

Weigl A., Vergeßt die Engel nicht, Altötting 1989.

Weigl A., Schutzengelerlebnisse in 100 Beispielen, Altötting 1969.

Weidinger E., Die Apokryphen, Verborgene Bücher der Bibel, Aschaffenburg 1989.

Wenberg Egon, Plädoyer für Engel, Freiburg 1994.

Wikenhauser Alfred, Die Offenbarung des Johannes, Regensburg 1959.

Wikenhauser Alfred und Otto Kuss Hrg., Regensburger Neues Testament, Regensburg 1947.

Wilson Peter, Engel, Stuttgart 1981.

Wittmann Luise, Das zukünftige Leben der Seele, Dorfen 1997.

Wittmann Luise, Worte des Geistes, Dorfen 1999.

Wodtke Verena (Hrg), Auf den Spuren der Weisheit, Sophia – Wegweiserin für ein weibliches Gottesbild, Freiburg 1991.

Wülfing Sulamith/ Maurhoff Marlene, Ein Lebensbild, Grafing o. J.

Zehmke Hildegard, Die Realität der Engel, Lehren und Erlebnisse, in: Allgemeine Zeitschrift für Parapsychologie, 8. Jg. Dezember 1983.

Zilligen Palmatius, Mit den Engeln durch das Leben, Ulm 1978.

Nachschlagewerke und Lexika mit Stichwörtern zur Engelkunde

A Dictionary of Angels including the fallen Angels, London und New York 1967.

Bibellexikon (Herbert Haag), Einsiedeln 1956.

Die Bibel und ihre Welt, Eine Enzyklopädie zur Hl. Schrift, Bergisch-Gladbach 1969.

Enzyklopaedia Judaica, Jerusalem 1971.

Evangelisches Kirchenlexikon, Theologisches Handwörterbuch, Göttingen 1956.

Jewisch Enzyklopedia, London 1964.

Kröners Lexikon der Götter und Dämonen (Manfred Lurker), Stuttgart 1984.

Lexikon der christlichen Ikonographie, Freiburg 1968.

Lexikon der Symbole (G. H. Mohr), Köln 1974.

Lexikon der ägyptischen Kultur (Georges Posener), München 1960.

Lexikon der östlichen Weisheiltslehren, Buddhismus, Hinduismus, Taoismus, 1986.

Lexikon für Theologie und Kirche (LThK), Freiburg 1957.

Lexikon in Veteris Testamenti Libros (Köhler), Leiden 1985.

Marienlexikon (Institum Marianum Regensburg), St. Ottilien 1988.

Philosophisches Wörterbuch (Walter Brugger), Freiburg 1976.

Reclams Lexikon der antiken Mythologie (E. Tripp und R. Raute), Stuttgart 1974.

Religion in Geschichte und Gegenwart, Handwörterbuch für Theologie und Religionswissenschaft (RGG), Tübingen 1958.

Religionswissenschaftliches Wörterbuch (Franz König), Wien 1956.

Teilhard de Chardin-Lexikon (Adolf Haas), Freiburg 1971.

Theologisches Begriffslexikon zum Neuen Testament, Wuppertal 1972.

Wörterbuch zur Biblischen Botschaft, Freiburg 1981.

Wörterbuch zum Hebräischen Testament, Ludwig Koehler, Leiden 1985.

Nähere Angaben zu den Autoren und ihren Werken, aus denen die zitierten Bilder entnommen sind, siehe Bildunterschriften. Herzlichen Dank für die gütige Reproduktionserlaubnis.

INHALTSVERZEICHNIS

KONTAKTADRESSE

Kompetenz Verlag
Lehrer-Zöpf-Straße 16
84405 Dorfen
e-mail: info@kompetenzverlag.de

WEITERE BÜCHER AUS DEM KOMPETENZ-VERLAG:

Georg Schmertzing
GEHEIMNIS MARIA

„Seht, das Geheimnis meines Wesens ist groß, viel größer, als die Erde denkt. Ich bin die Mutter für die ganze Bevölkerung des Alls."
Mit diesen Worten, kundgetan durch die Mystikerin Luise Wittmann, gewährt uns Maria Einblick in die wahre Dimension ihres Wesens. Anhand einer Vielzahl weiterer Erscheinungen wird in diesem Buch ein kosmisches Marienbild aufgezeigt.

Broschur, 288 Seiten
DM 29,80 / ÖS 218,-- / SFr 27,50
ISBN 3-931142-08-6

Gebundene Ausgabe
DM 39,80 / ÖS 291,-- / 37,--
ISBN 3-931142-05-1

Georg Schmertzing
AUFBRUCH ZUR INNEREN ERFAHRUNG

Dieses Buch ist aus zweifacher Sicht außergewöhnlich: Erstens, wann trifft schon ein Mitteleuropäer in seiner Heimat eine Erleuchtete, die sich als christliche Mystikerin zu erkennen gibt und zweitens, wer erlebt schon durch so eine Begegnung den Beginn einer radikalen spirituellen Wandlung mitten im hektischen Alltag. Ganz nach Karl Rahners Wort: "Der Christ der Zukunft wird ein Mystiker sein oder er wird nicht mehr sein."
In Tagebuchform beschreibt der Autor das Kennenlernen von Luise Wittmann, die ihm durch ihr Lebensbeispiel, durch ihre Charismen und durch mediale Botschaften eine lebendige Art der Religiösität und der Innenerfahrung gelehrt hat. Als Frucht seiner Gespräche und Übungen mit der Mystikerin hat der Autor im zweiten Teil des Buches Anregungen und Anleitungen für den Leser mitgegeben, mit denen jeder selbst beginnen kann, seinen Weg der inneren Erfahrung zu gehen.

240 Seiten Hardcover
DM 39,80/ÖS 291,–/SFr. 37,–
ISBN 3-931142-04-3

316

LUISE WITTMANN:
DAS ZUKÜNFTIGE LEBEN DER SEELE

Auf einer Stufe stehend, die in unvorstellbaren Dimensionen zu sein scheint, berichtet Luise Wittmann über die Erfahrungen übernatürlichen Lebens, die über alle Grenzen des Irdischen gehen und sich hinstrecken über Zeit und Raum. Die Fähigkeit des Hinüberschauens in die jenseitige Welt, mystische Erlebnisse und mediale Erfahrungen dokumentiert die Autorin in ihren ergreifenden Aufzeichnungen, die ihre Ergänzung und Vollendung in den Kundgaben über das Weiterleben im Jenseits finden.

288 Seiten
DM 39,80/ÖS 291.–/SFr 37.–
ISBN 3-931142-07-8

LUISE WITTMANN
WORTE DES GEISTES

Die Worte des Geistes enthüllen das Geheimnis der Geburt Christi im Menschen, die das Ziel jeder Sehnsucht darstellt. Wer den in diesen mystagogischen Kundgaben aufgezeigten Weg zu gehen bereit ist, der wandelt sich zum neuen und vollkommenen Menschen.

"Wer glauben kann, hat schon den ersten Schritt zu mir getan, und wer dazu die Liebe setzt, stürzt sich in meine barmherzigen Arme."

212 Seiten
DM 39,80/ÖS 291.–/SFr 37.–
ISBN 3-931142-09-4

Felix Aeschbacher
INTUITIVE LIEBE UND PARTNERSCHAFT

Ausgehend von der existentiellen, jedoch oft ignorierten Wahrheit, daß Gedanken durch ihr Energiepotential nach Verwirklichung streben, entwirft Felix Aeschbacher ein Konzept, das nicht nur die Möglichkeit aufzeigt, dem Leben durch bewußte Gedankenkontrolle eine positive Wende zu geben, sondern sich vor allem auch darauf konzentriert, diese Erkenntnisse in partnerschaftlichen Bereichen umzusetzen.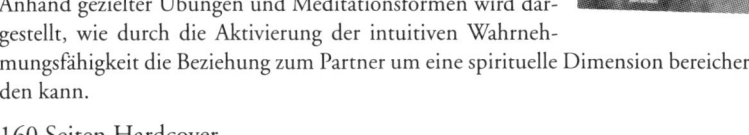
Sich intuitiv auf den Partner einzulassen, sich in ihn einzufühlen, seine Bedürfnisse zu erkennen, ohne dabei das eigene Ich aufzugeben und sich gegenseitig den Freiraum zur Selbstentfaltung zuzugestehen - dies sind die Ideale, für deren Realisierung dieses Buch mit großem Engagement eintritt.
Anhand gezielter Übungen und Meditationsformen wird dargestellt, wie durch die Aktivierung der intuitiven Wahrnehmungsfähigkeit die Beziehung zum Partner um eine spirituelle Dimension bereichert werden kann.

160 Seiten Hardcover
DM 29,80/ÖS 218,– / SFr. 27,50
ISBN 3-931142-03-5

Karin Kolland:
UND DER HIMMEL FÜHRT REGIE

Das ist die bewegte und äußerst spannend geschriebene Lebensgeschichte der Karin Kolland, die auf einfühlsame Art von ihren ungewöhnlichen Erfahrungen erzählt. Zutiefst ehrlich und offen enthüllt sie dem Leser Erlebnisse vergangener Inkarnationen und  verbindet diese Spuren mit den Ereignissen ihres jetzigen Lebens. Immer deutlicher erkennt sie auf diesem Wege die geheimnisvolle Führung des Himmels und erfährt eines Tages die lebendige Existenz der Mutter Gottes.
In ihrem Buch zeigt die Autorin, daß jeder, der bereit ist, sich für den Weg der Spiritualität zu öffnen, die Möglichkeit hat, seine persönliche Erfahrung mit der göttlichen Wahrheit zu machen. Jeder kann Meistern, Heiligen, ja selbst Maria und Jesus begegnen, gleichgültig welchem Bekenntnis er angehört.

288 Seiten
DM 39.80 / ÖS 291.– / Sfr 37.–
ISBN 3-931142-00-0